数智魔方

信息技术与教育教学融合的上城探索

"上城教育高质量发展系列丛书"编委会
编 著

图书在版编目 (CIP) 数据

数智魔方：信息技术与教育教学融合的上城探索 / “上城教育高质量发展系列丛书”编委会编著 .—上海：上海交通大学出版社，2023. 5
ISBN 978-7-313-28550-8

Ⅰ . ①数… Ⅱ . ①上… Ⅲ . ①地方教育—信息化—研究—杭州 Ⅳ . ① G527. 551

中国国家版本馆 CIP 数据核字（2023）第 064371 号

数智魔方： 信息技术与教育教学融合的上城探索
SHUZHI MOFANG：XINXI JISHU YU JIAOYU JIAOXUE RONGHE DE SHANGCHENG TANSUO
编　　著：“上城教育高质量发展系列丛书”编委会
出版发行：上海交通大学出版社　　地　址：上海市番禺路 951 号
邮政编码：200030　　电　话：021- 64071208
印　　刷：杭州捷派印务有限公司　　经　销：全国新华书店
开　　本：710mm×1000mm　1/16　　印　张：16. 75
字　　数：246 千字
版　　次：2023 年 5 月第 1 版　　印　次：2023 年 5 月第 1 次印刷
书　　号：ISBN 978-7-313-28550-8
定　　价：78. 00 元

本册编委会

主　编

沈永翔

成　员

苗　森　李庆力　赵　骎　方　顾　单瑛凡

楼佳群　饶美红　郭荣强　金　敏　周诣文

张　宏　胡　煜　唐幸忠　戚伟国　谢年春

总　序

2022 年 10 月，中国共产党第二十次全国代表大会胜利召开。党的二十大报告指出：从现在起，中国共产党的中心任务就是团结带领全国各族人民全面建成社会主义现代化强国、实现第二个百年奋斗目标，以中国式现代化全面推进中华民族伟大复兴。高质量发展是全面建设社会主义现代化国家的首要任务，而教育又是全面建设社会主义现代化国家的基础性、战略性支撑之一。

建设高质量教育体系，要以改革教育教学为动力。教育工作者要转变教育观念，遵循青少年儿童发展规律，践行“顺性教育”理念；要改革培养人才模式，改善教育方式方法，改进教育评价制度，落实“双减”要求，推进素质教育；要科学地运用信息技术，促进教育数字化，把现代技术与优秀教育传统相结合，促进教育现代化。

杭州市上城区作为长三角主要城市的中心城区，历史悠久，底蕴深厚，在探索教育高质量发展的实践方面起步较早，形成了很多具有区域特色的发展经验。这些年来，我多次到过上城，访问参观多所学校，与上城的教育行政干部和学校教师有所接触，并目睹了上城教育发生的变化，我认为以下几个方面值得关注：

一是以创新发展推动教育改革。“惟改革者进，惟创新者强。”一直以来，上城都肩负着为教育改革探路先行的历史使命，在理念、机制、服务创新方面作出了有益的尝试。在数字化时代的背景下，上城全面推进教育领域的数字化改革，构建了数字化、空间化、智能化、一体化的数智治理格局。此外，上城重视家庭教育，在全国首创“星级家长执照”，开创家长“持证上岗”的先河，为家校协同育人探索了新的路径。

二是以协调发展促进优质均衡。教育高质量是实现全学段、全领域、全系统的优质均衡，是在政府、学校、社会等主体之间建立良性互动。上城加大统筹力度，开发上线“淘活动”平台，有效整合各类校内外活动资源，打造“九养上城”课程体系，让城市居民乐享终身学习，让各级各类教育的价值与功能实现最大化和最优化。

三是以绿色发展提升育人品质。教育的高质量是在“质”与“量”方面都达到高水准，关注的是人的可持续发展。上城坚持以学生为本，尊重学生的身心发展规律。一方面，深入推进面向学生、教师、学校的教育评价改革，树立科学的教育质量观和人才培养观。另一方面，将课堂作为立德树人的主渠道，启动“思维课堂”研究，实现课堂从“知识立意”“能力立意”到“素养立意”，以思维发展促进学生核心素养落地。

四是以开放发展实现要素整合。高质量的教育体系是开放的，包括系统内部各类资源的开放，也包括系统外部各种要素的开放。上城坚持开放的教育理念，着力打破校园围墙与学科壁垒，探索建设区域学习中心，以“走班—走校—走社会”的新型学习机制，促进学生个性化发展。坚持以德化人，打造特色德育品牌“行走德育”，让学生走出校园、走入社会，以“行走”的方式践行社会主义核心价值观。

五是以共享发展助力教育公平。共同富裕是新时代的命题，教育均衡发展是共同富裕的基础，也是共同富裕的重要体现。上城在共同富裕的背景下，创新名校集群的发展范式，打造教育“新共同体”十大模式，强化师资队伍建设，以“五阶段、五梯队、多维度”的“教育人才多维生长台”助力教师专业发展，促进优质教育资源为群众所共享，以教育公平促进社会公平正义。

上城教育的发展，充分体现其对教育高质量发展的解读、思考与实践，展现了上城胸怀“国之大者”的视野与格局。上城教育编写出版的“上城教育高质量发展系列丛书”，全面梳理并总结了其教育改革发展的成果，涵盖名校集群建设、教育数字化改革、课堂教学改革、教育评价改革、教师培养、学校德育、家庭教育等方方面面，内容丰富、站位高远、系统性强，既有科学的教育理论，又有典型的经验案例，体现了理论与实践的统一、科学与趣味的统一。

“上城教育高质量发展系列丛书”汇集了上城教育育人实践的精华，凝聚了很多有价值的发展经验，为各地的教育改革发展提供了参考和借鉴的对象，有助于建设高质量的教育体系。相信更多的教育人能够从书中得到启迪，进一步锐意改革、积极创新，有力推动教育高质量发展。祝贺本套丛书的出版问世！

是为序。

顾明远

北京师范大学资深教授
中国教育学会名誉会长

2022年11月28日

序　一

⊙

数字化、信息化已逐渐成为人类生存与实践的主导方式。互联网、大数据、云计算、人工智能和区块链等技术不仅给人类的生产、生活、思维方式带来重大变革，也深刻影响着教育系统的发展。数据是继土地、劳动力、资本、技术之后的第五大生产要素，其关键作用，首先是作为一种信息沟通的媒介，通过数字化转型推动基于数据的信息透明和对称，提升组织的综合集成水平，提高教育资源的综合配置效率。教育数字化转型正逐步成为备受关注的新热点，成为教育改革实践的主要方向。

上城区位于杭州市主城区的核心地带，是南宋皇城遗址所在地，有着深厚的历史底蕴和独特的区位优势，同时也是焕发着创新活力的国际化、现代化城区。近年来，上城区把教育数字化转型作为撬动教育变革的支撑点，以理念为引领，全面推进信息技术与教育教学深度融合。2020 年，教育部启动“基于教学改革、融合信息技术的新型教与学模式”实验区项目，杭州市上城区名列其中。我们欣喜地看到，杭州市上城区依托国家级信息化教学实验区建设，把教育信息化纳入了高质量育人的视域，聚焦技术赋能教学改革，全面推进育人新举措，为技术变革学习从而更好地实现育人提供了新的思路和经验。上城区的实践正在向人们展示信息技术与教育教学融合的新高度：技术正在转变教育治理方式，过程化评价、精细化管理、精准化服务成为趋势；技术已不再局限于辅助学习，而正在改变教学基本模式，智能导学系统日益普及；技术正在重构教学环境，智能化教学空间逐渐兴起；技术正在挑战教师角色，知识传授的作用不断弱化。

本书全面梳理了上城教育信息化发展经验，介绍了在新一轮科技革命和产业变革的背景下，从课程、课堂、学习、评价、校园和治理各个侧面，打造教育数字化转型数智魔方的具体做法。

从上城区推进教育信息化的实践过程中，我们看到了教育技术的温度：从工具理性走向价值理性。用技术助力学生点燃智慧的火花，使他们始终保持惊奇、疑惑的品质，想象、猜度的乐趣，发现、创造的信心。让技术成为学生思维发展的扶手和台阶，支持和托举思维的发展，滋润和凝练思维的智慧。让学生在面对大千世界和芸芸众生时，始终保持疑惑和惊奇，不断探究和发现，自觉增长见识，自主树立信念。总之，如果我们再用昨天的方式去教育今天的学生，他们将无法适应明天的社会。我们必须用明天的视角来培养今天的学生，使他们成为明天世界的创造者。

让我们一同坚持数智赋能，推进信息技术支持的课程创新与课堂变革，基于数字化环境重构学习活动和评价体系，利用教育大数据优化数字校园建设和教育治理，为教育信息化的高质量发展而努力！

华东师范大学终身教授

2022年12月21日

序　二

⊙

随着现代科学技术的迅猛发展，欧美发达国家从 20 世纪 90 年代开始，就开展了网络学习的探索，通过开发虚拟空间，有效利用各种平台，引导学生主动学习。时至今日，我们可以清晰地看到，以移动互联网技术为核心的人工智能技术，正在越来越强烈地冲击、改变着我们的传统教育模式。2019 年 10 月颁布的《中共中央关于坚持和完善中国特色社会主义制度　推进国家治理体系和治理能力现代化若干重大问题的决定》中提出："发挥网络教育和人工智能优势，创新教育和学习方式，加快发展面向每个人、适合每个人、更加开放灵活的教育体系，建设学习型社会。"党的二十大报告进一步提出了"推进教育数字化，建设全民终身学习的学习型社会、学习型大国"。在这种背景下，杭州市上城区积极开展了人工智能时代学教方式转变的实践探索，摆在我们面前的这本《数智魔方：信息技术与教育教学融合的上城探索》就反映了上城区数年来所取得的成果，细细读来，多有启迪。

首先，坚持信息技术为高质量育人服务。信息技术自诞生以来，在教育中的作用持续增强，从早期的计算平台，到多媒体中心，再到融合教学平台，成为变革学教方式的引擎。显然，要实现教育现代化，必须深刻认识信息技术对教育的革命性影响。杭州市上城区对此始终有着正确的认识，他们以国家级信息化教学实验区建设为契机来推动区域教育教学改革。在依托技术改变学教方式的过程中，一定要清晰地认识到，技术是为育人服务的，决不能陷入唯技术论的泥潭。而是应该通过更新教育观念，顺应信息社会人才培养需求，调整发展定位，把握发展重点，构建智能时代人才培养要求的教育新生态。在本书中可以清晰地看到，杭州市上城区对此有着正确的认识，并依托国家级信息化教学实验区建设，把教育信息化纳入了高质量育人的视域，聚焦技术赋能教学改革，全面推进育人新举措，为技术变革学习从而更好地实现高质量育人提供了新的思路和经验。

其次，坚持信息技术有机融入教育教学。毋庸置疑，现代信息技术的发展深刻改变着人类社会的生产、生活方式。大数据、云计算、人工智能和物联网等技术向各个领域全面融合渗透，构建了万物互联、融合创新、智能协同的新一代信息技术产业体系。技术改变了人们的生活方式，迫使人们展开思考，当今时代，已经到了技术改变学习方式的时代。历史唯物主义的一个基本观点：劳动工具的进步提高了生产力，进而转变了生产关系；那么，学习工具的进步，无疑也会提高学习力，进而转变教学关系。改革开放之初，邓小平提出：科学技术也是生产力。今天，我们能否由此得出：科学技术也是学习力？

杭州市上城区作为教育部“基于教学改革、融合信息技术的新型教与学模式”实验区，向我们展示了信息技术与教育教学有机融合的一系列新探索：一是信息技术与管理的融合，实现了过程化评价、精细化管理、精准化服务的新变化；二是信息技术拓展了学习空间，赋予混合式学习的新内涵；三是信息技术和学习深度融合，为高质量的自主学习提供支持；四是信息技术对传统教学提出挑战，教师从经验走向循证；四是信息技术正在挑战教师角色，知识传授的作用不断弱化。如此等等，无一不在说明，杭州市上城区通过探索和不断深化人工智能时代信息技术与教育教学的有机融合，由此推动了高质量育人的实现。

再次，坚持信息技术从工具理性走向价值理性。依托信息技术转变学教方式，首先就要转变我们的学习观。长期以来，我们把学习狭义地理解为书本知识的学习，于是，教师以学科为中心，在课堂上向学生传授知识，往往忽视学生的主体意识和积极的情绪感受，忽视学生的学习愿望和对获得知识的渴望，以这种方式展开教学，所看到的不是一个个各有其个性特点的鲜活的学生，使得学习的过程不能适应并促进学生的发展。而学生则以教材为中心，教材成了学生的“世界”，学生始终围绕着课本学习知识，在与沉重的学习任务的搏斗中感到疲惫无力，学习不仅不是一个幸福快乐的过程，还在某种程度上导致学生产生种种问题。

在上城区的教育信息化实践中，我们看到了教育技术给上城学子带来的新变化。技术的支持，点燃了他们的学习热情，让原本不可能完成的学习任务的完成成为了可能，从而使他们拥有好奇、乐学的学习态度。他们发现问题并确立自己的学习任务目标，完成一个个学习任务。在这个过程中，学生用互联网等工具和设备，搜索材料，信息和资源，从中筛选内容重新组织和创造出新的内容。这样的学习，无疑培养了学生分析、综合和创造的高阶思维能力，使学生学会了独立思考，解决问题。一句话，用技术赋能学教方式转型，使学生成为明天世界的创造者。

从本书的案例中，我们可以看到，上城教师的教学方式也在发生变化，他们运用多媒体信息技术，指导、帮助学生开展学习，提升学生的素养，这才是技术赋能学习的目的所在。

我们今天已经处在信息化时代，不断涌现的新技术为学校的教育教学改革提供了新的视角和路径，需要我们积极地去探索、去创新。上城教育为我们提供了鲜活的实践经验。这些年来，由于课题研究的原因，我和上城区教育工作者多有往来，深知他们在推进教育信息化过程中秉承立德树人，践行五育并举，为此做出了不懈的努力，承蒙热情相邀作序，使我有幸得以先睹全书，祝愿上城教育在改革的路上继续前行，取得更为丰硕的成果。

是为序。

施光明

浙江省人民政府督学

杭州市教育科学研究所原所长

2023 年初春于杭城

目录

CONTENTS

第一章
绪　论

纵观中外教育的发展史，教育的发生发展总是和社会政治、经济的发展紧密地连接在一起。无论是教育的取向、目的，还是教育的内容、方式，都与当时的政治制度、经济水平相关。显然，考察今天的教育变革，也应该从历史的角度出发。20 世纪，教育经历了两大变革，一是技术的应用，二是对学习的深入研究。技术与学习理论在各自的领域中独自发展起来，随着技术广泛应用于教育，两者相结合的必要性日益显现。今天，随着信息技术的发展，教育也正在发生着巨大的变化。本章考察我国教育信息化发展的脉络以及上城区教育信息化发展的历史进程。

第一节
教育信息化赋能教育变革

⦿

古往今来，技术一直是驱动教育变革的关键力量。造纸术、印刷术的发明改变了口口相传的教育模式，而蒸汽机的推广、电的广泛运用和信息技术的发展深刻地改变了社会的面貌，推动了各行各业的变革。技术的核心和本质是提供功能支持，也就是“赋能”。

一、新时期教育信息化的时代背景

借力于信息技术，人类社会前进了一大步。在当今社会，新技术不断涌现，大大提升了人类的能动性和自由度，人类的认知能力和实践能力获得前所未有的发展，在信息社会中，教育也不断发生着变化。

1. 信息社会的来临

信息技术的发展呈“曲棍球杆曲线”增长态势（见图 1-1-1），促使社会

进入信息化阶段。随着大数据、人工智能等技术的发展与应用，信息社会对未来人才培养的诉求也发生着变化。

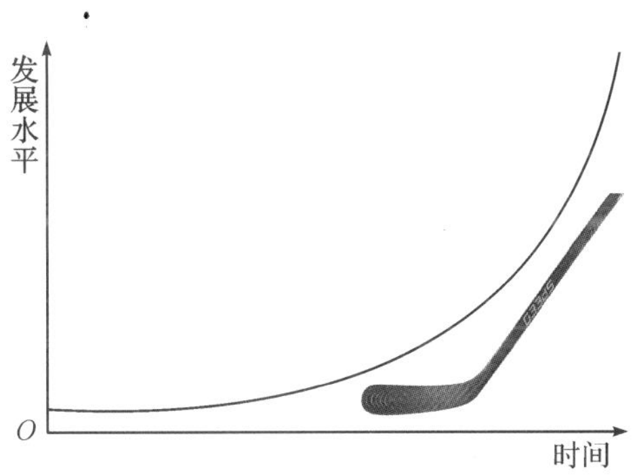

图 1-1-1 “曲棍球杆曲线”增长态势模型图

（1）信息技术。我们可以从五个方面感受到信息技术的迅猛发展：一是移动通信技术的飞速发展，从 2014 年 4G 技术在我国全面铺开到 2019 年中国 5G 正式商用，再到 2022 年中国建成全球规模最大的 5G 网络，高速移动通信技术为更高水平的互联互通奠定了基础。二是人工智能技术广泛应用，从 2016 年 AlphaGo 击败李世石，到今天语音识别、人机对话、机器视觉、机器翻译大行其道，人工智能技术已经渗入人类社会生活的方方面面。三是随着脑机接口技术、物联网技术、可穿戴设备的成熟，人类得以步入万物互联的物联网时代甚至智联时代。四是虚拟现实技术、增强现实技术的发展，使得“赛博世界”对人类而言从平面走向了立体。五是随着大数据技术的发展，人类的数据分析、数据挖掘能力得到空前提升。

（2）大数据。大数据是人类进入信息社会以来所遇到的一种极其庞大且复杂的数据集合。按照学术界对大数据的一般定义，“大数据”是工业传感器、互联网、移动数码等固定和移动设备产生的结构化数据、半结构化数据与非结构化数据的总和。大数据具有“5V”的特征，即总量规模大（Volume）、类型多样化（Variety）、价值密度低（Value）、处理速度快（Velocity）、真实准确（Veracity）。大数据技术可以帮助人们更全面地获取信息和数据，提升用户对信息的掌握和利用，从而为人们的生活带来更大的便利。大数据技术可以帮助企业更好地了解行业数据模型，帮助企业更加全面地认识自身行业，提升企业在行业中的竞争力。随着技术的发展，大数据逐渐充斥着我们社会生活的每个角落。音乐软件根据用户平时听歌偏好预测其可能喜爱的歌曲并据此建立“每日歌单”，导航软件只需输入起点和目的地就能规划出一条最优出行的导航路线，等等，这些都归功于大数据。现在，世界上很多国家都把大数据驱动创新作为重要战略。

（3）人工智能与未来工作。人工智能是由人工设计的装置或系统，通过算法和数据进行学习，形成像人类一样的自主感知和决策能力，协助人类或者替代人类完成过去只有人的智力才能胜任的工作。以 ChatGPT 为例，在人工智能技术的驱动下，它能够理解和学习人类的语言并展开对话，甚至能完成撰写邮件、编辑视频脚本、写文案、翻译、写代码、写论文等任务，正悄然影响着现有的工作岗位。人类的能力类似一座座山丘，人工智能的发展类似水面的上升，首先被淹没的是人类的计算和记忆等初级能力，随后是定理证明和博弈等中级能力，最后是社交互动和手眼协调等高级能力。目前在数据采集、记忆存储、数据计算、数据推断、信息处理等方面，人类已经落后于人工智能。人工智能在工作中的应用使得机器能够通过计算机模拟人的逻辑思维，其中人工神经网络和感知动作系统具备原本专属于人类的智能。计算智能是人工智能的初级形态，这一阶段机器和人类一样能计算、存储和传递信息。感知智能阶段是目前人工智能发展的主要阶段，这一阶段机器和人类一样能看懂、听懂与辨识，具备感知能力并能与人进行交互。认知智能是人工智能的高级形态，通过模拟人类的推理、联想、知识组织能力，机器和人类一样能理解、会主动思考并采取合理行动。未来，智能机器将成为辅助人类工作的有力助手，人类智能和机器智能结合，实现智能增强、双向强化。

2. 信息社会的人才观

随着信息社会的发展，人机协作关系形成，机器完成可替代的工作任务，人类完成机器不可替代的工作任务。就工作创造价值而言，人机协作的组合效应让人类能在自己擅长的领域发挥更强的能力，也让机器在自己擅长的领域创造价值，实现人机智能增强，创造出新的价值增长点。

面对以人工智能为代表的新技术的挑战，人类必须发挥独有的、不易被人工智能替代的智能优势，进行复杂性工作活动、创造性工作活动及社交性工作活动。复杂性工作活动属于复杂工作范畴，工作者完成工作前没有明确的路径或方法，工作者需要具备灵活的分析思维、问题解决能力等。创造性工作活动属于混乱工作范畴，工作者面临的是无序混乱、不可预测的情境，需要开创性地完成工作，需要具备主动性、创新能力、专家思维、批判性思维等。复杂性工作活动和创造性工作活动依赖人类灵感和智慧做出综合判断。社交性工作活动是一系列非常规性的互动活动，工作者需要和他人建立情感联系，启发他人、与顾客及同事产生共鸣等，需要具备情绪智力、跨文化敏感性、同理心、沟通能力等。

在信息社会中，社会生产和服务的自动化程度日益提升，大量的工作岗位将被机器取代。有研究表明，“离岸性”强的工作（即可被远程操作的工作）和“自动化”强的工作（即能被程序化批处理的工作）容易被取代，而交互性强的工作和非常规的工作，如创意设计咨询、工程设计等工作不容易被取代。因此，培养具有创意、交互和分析能力的人才，使其具有终身适应社会发展的能力，是时代对当前教育提出的要求。随着我国互联网的普及，“00 后”乃至“10 后”成为“数字化原住民”，怎么将这些信息社会的“数字化原住民”转化为具有运用信息技术解决问题的能力、具有正确价值观和社会责任感的“数字公民”，是教育必然要面对的问题。

3. 信息技术在人才培养中的作用

继互联网、云计算之后，以大数据、人工智能、虚拟现实为代表的新一轮信息技术浪潮席卷而来，尤其是人工智能技术的快速发展，极大地改变了我们对教育的传统认知。信息技术对教育的作用已经不再局限于辅助学习、提高效率，而是成为直接改变教学基本模式、教育基本形态乃至教育行业基本业态的根本力量。随着信息技术的发展，社会各行业对人才提出了新要求，个性化、创新型人才的培养成为迫切需求；信息技术变革了教育教学模式，智能教学环境、智能导学系统日益普及；信息技术显著提升了教育治理水平，过程化评价、精细化管理、精准化服务成为趋势；信息技术使得教师在知识传授方面的作用逐步弱化，在学生素养培育、人格塑造等方面的作用则愈加突出。

二、新时代对教育发展的新呼唤

新时代缔造新技术，新技术推动新教育，新教育成就新时代。新时代要求培养具有核心素养的下一代，相较于知识教学，素养和能力的培养更为复杂，信息技术成为“必选项”。在当前的后疫情时代以及共同富裕的背景下，教育工作者需要重新思考教育信息化的责任担当。

1. 后疫情时代对基础教育的反思

2020 年春季学期，为有效消除新冠疫情的影响，广大中小学校积极响应教育部“停课不停学”号召，1.8 亿名中小学生与千万教师多层次、全课程、常态化实施在线教育，这既是对我国教育信息化建设的考验，也为促进信息时代的教育变革提供了重大机遇。疫情期间，在线教育形成了“线上线下、校内校外、家校融合”的一体化教学空间框架，师生的数字素养明显提升，在教与学变革、教师在线研修等方面取得显著进步。在后疫情时代，我们需要总结“停课不停学”期间的经验，吸取教训，全面重构教育的“新常态”。对广大中小学校而言，如何正视和解决在线教育过程中暴露的问题，运用好疫情期间积累的技术应用成效和实践创新经验，主动顺应教育信息化的发展趋势，全面推进学校教育信息化的融合创新发展，成为广大教育者共同关心的重要话题之一。

教育信息化创新发展既要解决长期存在的“老问题”，又要抓住“新机遇”。后疫情时代的信息化创新应用为中小学校带来了跨越式发展的又一个机遇，广大中小学校应牢记教育信息化创新应用的初心使命，不断更新智能时代信息化教育教学观念、加强顶层规划设计、完善体制机制建设，以科学方法系统规划和有序推进，围绕创新型人才培养核心目标，不断提升教师的信息化教学水平，系统推进教学改革，促进信息技术的普遍应用和实践创新。坚持以教育信息化全面推动教育现代化，助力师生全面成长、进步和发展，让每个人都成为教育信息化的参与者、实践者、推动者和创造者。

2. 共同富裕背景下教育新要求

党的二十大报告中明确提出要“加快义务教育优质均衡发展和城乡一体化”，要“发展素质教育，促进教育公平”，要“推进教育数字化，建设全民终身学习的学习型社会、学习型大国”。当前，我国教育的主要矛盾已经转变为人民日益增长的美好教育需要和不平衡不充分的教育发展之间的矛盾。要促进教育公平，就必须充分共享有限的优质教育资源，在确保大规模教学的前提下，针对每位学习者的需求提供个性化、智能化的教育资源。显而易见的是，只有深度融合大数据、人工智能等新兴技术，才能满足这一要求。

随着我国信息化建设水平的不断提升，信息技术作为一种先进生产力，逐渐成为实施精准帮扶的有效手段。教育信息化能够以较低的成本，将优质数字教育资源便捷、高效地向农村边远地区扩散，实现优质教育资源共享，扩大优质教育资源的覆盖面，促进教育公平和均衡发展。大力推进教育信息化是实现“学有所教”目标的重要抓手，让亿万孩子共享优质教育，通过知识改变命运。以信息化建设实现优质数字资源共享，通过资源共享解决资源配置不均造成的教育不公，从而实现优质且公平的义务教育，这是教育信息化最基础也最核心的使命。

三、我国教育信息化的重要举措

信息技术正在以惊人的速度改变着世界。我们在欢呼数字化转型带来机遇的同时，也面临着对未来准备不足的问题。如今，教育系统的数字化转型已经进入加速阶段。一方面，教育系统本身要优化信息技术的应用，增强教育的公平性并提升教学的效率；另一方面，教育系统也有责任为公民数字能力的发展提供强有力的支持。中国教育信息化的发展，一直围绕着新时代育人工作的核心目标在不断探索中前行。

1. 教育信息化发展规划

2012 年 3 月，为了加快教育信息化的发展，教育部组织编制并发布了《教育信息化十年发展规划（2011—2020 年）》，综合考虑和权衡多方因素，将发展目标定位为“到 2020 年，全面完成《教育规划纲要》（即《国家中长期教育改革和发展规划纲要（2010—2020 年）》）所提出的教育信息化目标任务，形成与教育现代化发展目标相适应的教育信息化体系，基本建成人人可享有优质教育资源的信息化学习环境，基本形成学习型社会的信息化支撑服务体系，基本实现所有地区和各级各类学校宽带网络的全面覆盖，教育管理信息化水平显著提高，信息技术与教育融合发展的水平显著提升。教育信息化整体上接近国际先进水平，对教育改革和发展的支撑与引领作用充分显现。”

2016 年，教育部印发的《教育信息化“十三五”规划》进一步明确了到 2020 年的发展目标：①形成与教育现代化发展目标相适应的教育信息化体系；②基本实现教育信息化对学生全面发展的促进作用和对深化教育领域综合改革的支撑作用；③基本形成具有国际先进水平、信息技术与教育融合创新发展的中国特色教育信息化发展路子。明确了这一时期的重点在于推进教育信息化的应用、融合与创新。由此可见，规划的总体目标是从基础建设走向深化应用和融合创新。《教育信息化“十三五”规划》是我国教育信息化建设的一份纲领性文件，对我国教育信息化实践具有重要的指导作用。

2. 教育信息化 2.0 行动计划

2018 年 4 月 13 日，教育部印发了《教育信息化 2.0 行动计划》，指出教育信息化是教育现代化的基本内涵和显著特征，是推动教育系统性变革的内生变量，支撑引领教育现代化发展。

通过实施《教育信息化 2.0 行动计划》，到 2022 年基本实现“三全两高一大”的发展目标，即教学应用覆盖全体教师、学习应用覆盖全体适龄学生、数字校园建设覆盖全体学校，信息化应用水平和师生信息素养普遍提高，建成“互联网 + 教育”大平台，推动从教育专用资源向教育大资源转变、从提升师生信息技术应用能力向全面提升其信息素养转变、从融合应用向创新发展转变，努力构建“互联网 +”条件下的人才培养新模式、发展基于互联网的教育服务新模式、探索信息时代教育治理新模式。

“教育信息化 2.0 时代”是相对改革开放 40 年我国教育信息化的发展路径特征而言的。这 40 年，中国教育信息化发展的特征，总的来说可以概括为“基础建设 + 设备配套 + 应用探索”，从国际经验来看，这是教育信息化发展的必由之路，我们可以把这个阶段称为“教育信息化 1.0 时代”。从“教育信息化 1.0 时代”走向“教育信息化 2.0 时代”，绝非仅仅是措辞上的改变，更是新时代对教育发展的新要求，是教育信息化在发展理念、建设方式上的一次跃升。相较以往各时、各类的教育信息化规划，《教育信息化 2.0 行动计划》有其显著的特征，即更加坚持时代引领，更加坚持应用驱动，更加坚持深度融合，更加坚持教育治理；更加兼顾探索普及，更加兼顾区域差异，更加兼顾社会各方，更加兼顾顶层基层。这四个“更加坚持”、四个“更加兼顾”，同样也是“教育信息化 2.0 时代”的特征。

3. 中国教育现代化 2035

《中国教育现代化 2035》是我国第一个以教育现代化为主题的战略文件，其第八项战略任务“加快信息化时代教育变革”，从政策高度指出面向 2035 年的教育信息化的发展方向。文件围绕提升校园智能化水平、探索新型教学形式、创新教育服务业态、推进教育治理方式变革四大方面，引出 2035 年教育信息化的五大发展图景：安全规范、多元共建的教育信息化发展机制；先进技术与人文关怀并存的智慧校园；精准化、扁平化与人性化的教育治理；多元创生、评估、定制、普及优质数字教育资源；人工智能与因材施教的教学形式组合。机制建设依赖政策保障、市场规范和第三方组织资源的共同监督；智慧校园以 5G 技术为支撑，加强人本服务意识；智能技术推进教育治理精准化、扁平化，同时规范教育治理，促进人机伦理建设；海量优质教育资源以教学设计与学生特点为需求进行评估选择与定制；人工智能从课程、师资层面提供了因材施教的可能性。《中国教育现代化 2035》所描绘的教育信息化以智能、人本为特征，围绕教育性这一本质突出人才培养、教育变革新图景。

面向未来跨入新时代，教育信息化的发展完全置身于智能时代，以人工智能、大数据、物联网为代表的新兴技术与教育无缝衔接，不断推进智慧教育创新发展，教育信息化进入深化改革期。《中国教育现代化 2035》的出台从国家层面勾画出教育信息化未来发展的四维一体局面，以战略规划的形式保障、引领教育信息化有序推进，有助于推动全民终身学习的学习型社会的建设。

回顾我国教育信息化发展的进程可以看出，国家层面的教育信息化政策重视三个维度的工作：从加强基础设施建设和信息技术普及等方面实现信息技术与教育更为广泛的深度融合；普遍提升师生的信息素养，包括信息技术的应用能力和创新创造能力；加速教育信息资源的平台建设与资源共享。

第二节
上城教育信息化发展历程

⦿

上城区是浙江省杭州市的中心城区，是南宋皇城遗址所在地，东挽钱塘，南枕吴山，西濒西湖，有着深厚的历史底蕴和独特的区位优势。上城区的教育、经济、文化、政治等的发展均走在全国前列，教育信息化工作亦是如此。上城区的教育信息化工作起步于 20 世纪 90 年代，其间得到各级领导的关心支持，取得了辉煌的成就。教育信息化工作的推进，给上城教育的发展注入了新的活力，带来了一些新的变化。

教育信息化的发展是技术与教育融合的动态过程。从技术与教育的作用关系来看，上城区的教育信息化遵循“自下而上”式的底层发展逻辑，经历了萌芽期、起步期、应用期和融合期四个发展阶段。

一、教育信息化萌芽期（2000 年之前）

以技术为导向，关注合理应用。在中小学教育过程中，应用录音录像设备等，结合教材开展教学，称为视听教育。以视听技术为手段的视听教育，是这个时期上城教育信息化的主要特征。信息技术只是作为辅助工具参与课堂教学，是教育活动的“边缘参与者”，主要体现为计算机辅助教学。

上城区各中小学校建设多媒体电子教室，建设校园网和数字教育资源库，率先开展现代小学数学计算机辅助教学研究，以计算机课件开发为基础，探索教师整合利用信息化资源开展辅助教学的策略。上城区的一些学校开展计算机辅助教学取得良好效果，杭州市胜利小学是其中的代表，该校也被教育部列为全国首批现代教育技术实验学校。

在这一阶段，各学校应用视听技术手段，创设教学情境、优化教学活动和教学过程、丰富教学内容、解决教学重点难点。运用视听技术开展远程教育，能够突破时空限制运用视听技术开展课堂教学，能够将抽象的知识形象化、具体化，强化学生对知识的理解，激发学生的学习热情，强化教学效果。

二、教育信息化起步期（2000—2008 年）

注重资源整合，加快推进教育信息化。在这一阶段，上城区将教育信息化视为区域教育现代化建设的重要力量，并从机构设置和系统运行方面进行了早期探索与设计部署。2001 年，为加强对区域内基层学校教育信息化工作的指导，上城区成立了教育信息中心、现代远程教育管理指导中心等。2001 年 5 月，上城区建成百兆教育城域网，为区域内各中小学提供互联网接入服务；6 月，全国中小学信息技术教育实验区研究课题“掌握信息技术，促进教师发展”立项；11 月，上城区教育门户网站投入使用；12 月，上城区的 10 所学校被评为“浙江省现代教育技术实验学校”。2004 年，上城区教育信息中心被评为浙江省教育工作先进集体。2005 年，“上城教育信息港”被评为浙江最佳教育网站。2006 年，上城教育办公 OA 系统上线投入使用。2008 年 9 月，上城教育网络研修平台上线。

教育信息技术种类在这一阶段得到极大丰富，应用范围也得到扩展，开始参与教学改革与教育管理模式创新。信息技术与教育教学的整合以“应用驱动”为特征，信息技术与学科课程的整合成为这一阶段的发展目标，师生角色在信息技术的支持下发生转变，信息技术开始全方位地参与教育教学。

信息技术作为工具与手段，与中小学教育教学相融合，丰富了教育内容，提供了有力的教育教学工具，改变了教育内容的呈现方式、教师的教学方式、学生的学习方式和师生的互动方式，改善了教学效果，提高了教学效率。信息技术与学科课程相融合，营造了新型教学环境，促进了教与学方式的转变，建设了丰富的数字化学习资源。

三、教育信息化应用期（2009—2016 年）

以应用为导向，强调协同推进。2009 年，上城区教育局和北京师范大学合作，开展了“基于学生发展的区域教育质量提升”的项目研究，主要围绕区域组织架构的变革、学校管理的变革、教师的教育教学方式的变革等内容，以发展性评价和教育信息化为基础，旨在提升区域教育质量，促进学生发展。“十二五”及“十三五”期间，上城区教育局认真贯彻落实《国家中长期教育改革和发展规划纲要（2010—2020 年）》《教育信息化十年发展规划（2011—2020 年）》等文件精神，结合区域教育综合改革，坚持以育人为导向，通过教与学方式的变革、学校发展规划的制定、以“管办助评”为核心内容的教育机构改革、区域课程体系的建构与实施、学生综合素质的发展性评价、区域教育信息化服务平台的建构等六条途径，不断健全机制、整合资源、协同创新，确保学生素质优、教师能力强、学校水平高，全面推进上城区教育现代化发展。

在这一阶段，上城教育信息化强调工具的选择是为了更好地解决教育问题，把“应用为本”作为教育信息化工作的基本原则。针对教育信息化建设中出现的为展而建、为建而建、建用脱节、重建轻用的情况，迅速调整观念，坚持应用驱动，以问题驱动应用，以应用驱动建设。

1. 重新进行顶层设计，实现高品质信息化管理

为全面提升区域教育管理的效率，打破原先各自为政的管理模式，破除数据孤岛现象，各教育管理部门、导助机构厘清自身职能，提出相应的教育信息化管理需求，开发“上城区教育信息化服务平台”，构建了“五大系统、两个中心”（即“OA 办公系统”“人事业务系统”“学籍管理系统”“学业评价系统”“后勤管理系统”五大系统，“教育数据中心”“教育决策分析中心”两个中心），实现了区域数字化办公，大幅提高了管理效率，促进了教师管理、学生管理及学校事务管理等工作的自动化。其中，教育装备系统包括预算采购、基建维修、透明食堂、图书管理、监控联网等多个子系统，大大增强了教育服务保障的能力。

该平台的建设大致分成三个阶段：

第一阶段，明确用户需求和梳理基础数据。这是系统可持续发展的一个非常重要的基础，以学生的基本信息、教师的基本信息为代表的一些基础数据在各个业务流程中共享，同时也作为连通各个业务系统的基础。当然，在这个基础之上，业务流程可以随着时间的推移不断扩充。

第二阶段，沉淀各个业务流程中的数据。信息化的服务平台上，运行着人事业务系统、学籍管理系统、后勤管理系统、学业评价系统等。以人事业务系统为例，其将人事管理的基本工作流程规范化，便于在网上进行操作，在日常业务操作的过程中，数据就被积累下来，方便后续对数据进行分析，为改进工作提供依据和支撑。

第三阶段，数据服务决策。掌握大量的教育数据后，对其进行深入分析，为教育规划、教育评价以及教育资源的均衡配置提供数据支撑和依据。该平台是区域教育数据挖掘、科学决策的重要依据。

2. 引入教育技术手段，促进师生学习方式变革

上城区一直致力教师研修方式的创新，依托上城教育网络研修平台，积极

探索信息技术环境下的教师混合研修模式。通过名师网络工作室、网络教研组的形式构建区域教师学习共同体，就共同关注的问题展开研讨。教师研修方式的改变，提高了教师研修的自主性、参与性与协作性，使区域内的教学设计、试卷讲评、反思案例等优质资源得以共享。2014 年，上城区又对原有平台进行升级改造，进一步突出了研修过程中的互动性及资源的生成性，并于 2015 年成为首批浙江教育资源公共服务试点平台。

此外，上城区历来重视现代教育技术对课堂教学产生的积极影响，在区域内积极开展教育信息化教学应用研究。上城区成立了“交互式电子白板课堂教学应用研究”与“数字化移动学习研究”两个攻坚项目，立足于学生，通过对采用现代化教学工具的课堂教学进行研究，促进学生学习方式的转变，充分发挥现代教育技术手段在促进学生学业水平提高方面的积极作用。

3. 实施发展性测评，促进学生综合素质的提升

2009 年，上城区教育局与北京师范大学合作，启动以“关注学生发展，重建评价文化”为核心的“基于学生发展的区域教育质量提升”的项目研究，开发了“学生综合素质评价系统”。“学生综合素质评价系统”承担了技术保障的任务，该系统包含学生学业成就、认知能力及社会性发展等评价内容，存储了上城区在校学生 2005—2009 年发展性评价的原始数据。借助系统提供的查询、分析功能，教育工作者可以随时了解每个学生（或学生群体）学业以及人格发展等方面的详细情况，进而达到全面掌握全区学生发展与变化的目的。该系统既为教师针对学生个体所应采取的个别化教育教学策略提供了翔实可靠的支持，也为教育管理者的相关教育决策提供了参考和依据。

4. 智能式通借通还，营造师生愉悦的阅读环境

2012 年 10 月，上城区启动了“基于市民卡应用的智慧校园建设一卡通”项目。区政府划拨专项资金用于完善教育系统“统一身份认证中心（UAC）”，实现了 UAC 与杭州市市民卡服务中心的数据对接。

上城区对原有的分布在各个学校的图书资源及管理平台进行重新规划，实现了区域内图书资源的合理配置与共享。即上城区的师生刷市民卡就可以借阅区域内其他任何学校的图书，实现了图书借阅的通借通还。

为全面提升学生的阅读能力，帮助学生养成良好的阅读习惯，上城区于2014年启动了“上城区中小学生阅读能力提升工程”，逐步完善现有图书管理平台的各项功能，多部门协同，从区域阅读课程的研发、阅读指导专项培训的开设、图书管理制度的修订、物流队伍的建立等方面营造良好的阅读环境，推进学生阅读素养的提高。

5. 志愿者服务平台，架起个性化服务直通桥梁

为弘扬“奉献、友爱、互助、进步”的志愿服务精神，培养上城教师高尚的道德情操，并在志愿服务过程中用专业的知识满足学生、家长、社会的多元化、个性化、全方面的教育需求，上城区在原有教师志愿者服务活动管理的基础上，于2014年开发了“教师志愿服务信息化平台”，实现志愿服务数据信息的高效归集，并通过志愿服务信息的互联互通、精准定位、共享共用，为广大教师参与志愿服务提供更加优质、便捷、贴心的服务。同时，上城区对教师志愿者实行服务、考核、表彰、激励的全程数字化管理，实现了志愿服务注册、活动报名、服务考核、积分奖励的全程精细化、电子化、标准化管理，使志愿者服务活动的管理和决策科学化。

6. 多样化课程选择，让学生自我规划成长跑道

为解决学校课程建设中缺分享、少规划、鲜整合的情况，2012年，上城区从区域视角出发，规划、整合、统筹，启动区域课程体系建设研究，以“上城区区域课程共享平台”为载体，推动课程的共建共享，为学生提供丰富多彩的课程资源。“上城区区域课程共享平台”不仅实现了对多样化课程的有效管理，还让学生自主选择喜爱的课程，自我规划成长的路径，促进学生的多元化发展。

四、教育信息化融合期（2017 年至今）

以育人为导向，促进信息技术与教育教学的深度融合。信息时代背景下，信息技术已成为教育深度变革的内生变量，信息素养成为新时代德智体美劳“五育并举”的基底和纽带，信息技术的发展将为提升教育治理能力、变革教育评价机制、构建教育体系提供有力支撑。随着整个数字化改革不断推进，教育信息化必将融入顶层设计，并在教育各环节、各领域的改革和创新中发挥不可替代的作用。相对于传统教育和教育信息化的前三个阶段，这一阶段的教育主体更加强调以学习者为中心。传统教育中，课堂教学建立在以教师为中心的理念基础上。随着在线课程等为学生提供了便捷的资源获取渠道，以教师为中心的传统课堂模式受到挑战，开展以学习者为中心的课堂教学成为必然。翻转课堂教学模式、基于探究式学习的教学模式应运而生，人工智能、大数据、物联网等技术为精准教学、自适应学习等更加个性化的教学方式和学习方式提供了技术支持。参与式、探究式、合作式教学支持下的个性化学习、自适应学习等以学习者为中心的学习方式受到越来越广泛的关注，以学习者为中心的理念得到广泛认同。

2017 年，为推动区域信息化加速发展，上城区设立信息化专项资金，支持基层学校的信息化创新应用。持续推进数字化移动学习研究项目，全区 18 所中小学加入项目组，重点关注如何利用移动学习系统收集学生学习过程中的反馈信息，通过及时、科学的教学反馈，积极开展基于过程的数据挖掘与学习分析的研究，以学定教，促进学生人人参与，促进生生、师生互动，促进学生高阶思维能力的发展。2017—2018 年，上城区先后开展两轮区智慧课堂示范校建设，共有 16 所学校参与。

2017 年 4 月，上城区中小学创客教育论坛成功举办，论坛以“创客教育理念下学科教学的实践与探索”为主题，着重探讨在“创客教育”越来越受到重视的背景下如何推动“创客教育”理念在课堂教学中落地。为进一步整合教育行政部门、学校、研究机构、企业等各界资源，形成合力，上城区成立了

“上城区中小学创客教育联盟”。为保障创客教育的顺利开展，上城区推进中小学创新实验室建设，建设 3D 设计及打印创新实验室 15 个、Scratch 创意编程创新实验室 12 个、智能机器人创新实验室 5 个和基于物联网的科学探究创新实验室 2 个。此外，上城区还启动了基于大数据的家园互动教育平台建设，通过引入物联网、云存储、数据分析等新一代信息技术手段，全程记录幼儿的健康成长，打造园本化家园共育立体化课程，实现家园信息互通、资源互通和评价互通，为学校教育和家庭教育搭建快捷、有效的沟通桥梁。2017 年 7 月，“浙江—美国印第安纳州中小学 STEM 课程平移项目”在杭州市胜利实验学校开班，项目邀请美国教师走进浙江的中小学课堂，组织中国教师观察 STEM 课堂教学过程，学习美国教师课堂组织与教学实施的方法，帮助中国教师客观、全面地体认 STEM 学习活动的特点。以此为起点，上城区在 2018 年和 2019 年继续承办该项目，积极选派 STEM 相关的学科教师参加研修活动，并以此为契机，在全区开始新一轮的 STEM 教育探索。2018 年 10 月，上城区承办浙江省 STEAM 教育协同创新中心学术论坛。

2018 年，上城区启动基于大数据支持的思维课堂项目。上城区持续开展中小学及幼儿园的智慧校园建设，该年度区域内 16 所中小学及幼儿园被评定为“杭州市智慧教育示范校”。上城区教育大数据中心初步建成，着眼于协调各级学校和相关部门，汇聚教育管理服务数据资源，集成多元教育数据，融合成结构统一、内容关联、动态更新的上城大数据新体系；探索教育大数据与人工智能等技术手段在改进教学、优化管理、提升绩效方面的创新应用。并且，上城区开展人工智能教育普及行动，采购智能机器人、3D 设计与打印等人工智能类的教学服务，覆盖区域内的所有小学，培养学生的信息素养和创新能力。

2019 年 3 月，上城区入选国家“信息技术支持下的区域研修模式研究及试点”项目试点地，以新技术赋能教师专业发展提升。杭州市采荷第二小学、杭州市天长小学等 6 所学校与金华市婺城区、衢州市常山县等地的学校建立城乡结对关系。4 月，上城区启动“互联网 + 义务教育”学校结对帮扶行动，成立了“互联网 + 义务教育”结对帮扶专项工作领导小组。结对学校之间签订帮扶协议，同时开通之江汇教育广场网络空间。5月中旬，“互联网+义务教育”技术装备环境达标率100%，帮扶合作内容为城乡同步课堂、远程专递课堂、名师网络课堂。在“互联网+教育”结对帮扶工作中，涌现出了“互联网+义务教育STEM”精品课程。杭州市胜利实验学校的“STEM项目学习下乡村”入选浙江省“互联网+义务教育”优秀实践案例。10月，上城区入选“浙江省中小学STEM教育试点区”，杭州市胜利实验学校入选首批“浙江省中小学STEM教育项目种子学校”。为此，上城区制定《中小学STEM教育三年规划（2019—2021）》，将STEM教育作为区域课程教学改革的重点项目，积极推进课程整合实施，组织指导学校以STEM教育为抓手推动教学方式转变，常态化开展项目化教学，将科技创新教育打造为学校特色，积累一批优质的STEM学习项目和资源案例，建立一支业务娴熟并具有一定影响力的STEM教师队伍。2020年8月，上城区入选国家“基于教学改革、融合信息技术的新型教与学模式”实验区，深入落实立德树人的根本任务，结合上城的区位特质与教育生态，积极实施信息技术支持下的课程改革、教学改革。上城区积极开展信息化教学创新实践，创新区域教育信息化的发展路径，在技术支持下的课堂教学、精准教学、数字评价、混合学习、资源建设和教师培养等方面形成典型案例。

上城区聚焦区域重大教学改革创新项目，推进基于信息技术的教学创新，培养学生思维品质与创新能力，全面提升区域教育教学质量。依托信息技术建设更加广泛的区域学习中心群落，基于各校特色课程开展走校选课，利用网络同步课程、虚拟教学社区等，为学生个性化发展提供丰富的学习菜单，通过体验式、项目化和混合式等多样化的学教方式，满足学生差异化成长的需求。同时，上城区持续优化区域智慧教育生态，推进信息化基础设施与应用环境建设，变革教育资源供给方式，盘活教育信息化资源，开展研训一体的教师信息技术应用能力提升工程2.0行动（见链接1-2-1），全面提升师生的信息素养。

链接1-2-1 上城区信息技术应用能力提升工程2.0组织实施案例

2021年4月，上城区启动教育数字化改革，聚焦“美好教育看得见”，结合上城的区位特质与教育生态，综合运用数字化技术、数字化思维、数字化认知，在党建引领、行政管理、学业质量、评价改革、队伍建设、学校治理、公共服务、全民学习等方面实现数字赋能，构建数字化、空间化、智能化、一体化的新型教育治理体系。上城区紧跟省市数字化改革步伐，高质量完成党政机关整体智治、数字政府、数字社会等领域的改革部署，基本完成区域教育数据专题库建设，并以此为基础构建“级联式”的教育局、学校两级驾驶舱，统筹区域内“星级家长执照”平台、“上城·之江汇教育广场”平台、混合式未来社区教育等教育资源。

《论语·为政》有云：“三十而立。”“而立之年”的上城教育信息化正值当打之年，紧随世界教育信息化潮流，走出一条坚定而富有区域特色的教育发展道路，承担着时代赋予的推动教育现代化、助力教育强国建设的历史重任，承载过去的荣耀，扛起时代的重托，直面当下的困难与未来的挑战。未来，上城区教育信息化将继续以学科建设为发展原动力，继续深化理论研究，推进教育与信息技术的融合创新，并在理性主义的指引下，更加郑重地对待教育信息化发展过程中出现的风险，在创新求变与理性审慎中笃步前行。

参考文献

[1] 万昆，任友群. 技术赋能：教育信息化 2.0 时代基础教育信息化转型发展方向［J］. 电化教育研究，2020，41（6）：98–104.

[2] 任友群，吴旻瑜. 作为形成更高水平人才培养体系必由之路的教育信息化——全国教育大会与教育信息化笔谈之一［J］. 中国电化教育，2019（1）：1–5，47.

[3] 俞立平. 大数据与大数据经济学［J］. 中国软科学，2013（7）：177–183.

[4] 谢俊贵. 信息社会之变：大数据催生创意社会［J］. 广东社会科学，2016（5）：185–195.

[5] 胡小勇，许婷，曹宇星，等. 信息化促进新时代基础教育公平理论研究：内涵、路径与策略［J］. 电化教育研究，2020，41（9）：34–40.

[6] 许艳丽，李文. AI 重塑工作世界与职业教育信息化的适应［J］. 中国电化教育，2020（1）：93–98.

[7] 章晶晶，王钰彪. 作为构建新时代“全面培养的教育体系”必由之路的教育

信息化——全国教育大会与教育信息化笔谈之二［J］. 中国电化教育，2019（1）：6-11，53.

［8］吴砥，邢单霞，蒋龙艳. 走中国特色教育信息化发展之路——《教育信息化2.0 行动计划》解读之三［J］. 电化教育研究，2018，39（6）：32-34.

［9］任昌山. 加快推进 2.0，打造教育信息化升级版——《教育信息化 2.0 行动计划》解读之二［J］. 电化教育研究，2018，39（6）：29-31，89.

［10］杨宗凯. 解读教育信息化十年发展规划——兼论信息化与教育变革［J］. 中国教育信息化，2014（11）：3-9，15.

［11］任友群. 走进新时代的中国教育信息化——《教育信息化 2.0 行动计划》解读之一［J］. 电化教育研究，2018，39（6）：27-28，60.

［12］孙立会，刘思远，李芒. 面向 2035 的中国教育信息化发展图景——基于《中国教育现代化 2035》的描绘［J］. 中国电化教育，2019（8）：1-8，43.

［13］李敏，方颀. 以教育信息化为抓手 提升区域教育质量——杭州市上城区区域教育信息化工作成果简介［J］. 中国教育信息化，2015（20）：7-9.

第二章
阐释：区域教育信息化的顶层设计

教育信息化是国家信息化的重要组成部分，是教育现代化的重要标志。区域教育信息化是实现国家教育信息化的基础，是一项长期、系统而复杂的工程。上城区重视区域教育信息化工作，在多年的实践中形成了一套涵盖课程、课堂、学习、评价、校园、治理等要素的完整的教育信息化体系，为区域教育带来了全新的样貌，极大地推动了区域教育的美好发展。为了清晰地呈现上城区教育信息化的探索路径，本章从区域教育信息化的价值、定位和总体架构出发，阐述上城区教育信息化的顶层设计。

第一节
区域教育信息化的价值与定位

⊙

以区县一级为代表的区域教育信息化是推动区域教育数字化转型的重要力量，是支撑区域教育高质量发展的关键因素，也是国家教育信息化的具体抓手。推进上城区教育信息化是促进区域教育优质均衡发展、适应新时代人才培养要求的有效途径，是破解区域教育改革和发展难题的现实需要，也是顺应新技术变革下教育发展趋势的必然选择。上城区在探索实践中积累和凝练了区域教育信息化的发展经验，在区域教育信息化的目标定位、推进机制、发展路径等的探索方面均取得了重大突破。

一、区域教育信息化的基本情况

上城区以“创建美好教育，促进教育公平”为重点，响应国家《教育信息化 2.0 行动计划》任务要求，持续深化和拓展智慧校园建设，引导学校开展信息技术与教育教学融合的创新研究，以优质资源的应用为本，推进优质资源区域共享，以教育信息化推进教育现代化，助推区域教育的可持续发展。上城区重视教育信息化基础设施与应用环境建设，以“规范、科学、合理”为基本原则，优化信息化应用环境，推进技术装备的网络化、数字化管理，深化技术装备的教学应用绩效评估，加大经费投入力度，助推上城教育现代化建设。

近年来，杭州市上城区高度重视教育信息化，逐年增加经费投入，信息化建设水平稳步提升。截至 2023 年 3 月，上城区拥有国家级、省级数字校园示范创建校 8 所，市级智慧校园示范创建校（中小学校）共 78 所。

二、区域教育信息化的价值

1. 适应新时代课堂教学变革的有效途径

信息技术赋能教育是在规模化教育的前提下实现教育多样性、个性化的最重要、最有效的手段，对为社会主义现代化强国建设提供强有力的人才支撑具有不可替代的关键作用。有助于推进信息技术与教育融合，建设智能化教学环境，提供优质数字教育资源和软件工具，利用信息技术开展启发式、探究式、讨论式、参与式教学，鼓励发展性评价，探索建立以学习者为中心的教学新模式，倡导网络校际协作学习，提高信息化教学水平。有助于逐步普及专家引领的网络教研，提高教师网络学习的针对性和有效性，促进教师专业化发展。

2. 促进区域教育优质均衡发展的有效手段

教育信息化的价值还体现在对学生全面发展的促进作用，对深化教育领域综合改革的支撑作用和对教育创新发展、均衡发展、优质发展的提升作用上。基础教育信息化是提高国民信息素养的基石，是教育信息化的重中之重。在此基础上，以促进义务教育均衡发展为重点，以建设、应用和共享优质数字教育资源为手段，促进每一所学校享有优质数字教育资源，提高教育教学质量；帮助所有适龄儿童和青少年平等、有效、健康地使用信息技术，培养学生自主学习、终身学习的能力。

3. 破解教育改革和发展难题的现实需要

我国教育既面临着亟须适应时代快速发展、回应迅速变化的外部环境的问题，又长期面临着城乡、区域、校际发展不平衡的问题。这就要求通过加快推进教育信息化，实现对传统教育的理念重塑、价值重建、结构重组、流程再造、文化重构。

4. 顺应新技术变革下教育发展趋势的必然选择

2017 年 7 月，国务院印发了《新一代人工智能发展规划》，对人工智能教育体系作了专门部署。人工智能对教育的影响主要体现在三个方面：第一，当机器学会思考时，我们更应该注重培养学生自主学习、提出问题、人际交往、创新思维和谋划未来的能力。第二，人工智能改变了教育教学模式，不仅可以提供更具智能、更具个性的教学内容和辅助学习工具，而且可以更加精准、更加耐心地实现智能导学。第三，人工智能改变了教师角色，教师的工作重心更多地转向对学生的能力培养、素养培育、心理干预、人格塑造等，以培养学生信息化环境下的学习能力。因此，为适应信息化和国际化的要求，应继续普及和完善信息技术教育，开展多种形式的信息技术应用活动，创设绿色、安全、文明的信息技术应用环境。鼓励学生利用信息手段主动学习、自主学习、合作学习；培养学生利用信息技术开展学习的良好习惯，发展兴趣特长，提高学习质量；增强学生在网络环境下提出问题、分析问题和解决问题的能力。

三、区域教育信息化的定位

上城区基于学生发展的目标，立足课堂，为各级学校的教学与管理提供设备、平台和培训服务等，促进信息技术与教育教学的深度融合。经过不懈努力，在 2015 年 1 月由中国教育技术协会与中国教育报刊社联合举办，25 个省、自治区、直辖市的电教馆协会组织积极参与的“首届全国教育信息化区域应用典范推选活动”中，上城区荣获全国教育信息化创新应用典范区域特别实践奖。

智慧教育是信息化教育的新境界、新诉求，是在数字校园的基础上，以智慧学习环境为技术支撑、以智慧学习为根本基石、以智慧教学方法为催化剂的教育新样态。上城区教育信息资源中心实现了两方面的转型：一是在角色定位上，由“技术支持服务”转向“教育技术引导”，即在做好区域教育信息化工作保障的基础上，更强调从教育研究的视角，引领基层学校合理使用新技术促进教学，实现技术与教育的深度融合。二是在工作重心上，由“技术探索应用”转向“区域优质经验推广”，上城区在“理念先行，以研究促应用”的基础上，已积累了一些智慧校园建设和资源开发的成功经验，将这些成功经验和优质资源共享到全区中小学，能使全区的智慧校园建设与教育信息化水平更上一层台阶。

第二节
区域教育信息化的总体架构

⊙

如何结合区域特色规划和构建教育信息化总体框架成为各地区筹划教育信息化深化发展、推进教育信息化 2.0 实践与研究的重点和热点。因地制宜的教育信息化框架设计会为教学、学习及管理决策等教育活动提供全新的科学工具，有力推动教育的变革。以多个城市教育信息化总体架构为蓝本，基于上城区教育信息化建设的需求调研结果，上城区从区域教育信息化的应用架构、思路与目标、机制保障和创新成果四个方面呈现了区域教育信息化的总体架构。

一、区域教育信息化的应用架构

上城区教育信息化工作的应用架构是以创建美好教育，推进“立德树人，五育融合”为导向，结合上城的区域特点与教育生态来设计的（见图 2-2-1）。

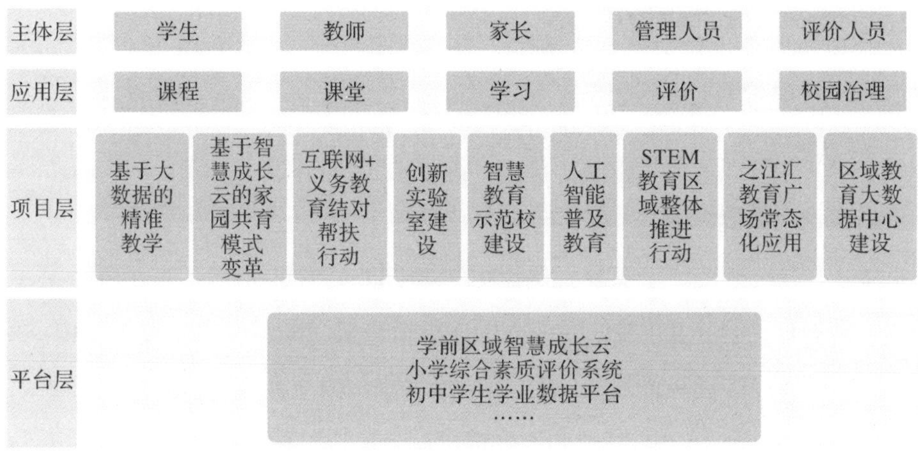

图 2-2-1　区域教育信息化的应用架构

整个架构以技术融合应用的不同深度，以“技术平台—人员素养”的方向，依次分为平台层、项目层、应用层和主体层这四个层级。其中，平台层主要包括开展区域教育信息化的各种工具类软件；项目层建立在平台层之上，是平台层中各软件工具的具体应用场景；应用层则是在更高的视角对项目层中所涉及的各个应用场景进行统合整理；而主体层则聚焦区域智慧教育工作的最终目标，即人的素养的提升。

上城区聚焦“思维课堂”重大教学改革创新项目，整理出区域内技术支持下的思维课堂教学优秀案例，以课堂观察、精准教学、精准评价等项目为抓手，推进信息技术与学科教学的深度融合，培养学生的思维品质与创新能力，全面提升区域教育教学质量。上城区依托互联网技术建设更加广泛的区域学习中心群落，基于各校特色课程优势开展走校选课，利用网络同步课程、虚拟教学社区等，为学生的个性化发展提供丰富的学习菜单，通过体验式、项目化和混合式等多样化的学教方式，满足学生差异化成长的需求。

二、区域教育信息化的思路与目标

1. 总体思路

（1）提升教育信息化治理服务水平。

第一，升级协同办公系统，提高教育管理效率。统筹上城教育协同办公需求，升级教育综合应用平台，建设一个连接教育部门与辖区内学校的便捷、安全的沟通平台，实现高效的信息传达。为教育部门的文件审批、协同办公、事项申请等提供便捷的工具，支持通过手机查阅公文、批阅公文等，探索利用办公平台进行跨组织的流程审批。通过管理平台对各系统数据进行统计分析，为教育部门准确统计辖区内学校各类信息提供客观数据支撑。

第二，建设教育数据中心，加强数据汇聚能力。通过管理平台搭建各学校的业务中台系统，实现业务快速创新、集中运营管理及性能瓶颈突破。搭建教育数据中台系统，汇聚各个数据源的教育数据，支持教育数据在不同系统间的无缝流通，结合上城教育发展战略与实际需求，规划教育数据采集的范围、技术与机制。

第三，探索基于数据的教育治理创新模式，探讨教育决策支持、教育质量检测、教育发展评估等数据应用策略。加强对现有信息资源平台的数据挖掘，抽取初中学业大数据平台、小学综合素质评价平台、学前智慧成长云平台的数据，开展跨学段的数字化评价探索，综合后勤管理、教育督导、教师交流等信息平台，对学校发展进行诊断式评估。

（2）推进区域信息化学教方式变革。

第一，建设思维观察室支持思维课堂教学改革。把思维课堂观察室的覆盖范围由试点学校扩大到全区中小学，对课堂中的师生表现进行全方位的记录和分析，支持多终端、多平台的网络访问。对师生对话语言、教师行动轨迹等进行智能分析，形成基于大数据的学习诊断、教学诊断。深化区域思维课堂教学改革，同时沉淀优质数字教学资源，支持教师教育教学工作与专业成长。

第二，升级学习中心网络社区促进资源共享。针对目前存在的门户网站形式单一、数据匮乏、学习统计功能薄弱等问题，定制化开发学习中心、网络社区，支持学习中心开设在线课程，开展线上视频学习、作业练习、答疑讨论、作业评比等活动。共享学习中心的优质数字资源，发布学习中心建设中的动态通知公告等。利用学习平台、网络社区沉淀学生的学习数据，开展学生学习评价研究，教师基于数据调整教学内容和教学策略等。

第三，开展 STEAM 教育和项目化学习。将 STEAM 教育作为变革学教方式和推进区域重点工作的抓手，建设浙江省中小学 STEAM 教育试点区。做好浙江省中小学 STEAM 教育项目种子学校的指导工作，进一步引导种子学校深化项目学习研究，向区域内其他学校辐射优质资源。做好区级 STEAM 教育培育校的指导工作，引导培育校积极学习种子学校的先进经验，立足校情形成 STEAM 教学特色，使 STEAM 教育融入学科学习、融入课程发展、融入教学制度，促进 STEAM 项目学习的常态化。

（3）优化教育信息化基础生态建设。

第一，机制方面，推进信息化资源供给侧改革。根据教育部等 8 部门发布的《关于引导规范教育移动互联网应用有序健康发展的意见》文件精神，进一步探索“政府统筹引导、企业参与建设、学校购买服务”的教育移动应用供给机制，提供优质的教育资源和应用服务。坚持“自主建设”与“服务采购”并重的思路，提高教育经费的使用效率。推进校园创客空间的建设，服务于学校日常教学。以提高设备利用率和使用效能为核心，以课程内容建设为导向，课程建设与装备配备并重。用好上城教育智库资源，加强上城教育信息化发展顶层设计，辐射上城教育信息化的优秀成果。加强与高校教育信息化研究机构的沟通交流，建立战略合作关系，借力高校“产学研”的优势，连通高校与企业，丰富教育信息化资源供给的来源。

第二，教师方面，提升教师信息技术应用能力。以教师信息技术应用能力水平提升工程为契机，加强教师教育技术能力培养，协同教师发展研究中心，根据教师实际教学需求，有针对性地开展教师教育技术能力培训。组织和辅导教师参与全国教育教学信息化大奖赛。以研促用、以研促教，引导教师参与现代教育技术教师小课题研究、实验区专项课题建设、教育教学信息化评比等活动，鼓励教师探索信息技术与教育教学融合的新途径，提升信息技术应用能力。

第三，学生方面，普及 STEAM 人工智能教育。通过采购人工智能课程资源的形式，提升学生的信息素养。把信息社会的新技术与学生的兴趣相结合，以项目学习的方式，使用数字化工具，倡导造物，鼓励分享，培养学生跨学科解决问题能力、团队协作能力和创新能力，提高全区学生的信息素养。充分发挥教育市场机制的力量，提升教育信息化服务的整体品质，满足不同层次受教育群体的差异化需求。

第四，学校方面，打造区级信息化教学示范校。围绕建设国家级信息化教学实验区的总目标，鼓励学校依托创新实验室的智能装备和智慧环境，推进体验式学习、项目式学习、合作学习等新型教学组织方式，建设区级信息化教学示范校。注重实验室设备的利用率和使用效能，建设若干门精品课程。积极开展学校信息化建设与应用探索，鼓励学校根据课程教学的需要建设智慧校园，充分调用一切能够使用的信息化资源，最大化地利用公共的技术资源，避免陷入“技术主义”的误区，根据学校的实际需要使用信息化专项经费，建设个性化的示范学校。

第五，研训方面，提升网络研训服务保障能力。充分发挥互联网在教师研修和教师培训中的优势，搭建上城教师云研训平台，支持网络直播教研，包括直播课堂展示、网络远程培训、远程教研会议等。强化对数字资源的管理，对课堂教学视频的云处理。通过云生态系统在线对课堂实录进行切片、知识点标注等，形成微视频或微课，沉淀优质精品教学资源，助力教师的专业成长。注重平台的数据采集，通过数据统计与分析模块，对教师研训参与情况、资源上传情况进行统计和可视化分析。

第六，平台方面，合理化布局信息资源平台。科学布局构建教育业务管理信息系统，加快形成覆盖各级各类学校、学习者和教学全过程的教育管理与监测体系。推进基于大数据的教育治理方式变革，建立完善教育公共信息资源开放目录。发挥教育信息化对学生全面发展的促进作用，对深化教育领域综合改革的支撑作用，对教育创新发展、均衡发展、优质发展的提升作用。做好上城区各类信息平台的运维工作，做好“互联网 + 义务教育”结对帮扶工作。完善各类信息资源平台的运维机制，按照国家网络与信息安全的要求，采取相应措施，建立有效的安全保障体系和规范的安全管理体系，保护个人隐私和政务安全。

2. 总体目标

“十四五”期间，上城区围绕教育部“基于教学改革、融合信息技术的新型教与学模式实验区”建设要求，深入落实立德树人的根本任务，结合上城的区位特质与教育生态，积极实施信息技术支持的课程改革、教学改革，促进学生全面而有个性地发展。通过本次实验区创建，逐步形成具有上城特色的基于教学改革、融合信息技术的教与学模式，在学生思维品质与创新能力培养、区域学生个性优势发展等方面生成创新性、示范性的应用案例，建设信息化水平处于全国前列的教育现代化强区。

3. 任务目标

第一，聚焦上城区“思维课堂”重大教学改革创新项目，推进信息技术与学科教学的深度融合，利用学习数据支持对学生的思维诊断，帮助教师确定学生思维起点，开展精准教学，培养学生思维品质与创新能力，通过信息化的教学研修活动提升教师开展思维课堂教学的能力，全面提升区域教育教学质量。

第二，依托互联网技术建设更加广泛的区域学习中心群落，基于各校特色课程优势开展走校选课，为学生的个性化发展提供丰富的学习菜单，通过体验式、项目化和混合式等多样化的学教方式，满足学生差异化成长的需求。

第三，持续优化上城区智慧教育生态，推进信息化基础设施与应用环境建设，变革教育资源供给方式，盘活教育信息化资源，搭建信息化教研与培训平台，开展研训一体的教师信息技术应用培训，全面提升师生的信息素养。

三、区域教育信息化的机制保障

1. 项目运作机制

建立一把手负责制的领导小组，充分发挥上城区在教学研究方面的特色，围绕数据支持的学教方式变革、学生评价变革和学校治理变革组建 3 个项目工作组，采用扁平化、跨部门的工作运作机制。每个项目的负责人为区域教育主要负责人，要求有担任省、市级课题的负责人或课题组主要成员的经历，有丰富的科研管理经验、突出的科研管理能力。

2. 协同推进机制

建立教育信息化工作例会制度，按照需求驱动、试点先行、专业导助、展示引领等方式开展项目工作，建立与教育局及相关科室联动的机制，实现协同创新。每月开展区域学科协同教研，组织学校教师、学科研究员和学科骨干教师组成的研究团队共同研讨。

3.“智库”合作机制

成立上城教育专家智库，引入高校专家资源，与华东师范大学、北京师范大学、浙江大学、教育部国际教育研究基地、国内人工智能精准教学科技公司等建立联系，开展合作。

4. 第三方监测机制

发挥上城区“管、办、助、评”分离的组织架构优势，以上城区教育评估与监测中心为主体建立第三方评估小组，监测项目推进与目标达成情况。

四、区域教育信息化的创新成果

1. 大数据支持的精准教学

利用信息化手段收集学生的作业、考试等学业数据，自动组题、自动批改，减轻教师的工作负担。同时，通过大数据来支持教师的精准教学，支持学生的个性化学习。截至 2019 年，上城区所有中学都参与了大数据教学项目，其中杭州市建兰中学利用大数据技术推出的“学校大脑”，把学生的学习行为记录转化为数据资源，为每位学生的学习过程与结果精准“画像”，为学生提供个性化的成绩单、错题集，聚焦学生的能力弱项，精选精练，对症下药，将作业变成助力而非负担，让学生摆脱题海战术。

在各校精准教学实践的基础上，建构上城区学业评价数据中心，汇聚全区各校学生的学业数据，协同上城区基础教育研究中心等部门，进一步挖掘学业数据的价值，为教研员开展学科教研活动提供支撑。

2. 教育“大脑”支持的教育治理

在网上办公 OA 系统、教育城域网管控中心等的基础上建设的上城区教育局“学校大脑”，集教师岗位交流、教育装备管理、教育项目建设、教育三证管理、教育督导管理等业务流程于一体。一方面，上城区教育局“学校大脑”根据教育信息化工作的不同功能区，汇聚各个数据源的教育数据，同时保持同步更新，支持教育数据在不同系统之间的无缝流通；另一方面，作为综合性的教育数据仓库，上城区教育局“学校大脑”为上层各项智能应用提供用于挖掘、分析的数据。协调各级学校和相关部门，汇聚教育管理服务数据资源，在此基础上，探索教育大数据与人工智能等技术手段在改进教学、优化管理、提升绩效等方面的创新应用，提升数据治理能力，为教育管理与决策提供数据支持。上城区教育局数字驾驶舱如图 2-2-2 所示。

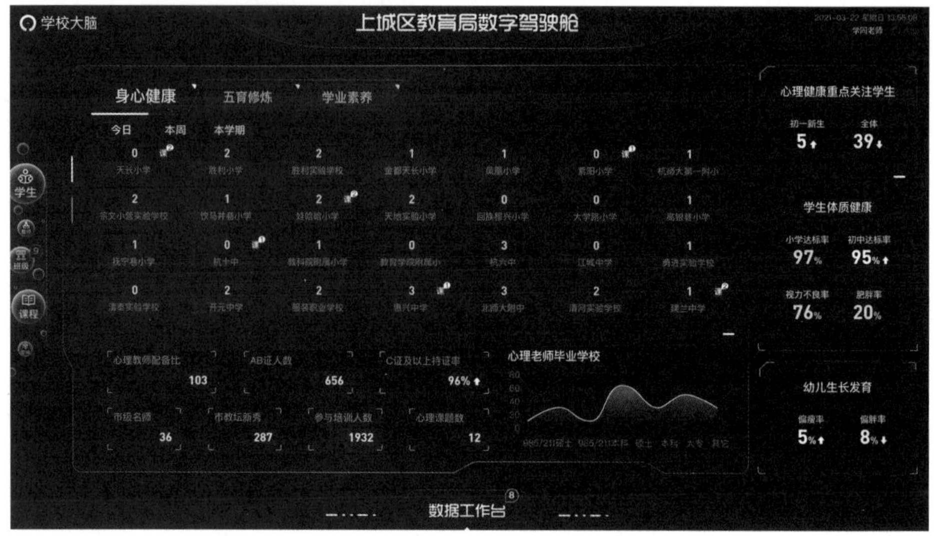

图 2-2-2　上城区教育局数字驾驶舱

3. STEM 教育区域整体推进

提升信息素养对于落实立德树人目标、培养创新人才具有重要作用。上城区高度重视中小学 STEM 教育，把 STEM 作为变革课堂教学方式的重要突破口，着力提升学生思维品质、创新能力以及团队协作能力。上城区 STEM 教育在自主探索的基础上，以开放和创新的理念，鼓励教师开拓视野，学习和借鉴国内外 STEM 教育的优秀经验。上城区在 2017 年至 2019 年间连续承办“浙江—美国印第安纳州中小学 STEM 课程平移项目”，积极选派 STEM 相关的学科教师参加研修活动，并以此为契机，在全区开始新一轮的 STEM 教育探索（见表 2-2-1）。2017 年，杭州市胜利实验学校入选首批“浙江省中小学 STEM 教育项目种子学校”（全省共 15 所）；杭州师范大学东城中学入选首批“浙江省中小学 STEM 教育项目培育学校”（全省共 15 所）。2019 年，上城区入选“浙江省中小学 STEM 教育项目试点区”（全省共 10 个）。

表 2-2-1　浙江—美国印第安纳州中小学 STEM 课程平移项目

时期	2017 年	2018 年	2019 年
学校	杭州市胜利实验学校	杭州市清河实验学校	杭州市胜利实验学校
内容	借助 2017 年浙江一美国印第安纳州中小学 STEM 课程平移项目，上城区的 STEM 教育汇聚了一批专业骨干教师，由点及面，开展普惠的、常态化的 STEM 项目教学	借助 2018 年浙江一美国印第安纳州中小学 STEM 课程平移项目，打开上城区新局面，进一步扩大实施范围，提升课程质量科学组织架构，开发精品 STEM 学习项目	开展中美教师翻转教学的尝试，切身体验美国教师的 STEM 教学策略，并在学校开展本土化的教学尝试，进一步研究 STEM 教学策略

上城区以“浙江—美国印第安纳州中小学 STEM 课程平移项目”为契机，唤醒教师的学科融合意识，提升教师 STEM 教学技能，制定了相应的 STEM 教育发展规划。

上城区通过 STEM 教育名师工作坊、科学教师研修共同体和教育信息资源中心组织的相关研修与培训加强师资培训，引进与自主开发建设 STEM 学习项目，制订相应的教师激励措施，采购 STEM 教学服务，推进区域 STEM 教育发展。

4. 区域幼儿智慧成长云建设

上城区利用物联网、云存储、大数据等技术手段，建设基于区域智慧成长云的家园互动教育平台，进一步加强对全区幼儿“健康、语言、社会、科学、艺术”五大领域的数据记录，重视对大数据的分析与挖掘，结合园本教育资源、主题活动，选择性地汲取家园共育资源案例，开发活动设计相关视频、音频、图片、教案等多媒体园本教育资源，建设数字化的家园共育立休化课程。

区域幼儿智慧成长云建设丰富线上线下教学方式，畅通家园沟通渠道，通过多元化、多维度评价手段，记录儿童成长过程，助力幼儿的健康智慧成长。幼儿成长记录单示例如图 2-2-3 所示。

图 2-2-3　幼儿成长记录单示例

5.“互联网 + 义务教育”结对帮扶行动

依托互联网等信息技术的优势，创新中小学校结对帮扶机制，促进优质教育资源共建共享。以结对区县的实际需求为导向，重点做好小规模学校、寄宿制学校和薄弱学校的帮扶，遴选区域办学水平高、教育质量好的学校参与结对帮扶。

2019 年 3 月，上城区的 2 所学校分别与杭州市临安区、衢州市常山县的 4 所学校结对，通过城乡同步课堂、远程专递课堂和教师网络研修等方式，实现教育教学资源共建共享。其中，结对支援校杭州市胜利实验学校作为首批“浙江省中小学 STEM 教育项目种子学校”，STEM 师资力量雄厚，借助互联网技术，开展同步课堂教学，带领受援学校的学生学习 3D 打印技术，开展“降落伞”学习项目，体验 STEM 学习乐趣。

2019 年 4 月至 11 月，上城区与杭州市临安区、衢州市常山县的结对学校开展城乡同步课堂活动 88 次，覆盖语文、英语、道德与法治、音乐、美术 5 个学科，同步分享专家交流讲座 7 次，共享远程专递课堂 49 节，参与学生超

3000 人次。结对学校对于“互联网 + 义务教育”的意义和价值高度认同，在工作中互相支持、互相配合，形成了良性互动。

6. 应用为本的智慧校园建设

人工智能、大数据、区块链等技术的迅猛发展，将深刻改变人才需求状况和教育形态。智慧教育环境不仅改变了教与学的方式，而且开始深入影响教育的理念、文化和生态。上城区历来重视全区中小学、幼儿园的校园信息化建设，提倡基于学校的办学理念与师生的实际需要有针对性地利用信息技术提高教与学的绩效、优化教学管理与服务、促进学科教学的变革。

上城区鼓励学校在办学理念的指引下，一方面，根据学校的育人观念和课程需要建设智慧校园，充分调用信息化资源，最大化地利用公共技术资源，如微电台、微新闻、公共资源平台等，避免陷入“技术主义”的误区；另一方面，根据学校的实际需要，合理使用信息化专项经费，建设个性化的智慧校园。2013 年 3 月，杭州市胜利小学、杭州市天长小学入选浙江省首批数字校园示范建设校；同月，英特尔数字化学习区域应用推进项目启动，上城区成为英特尔全国数字化学习区域应用推进项目的重点支持对象。2014 年 10 月，上城区承办“中国杭州名师名校长论坛智慧教育峰会暨全国教育信息化区域应用典范交流会”，同时举办“上城区教育信息化成果展”和“企业教育信息化解决方案展”，区域内 15 所学校参展。区域教育信息化工作覆盖“互联网 +”支持的课堂教学变革、课程实施保障、教学资源应用、家校关系重构、教师成长助力和管理模式创新等领域。

7. 创客与人工智能教育普及行动

建设创新实验室（见图 2-2-4）和创客空间，开展创客教育和人工智能教育。依托创新实验室的智能装备和智慧环境，推进体验式学习、项目式学习、合作学习等新型教学组织方式，引导学校开设和优化相关课程。注重创新实验室应用与学校办学理念、德育理念的融合，鼓励开展 STEAM 理念下的多学科融合教学探究；注重实验室设备的利用率和使用效能，引导教师自主开发与学习空间相适配的精品课程。积极引导基于创新实验室的教学研究，其中杭州市胜利小学的“小学生创客孵化的载体设计与机制创新”项目申报浙江省教育规划课题并顺利结项；杭州天地实验小学开设机器人文创课程，通过影视制作、互动表演等形式，融合多种文化元素，渗透新时期德育理念。2018 年 10 月，时任浙江省教育技术中心主任施建国考察上城区人工智能文创课程项目，并给予高度评价。

图 2-2-4　中小学创新实验室建设

上城区采购人工智能类课程服务，变革教育资源的供给方式，推进人工智能教育普及行动。由传统的“采购装备，自主开发”模式，转变为“采购服务，应用推广”模式，充分发挥教育市场机制的力量，满足不同层次受教育群体的差异化需求，提升教育信息化服务的供需精准性。2018—2019 年，上城区以采购课程服务的形式，开展小学人工智能课程普及活动，全面覆盖区域内小学，参与学生超 10800 人次。在这个过程中，学校需规避过度建设人工智能教室造成的成本浪费，降低设备运维的风险，减少设备运维的成本，提高教育经费的使用率。

8. 优质数字资源建设与供给服务

以工作室为龙头打造研修共同体，推进网络学习空间常态化应用，促进优质数字资源的共建共享。2015 年，上城区成为浙江省教育资源公共服务平台推广应用试点区，以之江汇教育广场的应用为抓手，充分发挥“名师工作室”“主题特色工作室”“学科工作室”以点带面的示范作用，建立“以一带十、纵横交错”的网络学习空间，为教师研修方式的变革助力。在 2018 年 11 月举办的杭州市数字教育资源建设与应用培训会上，上城区以“以工作室为龙头打造研修共同体，推进网络学习空间常态化应用”为主题向全市区、县分享网络资源建设与推广的经验。

通过数字资源基地校建设、“一师一优课”、精品微课程建设、优秀教师空间评比、教师信息化教学能力比赛等多种方式，激励教师开发优质资源，以之江汇教育广场和上城区教育“E 享”频道为传播渠道，促进优质资源共享。此外，上城区的杭州市胜利小学、杭州市崇文实验学校、杭州市时代小学和杭州市胜利实验学校积极开展浙江省数字资源基地校活动。

利用信息技术支持学习中心建设，促进区域优质教育资源的创建与共享。学习中心是集多功能的空间设计、精品化的课程体验于一体，融合先进教育理念和现代教育技术的个性化、定制化的学习共同体。充分发挥现代教育技术在知识传播、在线互动等方面的优势，利用网络学习空间的便利性，引导和帮助学习中心建设相关数字资源，通过微课、微课程、网络直播、学习平台共享等方式，把优质资源辐射到更多学校。

9. 移动学习支持的思维课堂探究

持续开展“基于数字移动设备的智慧学习”研究项目，利用平板电脑的互动反馈、资源库、同屏共享等功能，支持学生高阶思维的发展。协同基础教研中心等部门，及时总结经验、成果，指导项目学校进一步加强“智慧学习”的教学设计、作业设计、教学评价等方面的研究，从技术与学科深度融合的角度，加强专业引领，开展不同类型的课堂教学范式研究，开发精品课例资源，共享实践研究成果。

上城区的移动学习研究始于 2012 年，在“平板电脑进课堂——移动教育”试点项目启动后，杭州市惠兴中学、杭州市胜利小学、杭州市时代小学等 13 所学校成为首批项目试点学校，在数学、语文、英语、科学、美术、思想品德、综合实践等学科开展不同应用情境下的移动学习研究，为学生提供开放的资源渠道、真实的学习情境、个性化的学习设计以及发展性的评价分析。2013 年 7 月，教育装备采购网刊登《浙江杭州市上城区“移动学习”项目案例展示》。

10. 师生信息技术应用能力提升

加强教师教育技术能力培养，根据教师在教育教学中的实际需求，有针对性地开展教育技术能力培训，包括交互式电子白板应用培训、移动学习项目培训和其他学科教学信息化应用培训。开展教育信息化领导力提升培训，提升校长在学校信息化设计规划、环境建设和创新应用等方面的能力。

以研促用，以研促教，引导教师参与现代教育技术教师小课题研究、教育教学信息化评比等活动。鼓励和引导教师探索信息技术与教育教学融合的新途径，开展教育信息化创新研究，提升信息技术应用能力。

加强学生信息素养培育，推进中小学信息技术课程教学改革，依据国家课程方案和课程标准，开展富有上城特色的信息技术教学实践，逐步强化、优化编程和人工智能等教学内容。倡导学校创造性地实施信息技术学科基础型课程、拓展型课程、研究型课程与社会实践活动，为学生提供学习机会和形式多样的学习内容，激发学生的兴趣爱好，为拔尖创新人才的早期发现和个性化培养营造适切环境。指导中小学信息技术学科教研，促进信息技术教师队伍的专业化发展，2018—2022 年，杭州市胜利实验学校教师余国罡、杭州市采荷第一小学教育集团教师郭巍丹、杭州市杭州中学教师薛梦如、杭州市采荷第二小学教师陈菁菁、杭州市胜利小学教师金高苑获杭州市中小学信息技术学科优质课评比一等奖，杭州市杭州中学教师薛梦如获 2019 年浙江省初中信息技术优质课一等奖，杭州市丁兰实验中学教师胡伟获2021年浙江省中小学教师信息技术应用创新应用大赛一等奖，杭州市钱江新城实验学校教师应筱艳、杭州市采荷第一小学教育集团教师郭巍丹、杭州市建兰中学教师金敏分别获2018年、2021年和2022年全国信息技术课堂教学展评特等奖。

教育信息化作为教育系统性变革的内生变量，支撑引领教育现代化发展。上城区在教育信息化领域的全省“先发”地位毋庸置疑，但仍需要在战略规划、顶层设计、部门协作和人员资金配备方面进一步优化。

未来，教育信息资源中心将在完成区域教育信息化工作基本任务的同时，打造智慧教育环境，优化上城区教育局“学校大脑”，利用互联网和信息化应用系统，建设全民终身学习的学习型社会，使上城区教育信息化水平实现新跨越，进入高级阶段，以教育信息化促进教育现代化。

参考文献

［1］徐美琴．教育信息化助推教育现代化的实现——评《教育信息化概论》［J］．教育理论与实践，2023,43（6）:2.

［2］夏峰平，朱晓睿，胡荟，等．让有温度的教育信息化驱动学校发展［J］．人民教育，2022,（22）:59-60.

［3］陈雄辉，谷紫阳，覃以凤，等．新时代教育信息化人文价值的实现路径［J］．中国电化教育，2022（9）:24-29，83.

［4］韩世梅．我国教育信息化促进教育公平的政策演进、问题分析和发展建议［J］．中国远程教育，2021（12）:10-20，76.

［5］宣小红，石邦宏，纪效珲，等．区域基础教育信息化水平评价实证研究［J］．课程．教材．教法，2021,41（9）:123-129.

［6］王运武，李炎鑫，李丹，等．“十四五”教育信息化战略规划态势分析与前瞻［J］．现代教育技术，2021,31（6）:5-13.

［7］郭铁颖，唐志国，陈香宇，等．大数据视野下教育信息化管理系统构建与对策研究［J］．情报科学，2022,40（10）:137-146.

［8］邢西深．迈向智能教育的基础教育信息化发展新思路［J］．电化教育研

究,2020,41（7）:108-113.

［9］陈纯槿，郅庭瑾.我国基础教育信息化均衡发展态势与走向［J］.教育研究,2018,39（8）:129-140.

［10］黄荣怀，刘晓琳，杜静.教育信息化促进基础教育变革的影响因素研究［J］.中国电化教育,2016（4）:1-6.

第三章
课程：优质数字资源支持下的创新

随着信息技术与教育教学融合的程度逐步加深，课程实施的方式也在不断拓展。数字化课程以数字媒体技术为媒介，具有共享、交互、开放、自主和协作的特性，弥补了传统线下授课受时空及资源限制的不足。数字媒体技术在课程资源上的应用，一方面提高了学校课程资源的管理效率；另一方面为教师提供了丰富多样的教学资源，扩大了课堂教学的范围，拓宽了学生的视野，为学校的课程建设提供了有力的支持。本章从数字化课程的设计、类型和实施三个维度，介绍数字资源支持下的课程创新。

第一节
数字化课程的设计

⊙

数字化课程是网络环境下一门学科或融合学科的数字化教学内容以及基于网络教学平台开展的师生教学活动内容。数字化课程顶层设计对教学大纲的落实、教学计划的制订、教学内容的组织、教学目的的明确、教学重点的确定、教学方法的选择、教学过程的安排等都起到导向作用，它决定着数字化课程的质量。数字化课程的目标应是具体、可衡量、可实现和有时限的，应逐层分解到课程的单元知识点中，学生通过网络环境下的交流和协作，掌握课程的基本概念、基本原理和基本方法。数字化课程内容的设计不能简单地照搬传统教材和课件，应尽可能根据课程内容和特点构建知识群，拓展课程内容的深度和广度，补充、开发课外学习资源。数字化课程教学应融知识传授、能力培养、素质教育于一体；数字化课程交互应突破时空的局限，营造开放共享的个性化学习环境，满足不同层次学生的需求。

一、数字化课程的目标设计

数字化课程的目标指课程本身要实现的意图，是对学生学习结果应达到的程度做出的适当预设，具有独特性、开放性和指向性等特点。课程目标也是指导课程内容设计、课程实施和课程评价等的准则，是数字化课程性质和理念的体现。

1. 基于课程标准

课程标准是课程与教学的纲领，落实课程标准是实现立德树人根本任务、发展学生核心素养的重要举措，是数字化课程改革的核心。基于核心素养的课程标准规定了学科学习的主要任务。由于教师解读与解构课程标准的能力参差不齐，课程标准在实践中存在落实不到位、课程目标没有被放到数字化课程改革的轴心位置等问题，导致“教（学）什么”不清不准、学科核心素养在课堂教学中缺少具体落点等情况。另外，教师普遍缺乏数字化课程思维，难以一致性地思考目标统领下的教学、学习、评价的问题。在目标明确的前提下，对于怎样教（学）才能落实目标、目标落实得怎样、如何评价目标落实情况等问题，教师难以把握。

《义务教育课程方案和课程标准（2022 年版）》的发布，标志着我国课程改革进入了“深化”时期。深化数字化课程改革的关键在于课程设计与实施要基于国家课程标准教学目标、设计教学活动与教学评价的确立，要以课程标准为出发点。

2. 基于学情诊断

数字化课程的设计要针对学习者的实际需求与特点，设置适度的师生对话。由于学习者的需求、能力、个性和心理特征等存在差异，不同的学习者在相同的对话环境与教学计划中，其交互距离不同；而同一个学习者，在不同的对话环境、不同的学习阶段中，其交互距离也会变化。教师需要在学习支持服务中投入大量的时间和精力，充分了解学习者的个性特征，实施高度结构化的教学计划并设计恰当的教学方式，使学习过程中师生的对话适度且恰当。

情感对学习者的学习成效有较大影响，积极的情感能提高学习者的学习效果和效率；相反，消极的情感会降低学习者的学习效果和效率。目前，在数字化课程中，许多学习者在学习过程中出现“情感缺失”的情况，遇到各种学习障碍，如学习时间投入偏少、学习过程缺少计划、消极的自我学习评价等，导致学习效果与效率下降，影响学习活动的进行，甚至出现厌学或辍学的现象。

数字化课程设计应更加重视对学习管理系统的选择，力求给学习者提供能充分满足其学习需求的学习管理系统，进一步支持学习者通过数字化课程实现“泛在学习”。

案例 3-1-1 开发微课资源，助力学生个性化学习

杭州市时代小学通过建设微课平台、网络课堂、网上学习资源库，开展基于微课点播、网络学案和空间资源的互动性学习、研究性学习，实现了基于网络环境的个别化教学。学校以微课平台的搭建为起点，努力营造基于微课的学生自主学习环境，搭建基于微课的网络自主学习平台、基于学案的网络互动学习平台，一方面便于教师对教学资源进行管理和对学生学习效果进行评价，另一方面也将学生的自主学习进行延伸和拓展。

学校使用自主开发的“向上网”学习平台支持学生的个性化学习，为教师提供线上作业布置、作业批改、数据统计分析等便捷服务，学习的发生不再局限于某个终端设备，而是具备了开放性。“向上网”学习平台不仅为学生的线上自主学习提供了极大的便利，而且为学生的移动学习、碎片化学习提供了更多可能。

在“向上网”学习平台的基础上，学校构建了基于微课学习的资源库。学校为教师配备了功能强大的微课录制工具包，包括海量的微课视频资源及微课制作教程、微课制作工具、微课应用策略等，支持教师开发优质精品微课。“向上网”学习平台集合了众多优质微课教学资源，不仅包含杭州

市时代小学的教师开发的微课资源，还包括省内外各类名师的教学视频资源，供学生自主选择学习。

（杭州市时代小学）

此案例中，杭州市时代小学网络学习平台的运用，拓展了学生的学习方式，满足不同学生的个性化学习需求。基于微课，让学习可以随时随地发生，让每位学生都可以基于自己的认识选择适合自己的学习方式和学习路径。学校在此过程中，累积了大量的微课资源及学生作品，供其他学校教师和学生学习与借鉴。

3. 基于思维提升

思维能力的培养一直是学校教育教学目标强调的一个方面。从各学科《义务教育课程标准（2022 年版）》中可以发现：每个学科都把思维能力的培养作为总体教学目标，从各自视角关注思维能力的培养。

基于此，教师可以采用任务驱动的教学方法，以问题的形式导入课程，与学习者共同查阅、分析、讨论案例，从而构建数字化课程内容。在课程开始之前，以任务的形式让学习者在网络社区中与大家分享相关的经历与感悟，为学习者提供回忆并分享亲身经历和了解同伴经历的机会。此外，教师还可以开展在线同步或异步的讨论，借助视频或音频向学习者介绍案例或分享故事，引导学习者在各个智慧教育平台进行分析、讨论及反思。在线视频会议、聊天室或其他同步交互工具可以用于师生、生生间的即时交流。根据这一原则，教师在设计数字化课程内容时，应充分考虑与学习者现实生活和经历密切相关的问题，使学习者能够产生共鸣，以激发和维持其学习兴趣，使其积极参与问题的解决，从而促进其思维能力的提升。

二、数字化课程的内容设计

数字化课程内容是数字化课程的主体，内容的选择、编排及呈现方式要符

合学生认知规律，能帮助有学习意愿并具备基本学习条件的学生通过校园网或移动终端实现自主化、个性化学习。课程内容要包含完整的教学设计、实施、评价体系，课程具备时间短，内容少，情景化，趣味性、针对性强等特点。

1. 内容设计小而精

课程短小精悍，内容少而精。微课以短小著称，从时间角度来看，微课大多在10分钟以内，符合小学生的注意力集聚规律，能节省教师的时间和精力。微课程在内容设计上，将教学内容分为若干部分，并对其中一部分进行设计学习，注重内容的细化、片段化。

课程主题明确，针对性强。微课的内容直接指向具体教育教学问题，关注小现象、小故事、小策略，突出某个学科教学中的难点或重点，具有典型性、专题性的特点。

案例 3-1-2 微课制作中加入微电影元素

杭州天地实验小学依据微电影理念，在微课制作中加入微电影元素，用简短有趣的故事情节帮助学生更好地理解知识点。微课的内容情境化，吸引了低、中学段学生的注意力，能提高学生的学习效率。链接3-1-1为加入微电影元素的微课片段。

链接 3-1-1
微课制作中加入微电影元素

学校借助影视戏剧中心和数字媒体技术，陆续开发了基于微电影理念的英语微课程“What’s this？”、音乐微课程“节奏的秘密”和体育微课程“跳跃”，这些微课程屡次在省、市级微课程开发比赛中获奖。学校对基于微电影理念的微课的满意情况进行调查，调查结果表明，基于微电影理念的微课对于学生来说更有吸引力，且能够促进学生产生自主学习的积极性，能够帮助学生加深对课程内容的理解，使学生充分吸收微课所传授的知识。

（杭州天地实验小学）

此案例中，杭州天地实验小学基于微电影的微课以其跌宕起伏的情节安排和极具美感的画面构图创新了微课的表现形式，内容丰富优质，通过多种形式呈现知识，在几分钟内就一个知识点进行讲解，模拟一对一教学情景，给孩子带来丰富多彩的体验。

2. 内容设计简而美

数字化课程界面应注重简洁和美观，吸引学生进行在线学习和移动终端学习。比例恰当、风格统一、简洁美观的界面设计，能更好地让学生关注课程中的内容。课程设计应更多地在有利于重难点突破的细节处下功夫，直接且清晰地呈现关键信息，提升课程效能。

3. 内容设计广而捷

数字化课程内容的设计更加广博而便捷。网络课程工具提供了诸如动态及静态网页、聊天室、电子白板、小组讨论、即时信息、视频交流、申请分享、音频交流的各项功能。这些工具的运用保证了教师和学生之间的交互，并能帮助教师对学生进行更有效的指导。

课程的学习不局限于课堂，也可以在课后，学生可以使用手机、平板电脑等终端设备下载、缓存，更灵活，方便学生在任何地方、任何时间进行学习，摆脱了时间与空间的束缚。

三、数字化课程的交互设计

交互是数字化课程的实施方式，学生可根据自己的实际需求反复观看数字化课程，或通过快进、后退、暂停等操作控制学习的节奏。教师也可以根据学生的留言、提问情况来调整教学进度。

1. 课前导学诊断

教师在充分备课的基础上，利用移动终端的分享功能发布课前学习任务，学生通过预学进行自主学习。教师通过自动批阅与人工批阅相结合的方式，分析数据，精准把控学情，为教学实践的开展导向把脉，为课中留白奠定基础。

案例 3-1-3 《水浒传》整本书阅读的平台教学

杭州濮家小学教育集团莫老师为五年级学生开展《水浒传》整本书阅读教学，将事先设计好的预习单发布在之江汇学习空间的“智能检测”板块上。学生利用平板电脑或者手机在智慧学习平台上进行智能检测，教师通过平台数据自动分析结果得出学生三大类学困点：认知类、技能类和情感类。

根据这三类学困点，莫老师在之江汇学习空间制作适合学生个性化学习的“学习包”（见图 3-1-1），如“时代背景的介绍”“探索回目导语的奥秘”“看回目猜读、跳读的方法”等，为学习的“自选”环节做好准备。

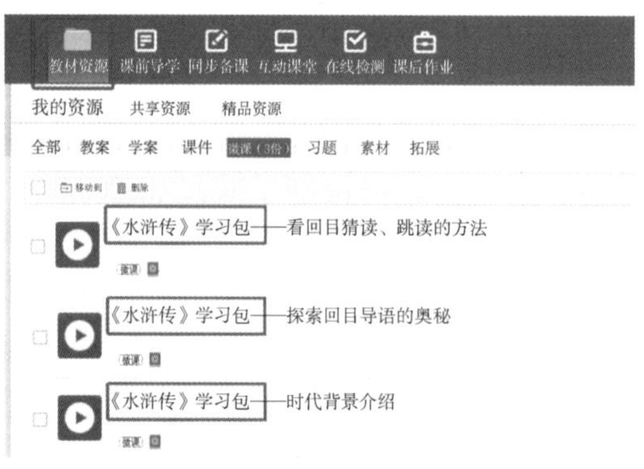

图 3-1-1 个性化“学习包”

学生按照自己的学习能力以及学习盲区，在“学习包”里选择自己要学习的内容。如掌握一些阅读古典名著的方法，初步学会根据“回目”猜读故事情节；利用“山形图”，抓住故事高潮，厘清故事结构；借助“维恩图”，提取关键信息，了解人物性格。如此，学生能有效进行整本书阅读，从

中品味精彩故事，认识并多角度评价经典人物。

（杭州濮家小学教育集团）

此案例中，杭州濮家小学教育集团莫老师以数据为导航，全面分析学生学困点，充分体现以学生为本的教学理念。传统教学面对学生的疑惑，多是“头痛医头，脚痛医脚”。而在数字化环境中，教师可以借助数字化工具全面收集、分析数据，精准知晓学生的学困点，关注学生的个体差异和不同的学习需求，推送个性化的学习资源，精准施策，爱护学生的好奇心、求知欲，充分激发学生的主动意识和进取精神。

2. 课中展示交流

教师运用移动终端快速收集学生的学习成果，有针对性地选择学生的作品进行展示交流，充分展现学生探究的过程，并启发学生深度思考，实现思维可视。利用数字化工具删减不必要的烦冗操作，展现学生个性化思考过程，为深度学习留白。通过数据分析，全面了解不同层次学生的情况与需求，为课后留白创造条件。

3. 课后测评反馈

采用小组合作的方式促进学生自主学习。小组分享汇报后，组长将每个人的作品发布在学习小组群中，根据系统出示的评价标准对各自作品进行评价。

对于个别学有困惑的学生，教师还可以采用个别评价、指导的方式，通过之江汇学习空间的“班级讨论”功能对学生进行指导，不受场地、时间限制，最大限度地发挥评价的功效，提升学生语言文字的运用能力。

教师在课后针对学生课堂学习情况，为其推送适应性学习资源，有针对性地开展基础环节再分析、课程拓展、知识分享等补偿性教学，提升教学实效，使不同层次的学生均能获得相应的发展。

第二节 数字化课程的类型

⦿

随着人工智能技术的不断发展，数字化课程建设也不断推进，形成了不同类型的课程。在本节中，我们依据课程的功能指向，介绍上城区数字化课程的不同样态。

一、按目标分

学习过程是循序渐进、螺旋式上升的。不同学生在学习上具有差异性。依据学生学习的特点，数字化课程按目标可以分为三类：和书本、课堂内容配套的原音重现型课程；根据学生易错点、教学难点设计的精准补救型课程；针对学后知识应用的学后进阶型课程。

1. 原音重现型课程

原音重现型课程，指将专门录制的面授班课程经过专业的剪辑和制作，配

以独立制作的板书、讲义，学生可根据客户端网速调整观看模式至最佳状态并反复观看的网络课程。这类课程主要指向学生知识与技能的发展，帮助学生巩固课堂所学内容。

杭州市上城区教育学院各学科教研组在新冠疫情期间组织各校教师，根据各册教材课时配套设计教案，制作课件、学案，录制相应微课，依据教材内容及课程标准为学生提供丰富多彩的网上学习资源。建设研训网钱塘智库学科栏目，为在线学习支持工作保驾护航。学习资源包括“八个一”：一份学生在线学习要求，一份教学内容及进度安排表，一份教材资源链接表，一份每日预习手册，一份每日作业手册，一套教学资料包，一份住家活动要求，一份家长学校的课程资源表。这些学习资源与常态课堂接轨，提供优质资源，创造良好条件，做好有力保障，以促使学生学会学习、主动学习。

2. 精准补救型课程

“精准”是课堂存在的必要条件，是精华与价值所在，是效率的象征，是教与学、知识与技能、思维与习惯、内容与形式、目标与结果的“合拍”“匹配”和“对位”。数字化课程中的精准补救型课程针对学生的易错点和教学中的难点进行讲解视频录制，帮助学生课后自主消化、自主巩固，突破学习瓶颈。

案例 3-2-1 学习平台助推精准教学

杭州市时代小学基于现有信息化设备，通过建设微课学习平台，开展基于微课点播、网络学案和空间资源的互动性学习、研究性学习，实现基于网络环境的现代化教学。如图 3-2-1 所示为现代化教学流程。

为了让学生更好地吸收课堂知识，平台中的课程都精心配置一套测试题，学生在完成学习任务后，可以通过测试题自测课程知识的掌握情况。学生经过测评后能够了解自己在知识掌握方面的不足，从而有针对性地进行巩固学习。

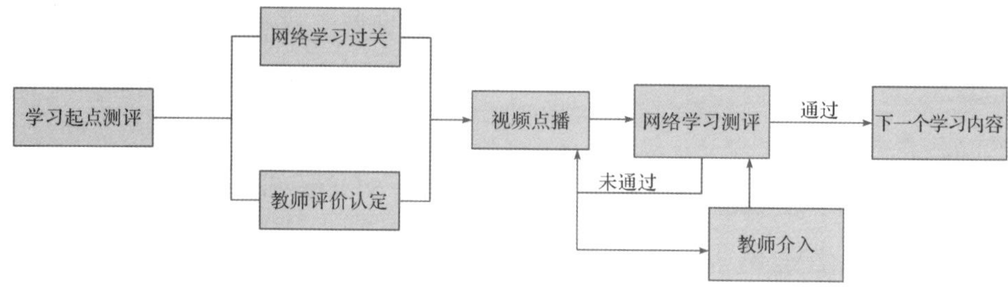

图 3-2-1　现代化教学流程

数学教学中利用“极课”大数据了解学生的学习方法和学习习惯，聚焦学生学后的易错点，助力教师及时改进教学方法，更好地开展差异化教学、提供个性化辅导。

体育课上起跑的动作、不同的项目采用的起跑方式是学生体育学习的一个难点。任课教师以“如何起跑”为主题制作微课，直观形象地展示了起跑动作要领和技巧等。链接 3-2-1 为“400 米跑”体育微课示例。

链接 3-2-1 “400 米跑”体育微课示例

（杭州市时代小学）

通过不同科目、不同年段的实践发现，精准补救型课程的开发过程也是教师不断反思的过程，有助于教师发现问题、改进教学质量。在精准补救型课程的实施过程中，学生学有所依、困有所助，学习动机得到了极大驱动。

3. 学后进阶型课程

学生在不同阶段思维有不同程度的发展，对知识的学习过程进行进阶设计，可以促进学生对核心概念的理解，帮助学生形成良好的知识结构，提高解决问题的能力。进阶型课程为学有余力的学生提供了更多深度学习的可能和创作的空间。

杭州采荷实验学校教育集团立足音乐学科核心素养，开展学后进阶型数字化课程设计与实施。以人教版初中八年级下第一单元《我和你》为例，该歌曲是融合了国际色彩的“中国式文明”曲目。在学习完本课内容后，教师根据歌曲特色、学生学习情况进行学后改编，在实际的演唱中，教师要求学生低八度进行演唱，针对初中生的实际情况，并没有做全曲的改编，而只是对其中的八小节进行了合唱改编。

此课程实现了学后双进阶。首先，根据学生的歌唱水平，在课本内容的基础上对作品进行部分改编，乐谱确定以后，教师就从学校合唱团成员中挑选了若干音乐素养较好、执行力和理解能力较强的学生进行教学音视频的录制，学生不仅学会了课本中的音乐知识，学有余力的学生更能参与到作品的改编、创作中。其次，音频录制结束以后，大家又运用智慧化的手段进行视频的录制和剪辑，将唱歌时的积极状态与相关素材画面融合到歌曲中，使得音画结合，将改编作品的内涵辐射到学生中去，达到情感态度的进阶。

二、按内容分

数字化课程根据任务内容分为基础型课程、拓展型课程、研究型课程。实现培养学生基础能力；拓宽学生视野，发展学生特殊能力；培养学生探究态度和能力的“三步进阶”。

1. 基础型课程

基础型课程注重学生基础学力的培养，即培养学生作为一个公民所必须具备的以“三基”（读、写、算）为中心的基础素养。基础型课程是中小学课程的主要组成部分，是必修的、共同的课程。

杭州市山南教育集团教师郑程橙设计了“趣味读故事　快乐学英语”数字化课程，将英语阅读课程设计与课堂教学有效结合并进行补充，通过阅读指导微课、阅读活动设计、阅读交流与分享等，帮助孩子全面提升解码能力、口语流利度及理解能力，让孩子读得懂、喜欢读、读得通，学会阅读，爱上阅读。

基础型课程生动活泼，运用动画、音乐等丰富课程内容，寓教于乐，让学生在轻松、愉快的氛围中学习基础知识。

2. 拓展型课程

拓展型课程是学生自主选择修习的课程，主要由基础型课程延伸的学科内容和满足学生个性发展所需的其他学习活动组成，是学校根据国家教育培养目标及自身的办学理念，为满足学生的兴趣爱好和个性特长发展需要，以学生为主体，整合各类社会资源开发的符合学校校情的课程。

案例 3-2-2 网络拓展性课程的迭代升级

杭州濮家小学教育集团教师黄晓芳的“跟小特学机器人”课程早在2015年就在浙江微课网上和大家见面了。经过进一步的课堂实践和研究，“跟小特学机器人”的教学内容不断更新优化，提炼出适用于小学高段的机器人课堂TFPE教学模式——“跟小特学机器人（2.0版）”，该课程也被评为省级精品课程。经过一学期的线上、线下结合的教学实践，黄晓芳进一步提炼出“跟小特学机器人（3.0版）”（见链接3-2-2）。

链接 3-2-2 跟小特学机器人

“跟小特学机器人”课程有初级和中级之分（见图3-2-2），初级课程主要介绍机器人的基础知识和利用电机使其行走的方式，旨在让学生走近机器人，认识机器人硬件的基本组成以及在图形化编程平台中完成初级编程；中级课程主要涉及机器人的传感器部分，旨在让学生学习机器人的避障传感器、灰度传感器的工作原理和使用方法。

该课程主要面向六年级全体学生和其他年级对机器人、创客感兴趣的学生，对学生的知识运用能力要求较高，需要学生具备一定的编程基础。该课程将学习内容分为初级和中级两个部分，从而缩小学生学习跨度，帮助其稳步跟上教学节奏。通过线上、线下结合的学习方式，学生在了解基本原理的基础上，通过动手操作，对解决机器人的行走问题进行更为深入的思考和研究，在拓展研究过程中知其然并知其所以然。

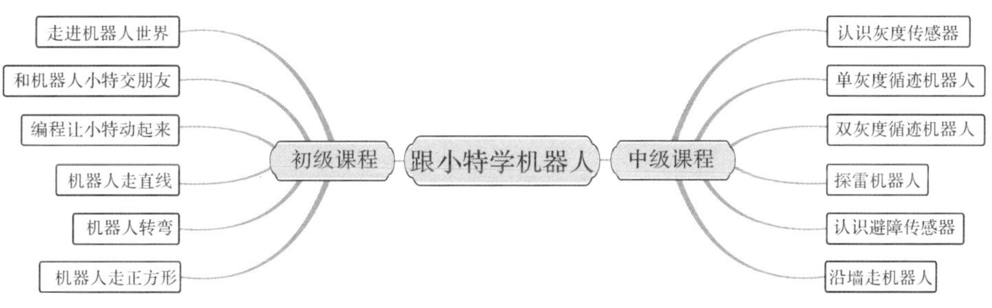

图 3-2-2 “跟小特学机器人”课程结构

（杭州濮家小学教育集团）

3. 研究型课程

研究型课程是学生在教师的指导下自主地运用研究性学习方式，获得和应用知识，发现和提出问题，探究和解决问题的学习活动。这种课程的突出特征是支持学生在课程实施过程中自由选题、自主探究和自由创造。与以往课程相比，研究型课程在管理体制、编制模式等方面都有所突破，有利于提高学生的整体素质。

案例 3-2-3 项目化学习在 STEAM 教学中的应用——“豚鼠城市”

STEAM 教学项目“豚鼠城市”主要以初中科学知识点为载体，将各学科融合，在校园内构建“生物角”，丰富学生的课余生活，培养学生热爱自然和生命的情怀。本项目主要将提升豚鼠生活的舒适度作为关键点，从工程学、美观性、舒适度以及尽可能智能化等方面考虑建立“豚鼠城市”，让学生运用长度测量、能量守恒、生态系统、大气压强、机械杠杆等方面的知识和技能来设计作品与制作成品。基于以上，“豚鼠城市”项目化学习

主要从以下几个教学目标展开:

科学层面（S）。学生通过对豚鼠生活习性的调查和相关资料的搜集，学会综合运用生物学知识分析科学问题；运用大气压知识和环保材料制作简易的自动喂水喂食器和通风系统；运用生态系统知识对“豚鼠城市”要素进行探究，并完成作品设计；运用机械与力的知识完成机械手等方便处理排泄物的工具的制作。通过科学项目的实践，提升学生对生命科学原理的理解能力。

技术层面（T）。学生学会应用信息技术解决实际问题，学会操作计算机查阅和搜集资料，以助力实验的开展，能较好地选择环保材料来搭建“豚鼠城市”。

工程层面（E）。学生能根据设计的方案搭建实物，且所搭建的“豚鼠城市”具备安全性和稳定性。

艺术层面（A）。学生能用基本的工程制图软件绘制图纸，可以从美学角度进行优化。

数学层面（M）。学生学会对数据进行分析，对实验结果进行定量分析与解释，并尝试建立模型。

为了实现教学目标，教师可结合初中科学课本内容，设计若干个子目标，了解豚鼠习性，设计豚鼠的生活场所、自动喂水喂食器、能源站、起居室、照明系统等，逐步为豚鼠建立一个良好的生存环境。从提出驱动性问题、项目准备、项目实施、成果展示与评价四个方面完成本课题。

（杭州市清泰实验学校）

相比传统的项目化学习，数字化的研究型课程更强调引导学生运用信息化的手段查找资料、设计方案，更为科学、全面地了解问题、提出解决方法，培养学生的信息素养，从而让学生意识到，将信息技术与电学、机械等知识结合，能更加高效、智能地解决生活中的问题。

三、按功能分

2020 年，教育部印发《教育部关于加强“三个课堂”应用的指导意见》，针对基础教育阶段促进教育公平、提升教育质量的现实需求，在各地实践探索的基础上，就进一步加强“专递网课”“名师金课”“名校云课”应用提出指导意见，明确到 2022 年全面实现“三个课堂”在广大中小学校的常态化按需应用。

1. 专递网课

“专递网课”强调专门性，主要针对农村薄弱学校和教学点缺少师资、开不出、开不足、开不好国家规定课程的问题，采用网上专门开课或同步上课、利用互联网按照教学进度推送适切的优质教育资源等形式，帮助其开齐、开足、开好国家规定课程，促进教育公平和均衡发展。

案例 3-2-4　围绕小学数学四年级解题策略展开的专递课程

网络专递课程《四年级解题策略》，围绕小学人教版通用教材中数学四年级易错知识点，精选练习，探讨解决问题的策略。专递课程内容与教学进度匹配，区内外近 200 名学生参与学习，好评率 100%。

每课时配备相关练习并及时进行讲评。根据学生实际及需求，在每一个课时的开头几分钟，教师对上一节课的作业进行讲评分析，让练习更加有效，同时再次巩固解决问题的策略。评价形式多样，本校学生利用班级微信群、钉钉群等，定期参与课程学习，完成课程作业；校外学生则通过之江汇教育广场平台 App 上的班级讨论群参与。教师及时做出评价，在课程中对学生进行激励。

该课程面向四年级学生，讲重点之处，解疑难之处，练拓展之处。将优

势学校的优势资源向薄弱学校辐射。同步课程的多功能运用，能提升课程学习的效果。“课前导学”功能可以帮助教师精准把握学情。“互动课堂”功能可以帮助学生提高学习效率。“课后作业”功能可以帮助教师减轻负担，使作业布置便捷、作业批改省力。教师在备课中运用数字资源、“课前导学”精准把握学情，教学过程中通过微课、直播等方式促进课堂互动，评价过程中运用智能批改、积分激励等方式进行有效反馈，让学生真正参与课程学习的全过程，在线上进行与线下一样的系统化学习。

（杭州市笕新小学）

2. 名师金课

“名师金课”是“双减”背景下，之江汇义务教育课后服务专区推出的第二波服务，采用“直播 + 在线答疑”的方式，面向全省中小学生提供免费在线教学服务。学生可通过“之江汇教育广场”活动专栏，在“浙里办”App 搜索之江汇教育广场应用，或者通过之江汇教育广场微信小程序等多种渠道进入“名师金课”进行学习。杭州市采荷第一小学省特级教师鲍海淞推出健康读写金课，杭州市上城区教育学院教师邵虹推出“数的运算”拓展微课（见链接 3-2-3），等等，服务各类有需求的学生群体。

链接 3-2-3 “数的运算”拓展微课

名师金课节约了学生网上学习甄选课程的时间，能为学生提供更为精彩、有效的学习资料，同时为一线教师的教研、备课提供了更为专业的指导，带动一线教师水平提升，推进教师专业发展。

3. 名校云课

“名校云课”强调开放性，主要针对缩小区域、城乡、校际之间教育质量差距的迫切需求，以优质学校为主体，通过网络学校、网络课程等形式，系统性、全方位地推动优质教育资源在区域或全国范围内共享，满足学生对个性化发展和高质量教育的需求。

2021 年，杭州市胜利小学入选中央电化教育馆“新时代学校美育劳动教育数字资源建设与应用共筹众创”试点学校。学校重视以文化输出促融合，以“非遗大观园”云课为例，课程采用趣味式、浸润式的教学方式，选择有地域典型性的浙江省内非物质文化遗产的相关内容开展教学，让孩子在水墨体验中了解非遗文化，爱上非遗文化。课程以轻松活泼的方式，开展跨学科教学，打破分科教学的桎梏；精选影视与图片素材，使水墨表达形象明晰有趣；巧借大师作品，提升学生的审美品位。学校建构以人文素养为纲的“非遗”主题水墨课程，从“传统技艺类”“传统美术类”“传统音乐类”等不同类别展开学习，开阔学生的视野，培养学生的创造能力以及艺术素养，如图 3-2-3 所示为“非遗大观园”课程结构。截至 2022 年 8 月底，全省学生参加“非遗大观园”云课学习达 8272 人次，观看总时长达 430 小时，评价数达 1212 人次。“非遗大观园”云课拓宽了“非遗”文化传承、传播的渠道，有助于学生理解和感受中华传统文化，增强民族自豪感，在全省范围内产生了广泛积极的影响。

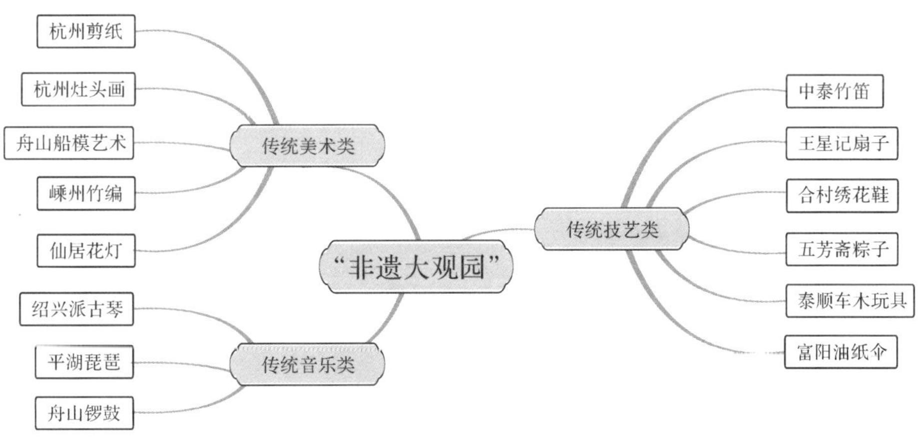

图 3-2-3 “非遗大观园”课程结构图

相较于“专递网课”和“名师金课”，“名校云课”更注重优秀学校文化的建构和传递，在优秀学校特色理念的带动下，开发、利用名校品牌课程，扩大名校品牌辐射范围，实现无边界教育，以名校资源带动区域教育质量提升，加速推进教育均衡发展；同时，促进优秀学校的品牌化建设、优势课程发展，带动各校特色化发展。

第三节
数字化课程的实施

数字化课程建设契合了网络时代碎片化、个性化和移动化等学习需求，为实现学生自主学习提供了更多的可能。在数字化课程的组织实施过程中，要增进交流互动，丰富课程类型，针对学生特点和需求形成多样化的学习方式，促进学教方式的转型。

一、“淘宝式”平台实现学习自主

所谓“淘宝式”平台，就是将网上购物的购物体验和服务模式有机运用于数字化课程之中，学生是“客户”，课程及相应资源服务是“商品”，学生可以自主选择、自助学习以及自我评价。

1. 自主选择

为贯彻落实《浙江省教育厅关于深化义务教育课程改革的指导意见》精

神，2015年9月，浙江省教育厅办公室发布《浙江省教育厅办公室关于深化义务教育科学课程改革的指导意见》，要求“结合现代科技与生产实际，从转变学习方式的角度，开发多样化的拓展性课程”。在该思路的指导下，各级学校积极行动起来，结合学校的特色开发和实施拓展性课程，供学生自主选择。然而很多学校的课程都只停留在开发的层面，没有真正落到实处，且课程的丰富性和选择性有待进一步提高。

2. 自助学习

数字化课程离不开数字化环境的建设，开放的学习环境有助于学生及时获取信息、选择适合自己的学习方式、快速传播交流信息。数字化课程的组织实施更符合“主导—主体”教学理论，更能体现学生的独立性、自主性和能动性，更有助于培养他们自助学习的能力。

3. 自我评价

一般来说，数字化课程形成性评价研究比较注重同伴评价和教师评价，而忽略了自我评价的重要性。事实上，数字化课程的自我评价也应该被纳入课程评价体系，成为教学环节的一部分。

案例 3-3-1 “淘宝式学习”助力学生自主选择

针对“学校拓展性课程缺乏选择性”这一问题，杭州市金都天长小学提出了“淘宝式学习”的设想。经过一年多的教学实践，学校构建了数字化拓展课程“三选”操作策略：选单、选层、选法。选单，即选择拓展性课程，学校提出了“给学生提供丰富课程，供学生进行自主选择，激发学生的兴趣，从而唤起学生的学习动机”的教学策略；选层，即选择学习层次，在“淘宝式”平台中，学校提供了“入门级”“提高级”等不同层次的课程，让学生根据自己的能力选择适合的自己学习课程；选法，即选择学习方法，在拓展课程的实施过程中，学校提供开放式学习内容，供学生选择适合自己的学习方法进行学习。

“淘宝式学习”不仅满足学生自主选课的需要，还促使学生进行自助线上学习，构建知识体系。在平台上，学校为学生提供文字、图表、微视频等学习资源，学生可以自主预习、复习或阅读课后拓展材料，还可以根据自己掌握知识的程度，有针对性地进行学习，查漏补缺，从而有效理解课本知识，突破学习难点。

“淘宝式学习”十分关注学生的自我评价，主要包括点赞式评价、学习过程综合评价两种方式。学生可以根据自己的学习情况进行点赞式评价，学校以此初步了解课程目标的达成情况、实现程度，判定课程效果，进而改进课程。此外，教师或学生可自行上传作品，教师在评价学生作品的同时，学生也可以互评。在每学年课程学习结束后，教师根据学生的学习过程给予综合性评价，对本课程的学习给出鼓励与学习建议。教师每周对线下、线上学生的学习情况进行诊断性评价，一学期后学生的学习状态与学习兴趣的变化均清晰可见。

（杭州市金都天长小学）

深化信息技术与拓展课程的整合，充分挖掘和利用信息化教学平台的功能，有助于促进数字化课程学习者自主学习。“淘宝式学习”提供了一个开放的学习环境，学生可以通过电脑端和手机端进入平台，进行自主选课和学习，促进自身的多元化发展。

平台打破传统物理教室学习的时间和空间的限制，线上课程使得学习变得泛在。数字化课程的优势在于能把文字、图表、微课等资源作为学生的思维材料，支持学生的自主学习，引导学生利用互联网中丰富的信息资源开展探究学习。

“淘宝式学习”不仅可以记录学生的登录情况、课程内容访问情况，还可以记录课程作品、获评记录等信息，这些都在学生的学习档案中，可供学生本人和教师查看。数字化课程的自我评价能够发现和发展学生的多方面潜能，帮助学生认识自我、建立自信。“淘宝式学习”注重发挥评价的教育功能，促使学生在原有水平上发展。

二、“融合式”平台拓宽学习时空

北京师范大学教授何克抗认为，“融合式”教学模式把线下教学和线上教学的优势结合起来，既发挥教师引导、启发、监控教学过程的主导作用，又充分体现学生作为学习主体的主动性、积极性与创造性。更好地发挥线上教学和线下教学独特的优势，全面提升教育教学质量，是“融合式”教学的价值追求。常见的“融合式”教学基本模式有互补型、翻转型和合作型。

1. 互补型

互补型模式指线上以知识技能学习为主，线下开展互动活动、进行问题解答等。互补型模式体现了线上和线下不同培养目标和教学内容的互补。教师可以提前录制相关知识技能讲解的微视频及其他学习资源，让学生在课前提前观看、学习、练习，课堂上主要组织学生运用相关知识进行互动合作、交流展示、动手实践等学习活动，培养学生问题解决、合作交流等能力。

互补型课堂由线下学习和线上学习两个部分组成，学生在线上自主学习的过程中，可以提出疑惑，教师针对问题提供及时有效的线上指导；除此之外，学生还可以将学习上的问题带进课堂，在拓展课程教师的指导下，通过小组合作学习、班级交流、求助教师等方式解决问题。互补型课堂打破时间和空间的限制，实现了生生、师生之间的线上线下交流，提升了拓展课程的学习实效。

2. 翻转型

翻转型模式指线上为学生提供各种学习资源用于自学，线下为学生提供个别化辅导。翻转型模式实际上体现了“先学后教”的思想，建议教师提前准备好学习资源。学习资源不仅指知识技能学习材料，也包括支持项目任务完成的资源等。学生先自主学习完成相应的任务，教师根据学生完成情况和进度，进行线下一对一诊断和指导。

案例 3-3-2 计算机辅助的翻转课堂

杭州市杭州中学在初二年级进行“计算机辅助的翻转课堂”初步尝试。学生以统一的身份认证登录学习平台，自主选择语文、数学、英语、科学、历史与社会中任意学科的任意知识点进行巩固学习。同时教师通过计算机针对学生提出的问题进行“1 对 1”或“1 对多”的实时讲评。这种线上线下相结合的学习方式充分体现了“学为中心”的教学理念，将课堂翻转，打破了课堂学习地点和时间的限制。学习平台由两个部分组成，交互式学习平台和“1 对 1”“1 对多”系统。

交互式学习平台：由课程、练习、测试、提问四个模块组成。课程模块由上城区优秀教师书写的教案和录制的教学视频组成，其中教学视频每节课 20—40 分钟不等，涵盖初中各科重要知识点，学生根据自己的需要，选择薄弱学科跟学；练习模块中是平台根据视频内容提供的相应的配套练习；测试模块中是平台搜集全国优秀试卷资源并整合、修改后为学生提供的在线测试，能及时反馈；在提问模块中，学生可以随时提出自己在学习过程中遇到的问题。

“1 对 1”“1 对多”系统：学生在视频学习时难免会遇到问题，教师讲评、生生讨论成为翻转课堂的重要补充部分。在学生学习过程中，教师全程陪伴，在个别学生提问时，教师可以及时进行 1 对 1 答疑解惑；也可以根据学生提出的问题对全班学生进行讲解或演示，实现 1 对多的在线教学。同时，学生可以实时传输作业供教师批改或在全班分享。

（杭州市杭州中学）

“计算机辅助的翻转课堂”促使学生开展线上自主学习，对于掌握线上学习技术、独立获取知识、师生与生生交流互动、学生构建知识体系等具有较大帮助，对于提高学生的认知能力、思辨能力、表达沟通交流能力和解决问题能力等具有较大益处。

3. 合作型

合作型模式指线上由优秀教师开发、设计教学内容，线下由其他教师开展指导评价。合作型模式实际体现了不同教师之间的能力互补，更能发挥教师的优势。显然，合作型模式几乎兼具了互补型模式、翻转型模式的优势，并充分发挥每一位教师的所长，发挥线上和线下的独特优势，达到“1+1 ＞ 2”的效果。

杭州市南肖埠小学是杭州市国际象棋特色学校。中国棋院杭州分院基地学校、全国国际象棋特色学校。面对国际象棋专业知识，现有的小学课程安排无法通过课堂教学来组织学生进行系统学习，针对这一问题，杭州市南肖埠小学充分利用中国棋院杭州分院的教学资源，开发线上国际象棋社区数字化课程，线下由学校教师进行指导，将传统的课堂教学和线上学习的优势发挥至最大化，积极探索出“线上 + 线下融合式”国际象棋课程教学模式。学生既能获得线上优质资源，又能和任课教师深入互动，突破学习重难点，看得懂、弄得明、学得会。

三、“沉浸式”平台增进真实体验

在线教育技术的发展优化了数字化课程的人机交互体验，拓展了学习场景。“沉浸式”平台的出现，更能满足学生的个性化需求，帮助学生获得更高的学习效率和更良好的体验。

1.AR 智慧大构建

增强现实（Augmented Reality，AR）技术通过计算机系统提供的信息增强用户对现实世界的感知，并将计算机生成的虚拟物体、场景或系统提示信息叠加到真实场景中，从而实现对现实的“增强”。其技术特点为实时交互与虚实结合。

杭州市丁兰幼儿园围绕“海底大探秘”主题，搭建了海底动物、潜水艇、海底宫殿等模型，利用 AR 技术，让幼儿在建构的过程中身临其境，感受奇妙、神秘的海底世界，鼓励幼儿在游戏中持续专注学习。杭州市丁兰幼儿园的“智能活动室”利用 AR 技术为幼儿营造了宽松、自由、好奇的活动氛围，激发了幼儿的活动兴趣；通过绘画、故事建构等形式，使幼儿迸发出创造火花。在创造作品的基础上，还与表演、讲述等其他技能联通起来，在活动中多方位地促进幼儿各领域的发展。

2.AR 直观深体验

运用 AR 技术可以使学习体验从 2D 时代升级到 3D 时代，上城区部分学校将 AR 技术融入教育教学，开展教育实践。杭州市胜利山南小学六年级的科学教师在“探索宇宙”这一节课中利用 AR 技术展示行星运行画面，利用控制器展示天体的具体特征，给学生以直观的视觉体验。AR 技术突破了场地和技术限制，创设了逼真的探索宇宙的活动场景，学生通过亲身操作和体验，能全面深入地了解宇宙的构成，以及太阳、地球与月球的具体特征，激发学习兴趣和热情，提升学习投入度。

3.VR 创新沉浸学习

虚拟现实（Virtual Reality，VR）技术，指利用计算机模拟生成一个三维虚拟空间的技术。在多种传感设备的全方位作用下，使用者的各个感官会被调动起来。使用者可以根据自身体验运用相应的技能在虚拟世界中进行实践操作，其实践操作过程中产生的一系列动作数据会实时传输到计算机中，经系统汇总、整理、分析后及时反馈给使用者。通过这种“沉浸式”的体验，使用者与虚拟现实环境构建了联结，进而极大地增强了参与体验感。

案例 3-3-3 基于 VR 创新实验室的学习

链接 3-3-1
基于 VR 创新实验室的学习空间

杭州市澎致小学基于 VR 创新实验室开设新型学习空间（见链接 3-3-1），围绕“产学研”模式，以“VR 让学习更精彩”系列活动为抓手，开展多学科辅助教学课堂实践研究，形成澎致信息化教学特色。

巧借 VR 技术，设计“VR 看器物，放大观细节”“VR 观变化，填写探究单”“手柄共制作，虚拟多尝试”“VR 观文创，产品巧创造”等环节，呈现南宋五大名窑的典型器物，学生可通过 VR 设备观察不同窑口的器物的特点；活动进一步引导学生观看模拟出的窑内温度降低时器物的釉和胎的变化，并填写探究单；学生可开展小组合作，在虚拟场景下体验炼泥、拉坯、修坯、上釉、烧窑；带领学生走进虚拟的南宋官窑文创店，制作南宋官窑相关的文创产品。

（杭州市澎致小学）

在该案例中，杭州市澎致小学将 VR 技术与“南宋官窑博物馆”结合，通过 VR 设备向学生呈现南宋官窑器物及其特点，实现近距离观察；逼真呈现窑内温度降低时器物的釉和胎的变化，使学生获得沉浸式体验；妙用手柄虚拟制陶，真切代入窑工角色；给予学生“随时随地”走入博物馆了解文物并制作文创产品的机会。

2022 年，国家智慧教育平台上线，大力推动教育数字化转型，以教育信息化推动教育高质量发展。上城区以“上城 · 之江汇教育广场”为抓手，推进区域的教育资源公共服务区校一体化建设，以建促用、用建结合，建设有区域特色的数字化课程，结合上级平台形成智慧教育云平台生态体系，促进学教方式的变革。

参考文献

［1］余胜泉，汪凡淙．数字化课程资源的特征、分类与管理［J］．大学与学科，2022，3（4）：66–81.

［2］祝智庭，胡姣．教育数字化转型的本质探析与研究展望［J］中国电化教育，2022（4）：1–8，25.

［3］雷蕾．面向教学创新的学校数字化教学资源建设实践研究［D］．武汉：华中师范大学，2018.

［4］李胜波，陈丽，郑勤华．中国 MOOCs 课程设计调查研究［J］．开放教育研究，2016，22（2）：46–52.

第四章
课堂：信息技术助推教学方式转型

教育技术的广泛应用和快速发展推动了课堂的转型，从实践和理念上丰富并改变着教育的价值观、使命以及愿景，改变着教学的模式、手段以及方法。在传统的教学模式中，教师以“讲”为主，学生以“听”为主，学生只能被动接受。同时，由于教师在课堂讲学的时间有限且不可重复，学生在课后复习时无法全面回忆，在课程前期的预习过程中也只能依靠课本内容进行有限的学习，而难以把握整节课的重点内容和整体架构。通过互联网技术，学生能自由切换线上、线下学习模式，可以在课前、课中、课后对相关课程进行系统的前置学习、探究学习和拓展学习，实现知识的自主建构。

第一节
技术支持下的常态课堂的优化

随着现代教育技术的发展，其在教学中的应用日趋广泛和成熟。依托技术支持的课堂突破了时间、空间上的局限，大大开阔了学生视野，可以进一步激发学生学习兴趣，培养学生思维能力，从而促进学生深度学习；还可以丰富课堂教学内容，有效提高教学效率，极大程度地优化课堂教学环境。

一、课堂教学中技术的应用原则

技术在课堂教学中的实践应用要考虑教育的特殊性，以学生为本，以培养学生思维能力为核心，充分发挥信息化教学的优势。为避免教师在实际运用技术的过程中陷入将课堂变得无趣和低效的境况，上城区信息化课堂教学中技术的应用遵循以下原则。

1. 课堂教学中技术应用的互动性

在课堂教学中的技术应用上，要落实并且首先要做到的便是增强学生的互动积极性，从而培养学生的思维能力，促进师生互动和生生互动，从多方面激发他们参与互动的意愿。也可以将课内学习与课外学习相结合，在实践教学中，为学生创造各种独立学习的机会，在充分尊重学生独立性的前提下，鼓励学生自主学习。让课外时间成为学生自主安排学习内容、整理资料的时间；让课内时间成为学生分享交流、完善知识结构的时间，让课堂的互动交流更有深度与广度。

2. 课堂教学中技术应用的自主性

课堂上的技术应用为课堂教学提供了诸多便利。“自主、合作、探究”式的学习是新课标对于学生学习方式的总体要求，也是培养新时代人才的需要。将落实自主学习排在第一位，促使学生在学习和探索的过程中不断掌握知识与技能。引导学生在课堂上学会自主学习，合理安排学习时间与学习内容，达到依托技术高效、有效学习的效果。

3. 课堂教学中技术应用的创新性

技术赋能的课堂要敢于突破常规，在课堂组织、内容呈现、个别辅导等方面凸显创新性。对技术的创新性应用往往带给学生以及教师很好的学教体验，促使学生对学习产生更加深刻的兴趣和爱好。长期以来，在传统教学模式的影响下课堂教学内容逐渐脱离社会生活、偏重知识灌输，不利于学生的思维培养。针对很长一段时间以来教学方式不够灵活、目标不够明确、效率不高的课堂教学现象，引入技术突破桎梏，把学生思维能力的培养放在首位，寻求以创造而不是以理解与记忆作为课堂教学效果的学习活动。在教学中，不仅要加强基础知识训练、培养学生的创造性思维能力，更要注重情感和个性的发展，使学生在课堂上得到多方面的提升。

4. 课堂教学中技术应用的多样性

针对不同的学科、不同的学生，要采取不同的教学方式，通过技术来提升学生的知识掌握能力。师生都可以从不同的角度体会技术应用的多样性，教师要通过不同的角度来培养学生的思维能力，促使学生的思维在课堂上得到真正的锻炼和提升，融合引导学生从不同角度进行思考并寻求解决方案，有助于学生突破习惯性的刻板思维定势，培养符合数字信息化时代发展需求的创新型人才。教学方式多样化可以发挥教师的创造能力，在教学方式的选择上要因人、因内容而异，教师要善于从不同角度提出问题引导学生思考，丰富他们的认知，以利于学习的广泛迁移，使学生在学习动机上对学习产生强烈的求知欲，体验到学习本身带来的快乐。

5. 课堂教学中技术应用的直观性

对于学生而言，总有一些知识内容仅靠教师的语言讲授是难以理解的。因此，在课堂教学中教师可以利用 AR 技术、VR 技术创设生动直观的情境，激发学生的学习兴趣；利用可视化技术，把抽象的知识具象化、直观化，提升学生的知识感知力；利用模拟演示工具，或利用思维图示、思维导图、概念图等可视化技术加快学生的知识建构。让学生发现、观察、体验、利用这些生动直观的知识，并能够经过认知加工将其外化为可视化语言，以此促进教学过程中学生对知识的理解与深度处理，同时自然地培养学生的认知能力与创新能力。

二、课堂教学中技术的应用路径

课堂教学是一门科学，也是一门艺术。当下，课堂教学的组织形式以班级授课为主。教师难以兼顾学生的个性差异，不能很好地开发学生的探索性与创造性，促进学生的知识迁移。而技术在课堂教学中的应用，对于促进学生知识迁移、提高学生的探索欲望与创造力、支持学生的个性化发展有着不可忽视的积极作用。

1. 导读技术打开学生思维

在课前预习的过程中，教师应引导学生发散思维，为后续课堂学习中知识理解与吸收打下基础。教师可以播放相关电影、音乐，或利用其他多媒体技术，基于教学内容，逐步引导学生发散思维；也可以在简单讲解教学内容后，利用相关软件，以师生共绘思维导图的方式，培养学生的思维能力。

2. 深入学习深化学生思维

在正式讲解课堂内容的时候，教学过程中可以插入多种技术元素。在课堂教学上可以运用情感体验技术，例如在语文教学中，需要让学生们感知语言文字中表达的情感，从而传播传统文化，培养学生的内心情感。针对某一篇课文的主要内容，可以利用 AR 技术、VR 技术创设相应的情感体验情境，让学生在日积月累中对不同的文本内容有更好的情感理解。在教学过程中还可以运用可视化技术，如设计并呈现一些模型图、概念图、流程图等，将理论性强、专业性高的复杂知识转化为学生容易理解的知识，促进学生对于知识的自主建构。这些技术的应用能够帮助学生将思维过程直观呈现，帮助学生建立新旧知识之间的连接，促进有意义学习的发生。同时，应用技术进行针对性指导，让学生对所学的内容进行深度加工与处理，可以提升学生的思维能力。

3. 总结知识归纳学生思维

在课堂教学的结尾，应注重对学生思维的总结与归纳。教师可以运用框架总结技术对整个教学课堂进行总结归纳，进而让学生在看见这个框架的时候能够回忆起课堂中的相关知识，这样一个提炼总结的过程可让学生的思维能力变得更为灵敏。在教学中还可以进行随机问题练习，让学生在没有规律的问题中，深化、总结所学内容。在知识框架总结和随机问题练习的过程中，锻炼和提升学生的思维能力，还可以活跃课堂氛围，促进课堂中师生互动和生生互动。在后续的推进过程中，教师也要注意各个部分的落实和效果，以培养学生思维能力为核心，开展相关教学工作。

三、课堂教学中技术的应用

技术在课堂教学中的实践应用，对课堂教学效果的提升有着不可忽视的积极作用。依托信息技术的教学情境创设，有助于激发学生学习的主动性；在教学中使用互动反馈系统，有助于丰富课堂教学的对话形式；以技术作品创建学习活动，有助于激发学生的探索欲与创造力；基于数据支持和思维诊断的作业设计，为学生的个性化学习提供助力。

1. 依托信息技术的教学情境创设

良好的教学情境能够激发学生的主动性与积极性，促进学生道德情感的良性发展，推动学生思维的发展。以简单的视频与图片元素为支架创设出的课堂情境，难免单调、枯燥。课堂情境的创设应考虑是否符合学生的“最近发展区”，在情境中引出课堂问题，激发学生的学习兴趣，让学生在拥有新鲜感的同时更好地理解知识。

案例 4-1-1 利用 iPad 创设有趣情境

在人教版一年级数学的“找规律”一课中，教师利用平板电脑创设互动情境，激发学生的学习兴趣，并在多种感官参与的具体操作学习中，更好地理解规律。

教师借助平板电脑全景课堂创设情境，学生跟随“兔子舞”视频游戏进入情境，纷纷用手指比画，并描述着“左边三下，右边三下”，做游戏的同时感受动作一组一组重复出现的明显特征，让规律可视化。对于以具体形象思维为主的小学生而言，通过看、说、移、选等多种感官参与的具体操作学习数学知识，能实现大量感性材料从外到内的理解转化。第一，驱动学生启动思维，学生直接在平板电脑上动手操作完成按规律排序的小游戏，感受规律的形成；第二，学生利用平板电脑进行规律的自主探索，在探索的过程中创新创造，使学生的思维更具生命力。同时，教师通过教师端实时圈画、批注，对学生作品进行反馈，推动学生思维的发展。

（杭州市丁兰第三小学）

以上案例中，教师通过平板电脑创设真实的情境，运用游戏与探究、创作的学习方式，让学生在看、说、移、选等多种感官参与的具体操作学习中，构建新旧学习内容之间的内在联系，提高思维的广度和深度；通过平板电脑进行规律的自主创作，通过数形结合拓宽思路，提升创新思维。

2. 基于互动反馈系统的学习

教学是师生互动的过程，师生互动的效果往往对学习质量起决定性作用。如何监控并调整教师的主导作用与学生的主体性，是促进学生有意义学习的重要内容。互动反馈系统能够更直观地呈现师生互动的过程，教师终端通过主控器将问题传输到学生终端，学生在自己的终端上作答，教师可以有选择性地将学生的答案通过投屏的方式呈现在屏幕上。互动反馈结构如图 4-1-1 所示。

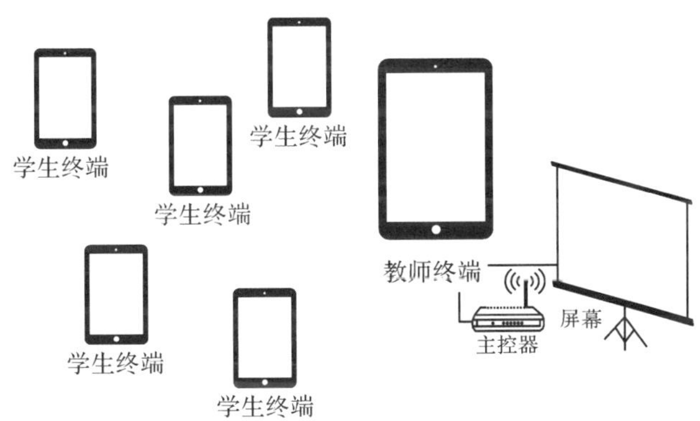

图 4-1-1　互动反馈结构示意图

学生借助互动反馈系统答题，教师通过内置于互动反馈系统的答案，为全班每一名学生分别建立信息回馈的通道，实现课堂师生互动的精细化处理。学生在互动反馈系统中答题时，提交答案并获得与此直接相关的反馈，主体性得到提高，潜能得到激发。把反馈理论引入课堂互动中，有效促进了学生与教师之间的信息流通，改善了课堂互动中信息流动不均衡的状况，彰显了学生在教学中的主体性地位。

3. 技术运用于创作中的学习迁移

随着“互联网 +”时代的到来，各种信息技术的使用在课堂教学中变得普遍，学习材料突破了纸质图书的限制，转向电子教材、电子教程等，教师的课堂教学设备也逐渐从黑板转变成终端。而在课堂教学中，教师以运用技术进行作品创作为任务，检验学生能否把已学过的知识应用到新问题中。在运用技术进行创作的过程中，学生通过项目创作加强新知识、新能力的应用，通过“做中学”提高操作能力，促进知识的联通、重构与创新。

案例 4-1-2 活用定格动画 助力智慧课堂

传统教学中，“会‘动’的画”“拍一部小电影”和“我们的课本剧”都属于设计应用课，分别是绘画设计、表演和拍摄，一周一次的美术课时间紧张，教学难度颇大，教学效果并不如人意。定格动画 App 的出现，例如“定格动画工作室”App 和“剪映”App，给教学实施带来了极大的便利。

创作定格剧本。通过使用软件、查找资料、教师授课了解定格动画的概念。学生结合自己的已有经验创作一个定格动画剧本，并完成定格动画剧本的改编和分镜设计。

进行定格制作。学生根据剧本及分镜设计角色形象，制订角色设计量表，针对道具制作安排任务，共同完成故事的角色形象设计。

实施定格拍摄。学生了解定格动画视频拍摄的技巧，并熟练拍摄操作。

根据剧本中的镜头及场景进行任务安排，并完成定格动画的拍摄。教师根据学生拍摄的内容进行指导。

完成定格剪辑。学生对照剧本，依次录入画面、声音，对配音完成的动画进行后期剪辑，主要为片头封面的制作、片尾花絮的制作、字幕的添加、特效音的添加。学生展示项目作品，并对本次项目进行评价与反思。

与传统的摄影课堂教学模式相比，定格动画课堂营造了更加开放互动的教学环境，充分发挥学生的主体性，解决了摄影类教学中存在的“学生分散”“表演困难”“道具制作有难度”等问题。通过定格动画的单元课程教学实验与实施，改变了其程式化的教学模式，弥补了美术教材中缺少动画实践课程的不足，有效满足了学生创造性思维发展的需要。以定格动画为出发点，融美术、信息技术、音乐、语文等多个学科于一体，让学生体验定格动画制作的乐趣，在玩中学。大大提升了美术课堂的教学实效性，在教学方法上大胆创新，也展示了教学手段的多样化和现代化。

（杭州市澎雅小学）

技术作品的创作是思维可视化的过程。以上案例中，教师利用定格动画课堂营造了更加开放互动的教学环境，融美术、信息技术、音乐、语文等多个学科于一体，培养了学生的审美创作能力。让学生在完成真实的复杂任务的过程中利用技术合作解决问题，促进学生之间的思维交流，培养学生的高阶思维。

4. 基于数据的思维诊断

技术在课堂教学中的应用更强调过程性评价，教师及时了解学生的学习计划，对不当之处进行调整，有针对性地提高学生的学习效率，推动学生个性化发展。技术形式的多样化促进了信息呈现的立体、学习活动的丰富、师生关系的重构、教学策略及组织的提升，更促进了学习过程的多元化评价。利用信息化手段对学生的学习数据进行全过程、无感式的采集和沉淀，对学生的学习状况和思维水平进行有效诊断。将数据作为精准指导、资源推送、决策建议以及多元评估等个性化教学干预的重要依据，提高教学评价的科学性和公正性。

案例 4-1-3 解锁数据，细析学情

及时掌握学生的学习情况，了解其学习难点再进行针对性指导，这对于学生加深知识理解、夯实基础很重要。但是，在传统课堂中，面对一个班四十多名学生，要及时记录相关数据有困难，现在利用数据分析技术就能轻松达到这一效果。

在教学“多边形面积”这一单元内容前，学生对于平面图形面积计算相关知识有哪些了解？还缺什么？需要提升拓展什么？怎样根据学生的已有知识基础对单元教学做取舍和任务驱动设计？基于此，教师在授课之前，设计“前测单”并通过云平台向学生端发送预习学案，再经由平台将数据收集回传，进行智能化分析，形成可视化学习报告，精准了解学生对面积计算公式的理解和掌握情况（见图 4-1-2）。

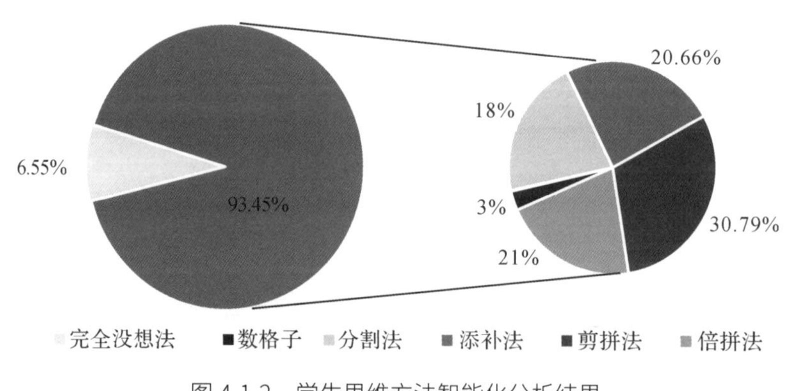

图 4-1-2　学生思维方法智能化分析结果

课堂上，当学生完成作品提交后，平台能自动批改，教师进入网络就可以看到每个学生的思维过程，并针对学情开展跟进练习，化解学生的学习难点，然后教师再有效地组织教学。在数据决策中，每名学生一个反馈器可以实现人人均等，结果以分组直条图呈现可以激发团队互助动力，学生在

课堂中互动生成的资源有助于教师有效掌握个别差异，还可以把课堂时间还给学生，以生为本，充分让学生独立思考，小组交流、全班表达、倾听复述等方法是培养学生分工合作和生本理念的比较好的途径。

（杭州市茅以升实验学校）

上述案例中，教师借助信息技术对学生学情进行合理诊断、分析，并针对学情开展跟进练习，化解学生的学习难点，让不同思维层次的学生都有所进步。

5. 技术支持的个性化作业设计

学生是发展中的个体，具有独特性。在班级授课制的背景下，教师很难针对每名学生实施个性化教学。而在技术支持的课堂教学中，教师可以利用数据分析技术，对学生学习历程的数据进行分析，并利用技术资源丰富的特点，因材施教地将个性化的作业设计落到实处，促进学生个性化发展。学生可以使用数据分析技术分析作业的不合理之处，助力教师对作业设计进行完善。这极大地减轻了教师的压力，也提高了课堂教学的效率。

案例 4-1-4 基于技术支持的个性化作文练习

英语教师在作文教学中引入“智作文”工具，提供线上线下自学自纠的人工智能学习平台，支持课后作文练习一键扫描一秒出报告。通过多篇作文修改再上传，学生可以查看自己的作文成长轨迹，形成私人定制的个性化的作文练习库，便于随时回顾写作陋习与借鉴写作经验。学生可以从“精选写作练习”中挑选适合自己的写作话题和题目，随时随地进行线上写作上传或者线下练习扫描，平台能随时为学生反馈个性化的评价修改意见，绝对私人化的作文评价有助于学生提高学习写作的热情，让学生从心理上接受并且主动与人工智能进行学习交互。“写作素材”“万能模板”和“写作技巧”为写作能力较弱的学生提供具体且多样的写作范式，增强学生与人工智能交互的体验感，促使学生在信息库中有选择地学习、探索和创新。

（杭州市丁兰实验中学）

以上案例中，人工智能作文平台作为重要的学习资源，为学生个性化写作练习提供技术支持，打破课堂的时空限制，提高大班化教学的效率。

依托技术支持的课堂大幅减少了班级授课制的弊端，促进学生知识迁移，激发学生的探索欲望与创造力，支持学生的个性化发展，有助于开阔学生视野、丰富课堂教学内容、优化课堂教学环境、培养学生思维，从而促进学生深度学习，提高课堂教学效率。

第二节
基于人工智能的精准教学

技术赋能精准教学，具体体现在量化学习行为、定制个性化学习服务、提供精准干预与决策指导等，辅助学习者自主监控外显学习行为，使其在个性化学习服务与精准干预下制订合理的学习规划，调整学习策略与学习节奏，使学习真实发生。

一、基于人工智能的精准教学的应用价值

将人工智能数据和移动平板等与教学深度融合，实现精准教学，形成精准课堂教学模式以及学科变式和应用策略，改革传统课堂教学结构，真正意义上实现“减负增效”。基于人工智能的精准教学，能提升学生学习能力和信息素养，发展学生的核心素养。

1. 精准教学激发学习原动力

学习原动力是指对知识和技能的学习和汲取具有的一种内在的渴望，从这个意义上讲，人对学习的需求是与生俱来的。教师通过智慧课堂的激趣、云作业的布置、过程的控制激发学生的学习原动力。另外，精准教学重视分层教学和个性化指导，能更好地为学生学习服务。

2. 精准教学培养学习生长力

美国著名教育家杜威曾言：“教育即生长。”在杜威的观点中，“生长”的范畴大于“教育”的范畴，也就是说，有一部分“生长”在“教育”之外。学习生长就是指个体生活范围扩大，其与周围环境所建立的联系随之扩大和加强。这种扩大和加强在社会环境中推演到极致就是全人类的联合生活。通过智慧课堂分析学生特点，从而提供丰富且个性化的学习“生长点”，激发学生学习的兴趣，促进学生在课堂之外的自主学习与自主探索，培养学生的学习生长力。

3. 精准教学实现学习个性化

对学习过程静态数据和动态数据进行跟踪、记录，构建学习者特征模型，推荐符合学习者学习需求的内容。按需推送满足学习者个性化需求，实现学习者特点的匹配。推送内容可以是学习资源、学习路径支持下的个性化学习。这丰富了学生的学习内容与教师的教学内容。在移动设备的支持下，基于大数据，教师可以有效兼顾每一名学生，实现“一对一”教学。学生可以根据自身的学习水平与性格特点选择适合自己的学习方式，开展个性化学习活动。

（1）精准教学支持学习能力的个性化。

由于个体的差异性，学生在学习的过程中，其观察力、记忆力、思维力、想象力等方面的表现差异很大。学习能力影响学习水平，学生在学习能力方面的差异性导致学习水平的不同。教师根据学生的学业水平进行个性化辅导，即对于学优生，设置较多拔高类的题目；而对于学困生，以基础类的练习题为主。针对学生具体学情的动态性分层和个性化学习，因材施教，让每一个层次的学生都有所成长。

（2）精准教学支持学习兴趣的个性化。

兴趣是人对知识进行求索、探究的心理倾向，是学习的动力所在，在教学中起着重要的作用。因此，在教学设计上，教师应该将学生的兴趣因素考虑在内。教师可以根据学生的作业反馈情况，以录制微课视频的方式便捷地向学生答疑，学生可以反复查看教师录制的微课视频，通过人机互动调动学习兴趣。

（3）精准教学支持学习情感的个性化。

情感对于学习者的学习也具有一定的影响，但不是直接影响，主要表现在记忆和思维两个方面。在我国教育改革发展战略的主题下，考虑到学生自身的情感特点，将不同学生的学习风格列入教学设计中已经成为新时代教学的必然趋势。人工智能支持下的教学让学生获得一对一的个性化学习环境。例如，学生在电子书包的“云作业”中完成作业，错题会被自动收录到云端错题集，教师阶段性利用云端错题集进行个性化错题组卷，以便于不同学生按照自身的步调学习和巩固知识。教师根据学生的情感特点，采用不同的教学方式，设计不同的教学方案，以提高课堂新样态下的教学效率，进而提高学生的学习质量。

二、基于人工智能的精准教学的技术基础

随着人工智能技术的成熟与课程改革的推进，借助人工智能技术开展的精准教学正在如火如荼地进行。语音识别技术、人机交互技术、数据分析技术、自动搜索技术、智能测评技术、动作捕捉技术等，成为精准教学的保障。

1. 语音识别技术

语音识别技术是人工智能技术的典型代表，能够对录入的声音进行即时识

别和理解。其技术原理是模式识别：语音录入预处理→语音特征提取→基于语音模型库下的模式匹配→基于语言模型库下的语言处理→完成识别。例如在语言教学中，基于诊断出的问题，机器播放学生发音错误的单词、词组或语段的正确发音，学生再模仿提交，完成发音的矫正。

2. 人机交互技术

人机交互技术是指通过人工智能的输入和输出系统，以有效的方式实现人与计算机的信息交换的技术。基于语音的人机交互是当前人机交互技术应用于教学领域的主要表现形式，其功能包含语音输入、语音处理、语义分析、逻辑处理、内容整合、信息输出。以语音交互方式替代文本交互方式，可以扩展信息输入方式，能和更多的设备进行整合，应用前景十分广阔。

3. 数据分析技术

数据分析是指计算机对规模巨大的数据进行分析，并为用户提供基于真实数据的材料。在课堂教学中利用移动设备或电脑记录每位学生的学习过程，智能生成错误点的知识图谱，分析学生在人机互动过程中的兴趣点、专注度、知识掌握水平等，能为教师的教学诊断提供数据支持。

4. 自动搜索技术

自动搜索技术可进行智能课堂实录，教师完成一堂课后，学生能获得教师用于教学的课件和与此相对应的教案。课堂上未完全理解教师教授内容的学生可利用搜索功能对本堂课的重难点进行再学习。这也是人工智能最早形成的基本功能之一。它可以根据学习者的兴趣、水平自动搜索学习资料，也可以为教师推送适合学生学情的音频、视频、图片等教学资料。

5. 智能测评技术

智能测评技术通过挖掘庞大的学情数据，基于深度学习形成知识追踪模型与知识图谱。通过扫描知识漏洞，追根溯源，精准定位薄弱知识点，智能定制个性化学习方案，推送符合学生特征的个性化学习资源。每次推送后，还能对学生形成过程性评价。

6. 动作捕捉技术

动作捕捉技术基于人工智能摄像头对人体动作进行捕捉，满足体育课、活动课、拓展课等户外课程教学的需求。结合计算机视觉算法，在特定区域建立立体数字模型，根据摄像头捕捉到的人体动作，识别相应骨架结构，分析动作姿态。

三、基于人工智能的精准教学的实践探索

随着移动互联网技术、大数据统计技术、电子硬件技术的飞速发展，基于移动设备的便捷性、移动性、智能性开展学科学习成为目前流行而有效的学习方式。人工智能在教育领域的不断渗透，也为教学提供了更为广阔的平台，大力促进了教学的变革。人工智能与课堂教学有机融合，创新教学模式，提供个性化教学平台，有助于提高学生借助技术开展学习与交流的能力。

1. 人工智能赋能英语听说教学

人工智能赋能英语听说教学使学习资源由单一化、固定化、碎片化向多元化、开放化、移动化转变。学习是一个复杂的认知建构过程，单纯片面地提供学习内容难以促进有效的、高质量的学习发生。将学习内容、学习活动、练习题型、学习评价等要素有机整合，重新设计学习资源，才能促进有意义学习的发生。人工智能融合英语听说教学以四个学习环节层层推进，实现精准教学，如图 4-2-1 所示。

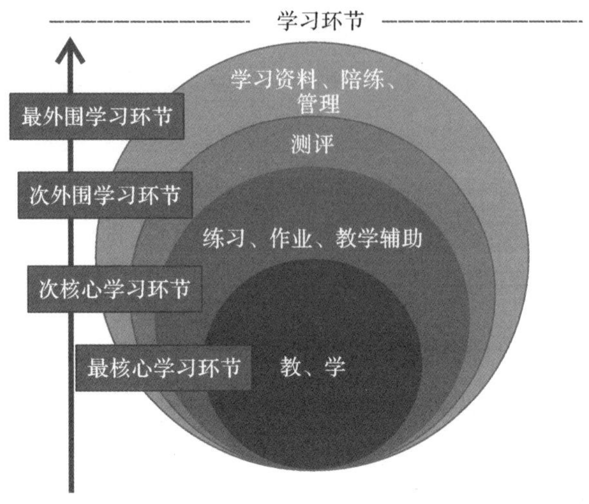

图 4-2-1　人工智能技术赋能英语听说教学学习环节分布图

（1）最核心学习环节：教师的教与学生的学。

①课前。人工智能技术能根据新课的听说目标，发挥其自动搜索功能，形成一套基于学情的动态前测题库。学生以人机交互的方式完成动态前测题库中的练习。人工智能技术发挥其语音识别、数据分析等功能，将学生兴趣、水平等学情及时反馈给教师，帮助教师在备课环节确立重难点，有的放矢。

②课中。人工智能技术能实现人机交互、场景模拟等功能，并具备自动测评学生听说能力、智能推送学习建议等功能。学校使用“We Speak”系统（包含美式英语中的 6000 个单词及其发音），同时结合语音识别软件，助力学生进行人机交互下的听说训练，并对学生进行评分和错误标注。人工智能技术中的语音识别、资源搜索等功能，能监测并反馈学生英语口语、听力等方面水平的进展状况，帮助学生纠正发音，制订个性化学习方案，丰富学习资源，提高学习兴趣，同时帮助教师科学、合理地调控课堂进度。

③课后。基于新课教学目标及课堂学情监测结果，人工智能发挥其数据分析、自动搜索等功能，基于对不同层次的学生最近发展区的分析，进行作业任务的分层布置。从寻找信息、理解文本、实际运用等三个方面对学生进行英语听力测评，从发音准确度、流利度、完整度等方面对学习者进行英语口语测评。

人工智能技术能精准测评学生听说能力，使多元评价成为可能。

（2）次核心学习环节：练习、作业和教学辅助。

①测评。学校使用基于语音识别技术的发音识别系统，对学生进行听说能力测评，并即时评价学生的英语发音。基于语音识别、智能测评等技术对学生听说水平进行一对一的准确测评，在人机有效的互动中，测评出学生的真实听说水平。通过语音测评技术，实现精准听说评估、智能发音纠正。听说教学的评价手段从单一走向多元，从固定式走向开放式，从教师灌输走向师生互动。

②反馈。基于对学生错误回答的检测与记录，形成个性化的动态错题本，引导学生有针对性地复习知识及攻克难题。

③辅导。基于对学生学情的测评，人工智能发挥其数据分析、智能搜索等功能，以学生为中心，为每名学生定制满足其个性的学习内容和学习方法，从而激发学生深层次的学习内驱力。

（3）次外围学习环节：测评。

人工智能测评应用于教学的各个环节，课前测评学情，助力教师备课；课中测评学生学习态度、学期进展情况，助力教师高效教学；课后通过作业测评、考试测评，助力学生高效弥补知识漏洞，提升学习成绩。

（4）最外围学习环节：学习资料、陪练、管理等。

①资源推送。基于学生知识理解的薄弱环节，通过自动搜索推送符合学生兴趣的学习资料，也可以将教师布置的作业推送给学生，做到及时、高效。

②互动陪练。人机互动技术为学生提供全天候的课外英语学习环境，打破时间和空间的限制。例如，“沉浸式”学习场景解决了传统教学中的“哑巴”英语问题，为学生提供随时随地学英语的环境，纠正学生发音，提升学生听说学习兴趣。语音识别技术能有效辅助英语学习中的听、说、译等训练，在学习辅导、教学测评等方面发挥重要作用。人工智能利用语音测评技术，从听力理解、情景选择、朗读、跟读、语篇表达等方面，从发音、词汇、语法等维度，为学生英语口语能力提供全方面的助力。

案例 4-2-1 英语听说课堂基于人工智能的交互快速反馈实践应用

在人教版英语七年级上“Unit 6　Do you like bananas? ”单元的教学中，杭州市丁兰实验中学的教师使用基于人工智能的“快速答题”功能进行听说课堂交互快速反馈的实践应用。在听前阶段铺垫语言知识后，也要对听力文章的话题进行铺垫——引导学生谈论某类食物是否有利于健康。向学生提出“水果有利于健康吗”这一问题，结果为大部分学生认为水果是“健康的”；同时也可以得知持不同观点的学生的具体看法，可以就不同看法展开教学。

在学生听第一遍听力并完成圈出食物的任务后，设计若干个选择题，通过“快速答题”功能，了解学生对阅读材料内容的掌握情况。可针对文章中的重点信息进行提问，实时统计学生答题正误情况。若全部学生都回答正确，说明这篇文章的细节信息是学生比较容易获取的。相较于传统课堂直接让学生举手表态等方法，显然要更直观且全面（见图 4-2-2）。

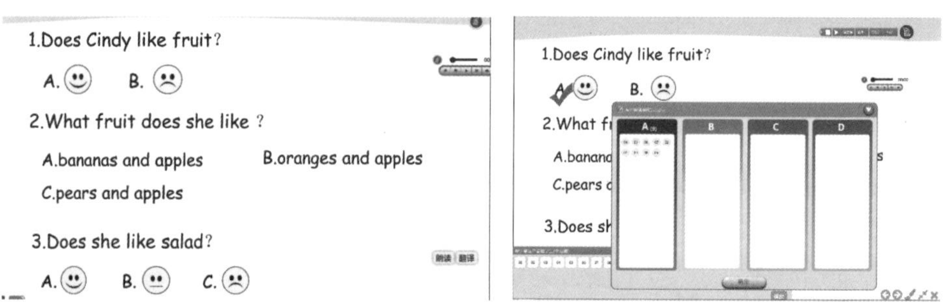

图 4-2-2　语音互动快速答题

（杭州市丁兰实验中学）

语音互动技术赋能英语听说教学，实现了实时互动和多样态互动。教师可以采用全班学生人机对话的方式互动，也可以进行随机的个别学生人机互动，采用具有趣味性和难度的抢答等人机互动形式。学生通过学生端大声朗读进行实时语音输入，及时完成语音的互动。智慧英语教学系统识别学生的语音后，及时完成语音的分析反馈，在一定程度上达成人机互动与师生互动的及时跟进，增强学生的参与感。

2. 人工智能赋能科学复习教学

把人工智能引进科学课堂，开展基于人工智能技术的科学课堂教学的实践研究，构建一套完整的科学复习教学新模式，提高课堂教学的有效性。

科学教学存在复习上的难题，主要原因是复习课教学手段不够多、教学方式不够新、教学模式不够丰。在人工智能技术的支持下，从课前自学、课堂教学和课后巩固方面增强师生之间和生生之间的交互性，促进学生课堂注意力高度集中。借助人工智能技术的独特优势，构建基于人工智能技术的科学复习教学模式，如图 4-2-3 所示。

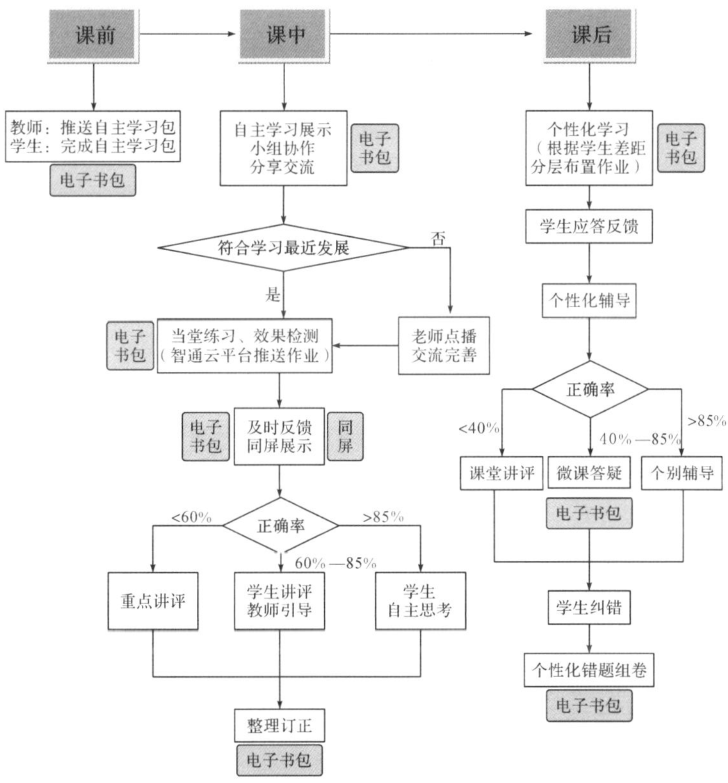

图 4-2-3　基于人工智能技术的科学复习教学模式

课前。教师利用平台向每位学生推送自主学习包，主要包含任务单、电子课堂笔记和微课程视频。学生在学习任务的指引下，解决任务单中的问题。学生在任何场合都可以登录平台，查看教师发布的自主学习包，根据教师的要求完成任务单，并将结果上传至平台。教师可以随时登录平台查看学生的预习情况，并通过“响应”功能与学生进行交流，督促未按时完成课前自主学习任务的个别学生及时完成。

课中。协作学习模式有助于学生创新思维能力的发展。教师可对学生进行分组，组织学生进行小组协作学习。学生在课堂上汇报、展示成果，利用投票功能，进行小组自评、组间互评，分享协作学习的成果，交流学习体验；教师在展示过程中点拨、提示和启发学生，对学生的学习成果进行评价。同时，教师可以及时查看学生课堂做题情况、正确率及错题统计结果，组织学生重点关注出错率高的题目，及时纠错纠偏，增强习题反馈的时效性，提高课堂教学的互动性。课堂上，教师把学习成果呈现在大屏幕上，可以极大调动学生的学习积极性和求胜欲。平台有自动存储课件及习题的功能，学生可以把做错的题目保存在错题本里，以备日后进行针对性复习，满足不同学生的学习需求。

课后。个性化课后辅导，动态分层。课后辅导主要借助平台的“云作业”的功能进行。教师根据学生的学业水平进行个性化辅导，即给学优生设置较多拔高类题目，对于学困生则以基础题的练习为主，让每一个层次的学生都有所成长。此外，根据学生的阶段性学习情况，教师可随时进行动态分层调整。基于“云作业”的自动批阅和统计功能，教师无须花费大量的时间逐份批改每个学生的作业。教师可以根据作业反馈结果（见图 4-2-4），做出差异化辅导：对于正确率低于 40% 的题目，在课堂做重点讲评；对于正确率在 40%—85% 的题目，通过录制微课的方式向学生进行解答，便于学生反复学习；对于正确率高于 85% 的题目，进行个别辅导。

人工智能对科学复习教学的赋能，颠覆传统科学复习课的单一教学模式，摆脱传统科学复习课的单调和枯燥，极大地提升了科学复习课的有趣性和高效性。“电子书包”能及时监测和反馈学生参与课堂学习的具体情况，如完成率、完成时间、正确率等；生动、有趣的课堂互动，可以吸引每一位学生参与到课堂教学中。

题目可见
开放答题
开放结果

题号	提交	选项	选项	选项	选项
1	27/27	81% A	7% B	4% C	7% D
2	27/27	100 B			
3	26/27	89% A	7% B		
4	26/27	93% D	4% B		
5	27/27	93% D	4% B	4% C	
6	26/27	89% D	4% A	4% B	

图 4-2-4　作业反馈结果

3. 人工智能赋能体育个性化教学

传统的体育课堂教学中，教师基本上依赖经验判断和肉眼观察。人工智能赋能体育个性化教学后，对于体育训练中学生的训练指导来说，示范更加标准、反馈更加直观、评测也更加科学。体育的个性化教学也更具可行性和真实性。

根据目前体育课堂中出现的问题与学校的教学需求，综合分析现有的人工智能体育设备，科大讯飞公司研发了“讯飞云课堂—智慧体育模块”，致力于改善体育教学现状的智慧环境，提升课堂能效。下面以立定跳远教学为例，阐述如何借助人工智能技术开展体育个性化教学。

其一，立定跳远教学中人工智能技术的硬件配置。主要包括运动心率臂带和人工智能视觉分析摄像头。运动心率臂带具有心率监测功能，并能实时反馈，有助于保障课堂安全与学生运动强度适中；人工智能视觉分析摄像头具有动作捕捉与录像功能，能对学生在立定跳远过程中的技术动作进行捕捉与录制，有助于教师对学生的动作进行分析。

其二，立定跳远教学中人工智能技术的软件配置。主要是互动反馈系统。

互动反馈系统能深度结合体育教学的全过程，实际应用于各种类型的课堂及多样化的教学内容，贯穿课堂的始终，在不同的阶段帮助师生实现个性化的体育教学实践，从课前的教学准备，到课中的数据监测与收集，再到课后的多维度分析，人工智能技术认真服务教学的每个环节，让体育教学变得更智能、更便捷。

其三，人工智能技术支持的立定跳远教学模型（见图 4-2-5）。基于人工智能技术，构建人工智能体育智能分析体系，对学生进行测试，为学生建立个人档案，根据数据报告进行课堂设计，改进课堂练习的内容与方式。教学模型中将课堂分为技能课、测试课与体能课三种模式，技能课以技术动作学习为主；测试课以了解学生技术动作掌握情况、技术动作分析与改进为目的；体能课针对学生个人情况做个性化训练，提高课堂效能。

人工智能技术支持下的立定跳远教学

技能课	测试课	体能课
1.观摩标准动作视频	1.技能测试、实时评价	1.心率臂带实时监控
2.分解技术动作学习	2.动作分析与改进	2.个性化训练
3.完整技术动作学习	3.生成个性化练习报告	

图 4-2-5 人工智能技术支持的立定跳远教学模型

在课程中，基于人工智能技术，在立定跳远技术动作学习的过程中，教师给学生播放标准技术动作的视频，配以语言讲解，详细描述每个环节的技术动作特点。在学生练习的过程中，人工智能体育设备采集学生在立定跳远过程中的图像并进行人体动作识别、分析，学生在教师的带领下观看图像资料和具体分析，更好地认识到自己的技术动作的问题所在，促进正确技术动作的掌握。

在立定跳远测试中，通过动作捕捉技术，人工智能实时播报每一次立定跳远的成绩，分析学生摆臂幅度、起跳角度、屈膝幅度、腾空高度、收腿幅度等多方面因素，用真实数据给出预摆、起跳、腾空、落地四个维度的评价，教师结合人工智能的点评给学生做出指导。人机结合的教学指导之下，学生能力提升效果显著。在立定跳远测试中，教师在人工智能技术的支持下给予每位学生客观、准确、及时的评价，结合人工智能的技术诊断，学生有针对性地改善技术动作，提高练习效果。

在立定跳远常规课中让学生佩戴运动心率臂带，做到实时监控，确保安全、保证强度，再根据教师的评价和人工智能的技术诊断将学生分为下肢力量组、核心力量组、技术动作组。下肢力量组以传统下肢力量练习为主，主要练习蹲起、弓步走、纵跳等；核心力量组主要练习腰腹动作；技术动作组主要练习摆臂幅度、起跳角度、落地姿态等。针对性练习有效提高了学生的立定跳远成绩。

人工智能技术对体育精准教学的支持作用，表现在三个方面：从传统经验主义走向客观数据分析；从千人一统教学走向个性化练习；从单一教师模式走向双师制度。

第三节
依托互联互动的网络课堂

⦿

随着网络学习平台的不断发展和完善，网络课堂已成为日常课堂的有效补充。在教育共富的大背景下，借助在线学习平台开设同步课堂，连接分处不同物理空间的两个或多个课堂，促进多方课堂之间即时互动、全面互动，可以有力促进教育发达地区的优质资源向其他地区辐射。在新冠疫情暴发时期以及后疫情时代，上城区积极探索并实践基于网络互联和即时互动的同步课堂教学，形成了多方多元互动的新型教学模式。

一、依托互联互动的课堂教学模式

同步课堂在实践过程中经历了在不同的场景下的应用，教师们根据学生不同的学习需求，进行了基于不同技术和平台支持的尝试，形成了“基于实时连线的专递课堂”“基于互联网平台的在线课堂”“基于双线融合的混合课堂”三种典型模式。

1. 基于实时连线的专递课堂

以浙江省开展的“互联网＋义务教育”学校结对行动为例，不同物理空间内的两个或多个班级利用在线互动系统实时连线，在主讲教师和辅助教师的协作下，形成近端课堂和远端课堂的连接互动。近端课堂的教师为主要组织者，推进教学，远端课堂的教师以课堂教学管理为主，协助主讲教师完成课堂互动。课堂上，两端的教师和学生都可以借助连线系统以实时互动的方式进行教与学，教师可以借助系统进行必要的数据收集、反馈，学生可以借助平板电脑、反馈器等设备实时答题等。这类专递课堂的开展，实现了优质教育资源的共建共享。

2. 基于互联平台的在线课堂

不同于专递课堂，基于互联平台的在线课堂上，教师和学生都处在独立的物理空间中，通过网络实现连接，借助各类课程直播、视频会议、在线课堂平台，在虚拟空间中形成班级，开展教学与学习活动。教师利用网络互联平台的各种功能开展教学，进行课堂组织管理教学互动。学生通过文字讨论、连麦、互动答题等方式表达自己的想法和疑问。在线课堂基本是纯线上的学习行为。

3. 基于双线融合的混合课堂

随着网络资源的逐渐丰富，教师们利用线上资源辅助线下教学的实践越来越多，形成了“线上＋线下”融合的混合式课堂教学模式。教师收集或自制学生所需要的学习资源，以微课、学习资料包等不同形式发布到学习平台上，学生则借助这些网络资源开展各类学习。线上教学资源在学生的课前预学、课后复习和教师的课中讲解等不同环节发挥不同的作用，实现教学资源的多元应用。

二、依托互联互动的课堂教学组织形式

不同样态的同步课堂教学模式逐渐丰富了课堂教学组织形式，但受到教学

内容、硬件条件、时空等的限制，同步课堂也呈现出多样化的组织形式。

1. 同步直播式

教师通过直播的方式，在屏幕上实时呈现教学课件，通过留言板、对话框或语音连麦等方式与学生实时互动，讨论某一话题或进行答疑解惑。

2. 在线课程式

教师把知识点制作成微课，按照一定的逻辑顺序组织起来，辅之以相应的课堂练习、拓展学习资源等资料，发布在学习平台上。学生按照教师设定的学习路线，或自行选择学习路线，开展网络学习。在线课程模式的核心是“资源 + 任务 + 反馈”，以资源包的形式支持学生的自主学习。例如在复习课教学过程中，教师可以将课程部署为七大板块，包括自学教材、知识框架、重点解析、基础巩固、能力提升、疑难解答和课后作业。自学教材模块开门见山地告知学生学习的目标，提供翔实的操作性指导，培养学生的自学能力。知识框架模块用思维导图呈现知识框架，帮助学生梳理需要复习的主要内容及其内在的逻辑关系。重点解析模块整合网上优质视频教学资源和教师自录微课，帮助学生将本节课所要复习的重点知识逐个突破。基础巩固、能力提升及课后作业模块，设置在线练习环节，满足学生自我实现、自我评价的需求。疑难解答模块，帮助学生进行阶段性的自我诊断，找出先前学习中的问题，增进师生、生生之间的及时互动。

3. 即时互动式

借助特定的学习互动平台，教师和学生不仅能通过网络实现同步互联，学生还能实时反馈自己的学习数据，教师利用平台的互动功能及时发布“在线答题”“递粉笔”等互动任务，即便隔着屏幕，学生也能在另一端即时实现观点呈现。教师还可以根据学生的反馈数据，判断学生的学习情况，并以此为依据推送相匹配的学习资源，开展分层教学。

案例 4-3-1 利用“Team Model”智慧教室系统实现多地互动

在上城区教育信息化推进会上，一位教师引入 VR 技术执教“渔歌子”一课。教师利用“Team Model”智慧教室系统，实现本地学生与香港、成都、阿克苏等地学生多场景的互动。在诗的意境感知环节，学生佩戴 VR 设备，足不出户便领略到了桃花盛开、鳜鱼流水的湖光山色，通过 IRS（房间智能化系统）即时反馈系统及远程连线功能实时进行交流。不同地域、不同文化背景的学生进行了情感碰撞，激发了学生对诗的意境的多元理解，用更丰富的语言表达了自己的内心感受。

利用“Team Model”智慧教室系统开展课堂上的远距离即时互动，让不同地区的学生进行了实时互动交流，实现了无边界学习，充分体现了优质资源的共享共通。

（浙江师范大学附属丁蕙实验小学）

4. 点播答疑式

“视频点播 + 集中答疑”模式主要是应对新冠疫情期间大规模在线教学引发的网络拥堵问题，此种模式对网络带宽的要求较低。教师把微课和其他课程资源提前上传至网络空间或网盘中，学生下载、播放视频，查阅学习材料，完成自主学习。师生约定某一个时间开展线上答疑，就学生自主学习和作业中的问题进行讨论。

学生提前将网课下载到本地电脑，在指定时间内学习网课，开展居家自主学习。这种学习方式的好处在于，避免了全校学生集中于某一时间在线观看视频导致直播卡顿等问题，而且对于听不懂的知识点学生可以反复观看。针对学生在独立学习时产生的困惑，教师设置“集中答疑”环节，结合学生作业批改情况，有针对性地和学生进行线上互动讨论。即时连线能够让孩子更有参与感，及时发现解题错误之处，同时也可以调动学生的学习热情，营造良好的学习氛围。

5. 翻转课堂式

翻转课堂式也是常见的“先学后教”模式（见图 4-3-1），学生利用网络资源预先进行学习，扫清基本的知识障碍，形成自己的思路，提出自己的疑问，教师在开展常规课堂教学时以学生的疑难为重点，更好地帮助学生答疑解惑。教师在课前根据当天的教学重难点制作相关教学资源（包括视频、文档、PPT）上传至空中课堂网络教学平台，并布置预习作业，发布学习公告。学生接收学习资源，进行线上自主学习，完成预习单中的任务。教师统计分析学生反馈的情况，有针对性地讲解相关知识点，帮助学生进一步理解预习单上的自主学习的内容。

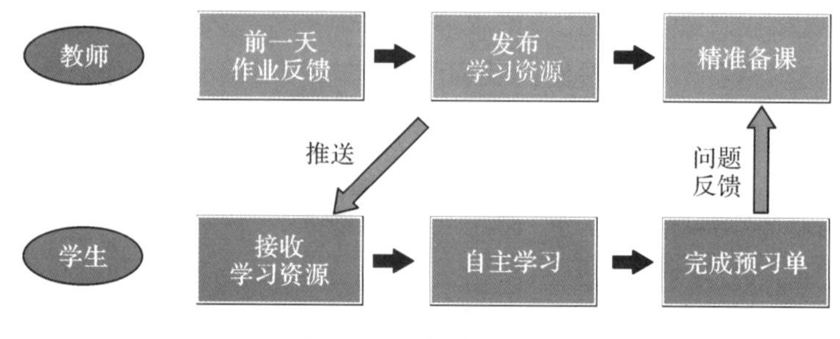

图 4-3-1　翻转课堂式

三、依托互联互动的课堂实施策略

网络课堂的教学组织形式区别于传统课堂，给教师带来了巨大的发挥空间，同时也带来了艰巨的挑战，需要教师发挥更多的教学智慧，以更好地开展教学。

1. 学情诊断：精准把握差异

同步课堂基本处于数字化的学习环境中，有利于沉淀学生的学习数据。无论是线上还是线下，近端还是远端，教师都需要在课前利用问卷调查平台或小程序，针对每堂课的学习重点，编制一套限时问卷。学生在答题完毕后便能直接看见自己的答题情况，教师在后台也可以查看学生答题的正确率和答题思路，清晰地掌握学生的知识薄弱点，充分了解学生学习基础，从而及时地调整自己的教学策略，有针对性地进行讲评。在课堂推进过程中，通过教师观察和技术反馈，快速采集学生对学习主题的观点和态度的信息，精准判断学生的知识掌握情况，为下一步教学提供依据。这些信息就像是教师们的“探路者”，帮助他们准确地找到学生们的薄弱点，从而精准化规划教学路径。

2. 分层教学：助力个性学习

在精准诊断学情的基础上，教师在同步课堂中可以有更多的方式帮助学生开展个性学习。在建设在线学习资源时，标注难度，以便学生根据自身情况自主选择；在发布学习要求时，根据学生知识掌握程度的差异，利用技术推送不同难度的学习任务和相应学习资源；在课堂互动时，根据反馈数据，有意识地选择相应层次的学生即时互动。

3. 积极互动：促进智慧碰撞

同步课堂教学过程中，受空间距离、教师技术运用熟练度、技术本身限制等情况影响，相较于传统课堂，教师会无意识地减少甚至避免课堂互动。实际上，在同步课堂环境中，教师更应该充分利用网络的及时发布优势，让学生以文字、语音、视频、图像等各种形式将自己的想法发布到讨论区、对话框、分享圈等，以更好地开展教学互动，促进学习过程中智慧的碰撞。

案例 4-3-2　“主讲 + 助教”形式的在线课堂教学

杭州市钱江外国语实验学校采用“主讲 + 助教”的形式开展在线课堂教学。主讲教师利用 PPT 开展教学，助教教师利用文字消息区“阵地”，发布不同的巩固练习任务。在“复式统计表”一课中，教师分别设置一星级、二星级、三星级任务，满足不同层次学生的学习需求。任务发布后，主讲教师以语音实时问答的方式发布学习任务，助教利用文字消息区阵地进行文字回复。学生在练习过程中对学习任务有疑问可以随时举手，主讲教师和助教都可以随时进行回答。语音和文字同步进行，提高反馈时效，提升课堂的效率。

（杭州市钱江外国语实验学校）

在该案例中，在线的两位教师分别利用语音、对话框来实现与学生的实时互动，充分利用网络的及时性，分层进行指导，提升学生的学习兴趣。

4. 加强合作：营造共学氛围

小组合作学习的特点是凸显学生的学习主体地位，调动学生的主动性和积极性，引导学生积极思考、大胆实践。教师在同步课堂教学中，可以积极采用课堂分组等功能开展分组会议，并积极参与不同小组的会议讨论，营造共同学习的氛围，同时给予必要的指导，帮助学生之间达成有效合作。

5. 先学后教：提高课堂效能

学生要充分利用网络学习资源，开展课前预学，将利用网络资源进行课前预习作为常态学习的一环，解决简单基础知识的课前学习和消化。教师要聚焦学生思维的发展，依据学情，开发“重点资源包”“难点资源包”“易错点资源包”“疑点资源包”“趣点资源包”五类资源包。学生在预习时，根据疑难点，在资源包的导引下完成预学。根据需求，学生可以点击微视频、微学案，边预习边思考，完成微学案，做好知识的梳理和查漏补缺，然后完成微检测，内化知识。这样，在课堂教学时，教师就可以根据学生已有的学习基础，结合教学重难点开展有针对性的教学，提高课堂效能。

6. 评价驱动：激励自主学习

同步课堂教学给予教师和学生更多空间的同时，也对学生的学习自主性提出了更高的要求。利用多元化手段评价激励学生开展自主学习，能够提高教学效率，也是对线下评价的一种有效补充。

案例 4-3-3 线上评价策略

杭州市濮家小学的教师萧恩颖在线上教学时，基于原有线下阳光评价体系，进一步完善线上评价策略（示例见表 4-3-1），结合学生自主申报及在线学习、作业完成、实践等项目的质量情况，评出“宅家智慧好少年”（班级人数的 40%）。在此基础上，教师按照学生居家学习实际，对学生进行分层评价，根据导学前测情况对学生作业进行分层布置、分层激励，将优秀作业在班级群共享，同伴互评，观摩学习；对需要改进的地方，给予学生针对性建议；对家庭有困难的学生，实施关爱性帮扶。

学生利用同步课堂进行学习时自主性容易下降。教师萧恩颖充分利用技术完善评价策略，在评价时尊重学生主体地位，从多维度、多方面对多主体进行分层评价，提供针对性建议，以此激发学生自主性，发展不同学生的思维能力。

表 4-3-1　线上评价策略（示例）

主题确定	数据收集	数据整理	数学表达	合理推断	个性展示	优点	建议
4 分	5 分	5 分	4 分	5 分	5 分	数据整理得很充分	结论还可以再充分点
4 分	5 分	5 分	5 分	5 分	5 分	运用图表很好地体现数据	应明确研究中心，明确主题
3 分	4 分	5 分	5 分	4 分	5 分	数据分析不错	特殊案例的分析更具体会更好
4 分	4 分	4 分	4 分	4 分	4 分	有个性展示	数据整理得很好
5 分	5 分	5 分	5 分	5 分	5 分	有文字、有图片、有数据	数据再多点会更好
3 分	3 分	3 分	4 分	5 分	5 分	自己画小报很棒	数据太少，不太能得出有用的分析结果

续表

主题确定	数据收集	数据整理	数学表达	合理推断	个性展示	优点	建议
4分	4分	3分	3分	3分	4分	有研究价值	可以用更多的数据来总结
5分	4分	4分	4分	4分	4分	有时间轴	缺少复式统计图，用图表形式会更好
5分	3分	3分	3分	2分	2分	文字材料很多	数据材料过少，应适当补充
5分	5分	5分	5分	5分	5分	统计的数据都很完整、清晰	再添加一个目录就更好了
4分	3分	3分	3分	3分	3分	主题具有可研究性	分析可以做得更好
4分	5分	5分	5分	3分	3分	有数据统计图表	应明确主题，明确研究结论
5分	2分	4分	2分	2分	4分	数据很丰富	数据分析很少，没有把丰富的数据用起来，应适当补充
5分	4分	5分	5分	5分	4分	数据都很完整	还要提供目录和统计表
4分	3分	3分	3分	3分	3分	主题选择很好，有研究价值	内容可以更丰富一些
4分	5分	5分	5分	5分	4分	有数据、有图表	内容再丰富点会更好
3分	3分	3分	3分	3分	4分	内容丰富	材料和主题不太相符，建议进行适当修改
2分	3分	3分	2分	2分	3分	手工操作	画得更清楚就好了
4分	2分	3分	3分	4分	4分	性能与作用介绍得很清楚	画面再整洁些会更好
4分	3分	3分	3分	3分	3分	都是自己研究得出的结果	数据显示应更加清晰
5分	5分	5分	5分	5分	5分	研究主题好，数据详细	补充数据来源

（杭州市濮家小学）

面对现代社会的快节奏和多变性，泛在学习成为必要的新样态，网络课堂正好打破了传统教学中的时间和空间限制，让学习无处不在，无时不在。不同形式的学习，需要学生在不同的场景中都能快速调整状态并适应学习环境，对学生的学习能力提出了更高的要求，多方位的锻炼促进了学生学习能力的提升。学生自主学习的时间、空间较传统教学变得更多、更广，这也能让教师进一步明确学习的主体是学生，增强学生学习的自主意识，有利于学生的长期发展。同时，同步课堂应用了各类技术，技术应用必然留下痕迹，这些痕迹数据的积累反过来能指导教育教学的进一步开展。掌握学生学习数据有利于教师精准把控学情、调控教学，开展更适合学生学习习惯的教学活动，全面诊断学生学习实效，反馈科学的教学评价。掌握教师教学数据能帮助教师发现自身教学的优缺点，进而改进教学行为，发展教学特色。

参考文献

[1] 姜玉莲 . 技术丰富课堂环境下高阶思维发展模型建构研究 [D]. 长春：东北师范大学 ,2017.

[2] 刘清堂 , 何皓怡 , 吴林静 , 等 . 基于人工智能的课堂教学行为分析方法及其应用 [J]. 中国电化教育 ,2019 (9) :13-21.

[3] 丁兴富 . 基础教育信息化的突破口 : 从校校通到班班通——革新课堂教与学的新生代技术 (1) [J]. 电化教育研究 ,2004 (11) :8-12.

[4] 谭积斌 , 杨满福 , 罗俊 . 用科学方法与适切技术实现课堂变革——马祖尔信息化教学改革的内涵与启示 [J]. 现代教育技术 ,2020,30 (4) :39-45.

第五章
教学：数字化环境下的因材施教

早在两千多年前，春秋时期伟大的思想家、教育家孔子就已提出“因材施教”的理念，强调在注重人的差异的基础上施以不同的教育方法，促进每个人的发展。其实，这就是当下教育所提倡的以学生为中心。诚然，孔子“因材施教”的主张在长期的封建教育体系下并未完全实现，但是，教育工作者从未放弃过“因材施教”的教育梦想。在数字化环境下，未来的教学具备真正实现“因材施教”的可能性。本章从依托学习中心的个别化学习、依托智慧场馆的体验式学习、依托信息技术的项目化学习等维度，以实践案例为基点，探讨在数字化环境下，如何推动教育模式的变革和教育生态重构，真正做到以学生为中心。

第一节
依托学习中心的个别化学习

现代教育观念从传统教育观念下的面向集体走向关注个体，从教师的“教”走向学生的“学”。在信息技术的支持下，构筑个别化学习的模式更是现代教育者孜孜以求的目标。科学技术的高速发展和教育理念的不断革新打破了传统的学生到指定的学校去学习指定内容的模式，学习中心和个别化学习的出现为学生去哪里学习、学习什么内容、在什么时间学习提供了选择空间，学生个性得到充分发展，潜能得到最大限度的开发。

从传统学校到学习中心，是教育发展必经的一个新阶段。未来的学习中心，是一个开放的体系。上城区学习中心旨在构建真正能够促进学习者线上线下混合学习，保障人与空间环境、学习资源、智能技术的交互作用，以学习者的发展为中心的智能、安全、开放、互动、健康、生态的复合式学习空间。在教育形式上，学习中心的重要特点是消除以往的学校孤岛现象，家校社联合，构筑有序、融洽的教育共同体，形成彼此连接的群岛；在教育目标上，强调实现真正意义上的因材施教，追求个别化、自由化、多样化、终身化的学习理念。

一、家校社联合的教育共同体

上城区在高质量基础教育体系建设的探索中，依托学习中心的建设，强化“家庭—学校—社区”融合育人，不断超越传统的学习观念和教学模式，通过为学生提供真实而有价值的学习场所，激发学生的内在驱动力，让学生能更好适应未来社会的诸多挑战。国家“十四五”规划明确提出了“健全学校家庭社会协同育人机制”，从而为全民教育和终身教育服务。挖掘每个学生的学习潜力，让学生个体的个性得到充分发展，追求学生的全面发展正是实施个别化学习的意义所在。

案例 5-1-1 家校社联合打造幸福学堂

杭州采荷第二小学教育集团以未来社区中的教育场景建设为契机，从家校社协同共育，共建空间、共享资源、共融技术的角度出发，建设未来社区中的教育场景——幸福学堂，开展“学校在社区中，社区在学校中”的实践探究，家校社融通建设框架如图 5-1-1 所示。

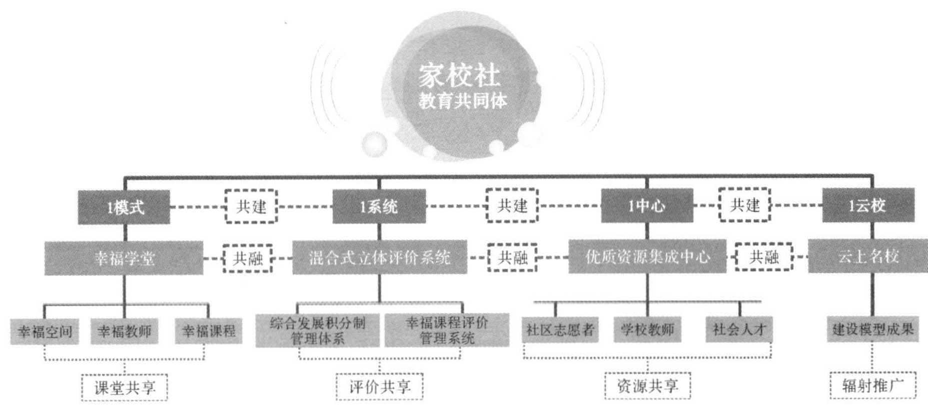

图 5-1-1 家校社融通建设框架

(1) 课堂共享,打造幸福学堂模式。

未来课堂将通过空间整合,采用智慧化手段,打造量化的学校特色空间;建立幸福学堂教师资源库,形成线上线下混合式学习模式;科学构建"全覆盖"终身教育体系,着力营造"全民学习、终身学习"的氛围,打造"未来教育/未来社区/未来学校"的学习品牌,为校社各年龄层的学员创设幸福课程。以课堂共享满足学生学习的多样化和个性化需求,引进社区多方资源,让学习方式走向混龄化,让学习资源走向双轨化,让参与机构走向开放化,让教育理想走向幸福化。

(2) 评价共享,打造混合式立体评价系统。

未来评价将充分利用社区资源讲好校社"融"字诀,打破学校的单一评价模式,采用"校—家—社"三维一体的模板,进行"人人贡献"积分制评价,打造积分制管理系统和学业评价管理系统。依托"六体魔方"技术,实时记录数据,为每位学生构建一棵知识树,进行360°全方位评价,为学生勾勒精准的、立体的数字"私人定制"画像。

(3) 资源共享,打造优质资源集成中心。

未来课程将围绕资源中心构建课程体系,为学校、社区提供需要的、尚不能自我实现的课程资源,使优质资源实现共享,并能不断衍生新资源;探索校社融通、共享课程资源中心的运行模式,最大限度地发挥现有资源的效能,使均衡发展落到实处,即全社区、全龄段人的均衡发展。实行"本体推进、校社联动、全域共享"三个层次逐层推动的运行原则,依托之江汇教育广场打造云上名校项目,联合高校组建专家团队,实现用户、资源、空间无缝对接,最终打造家校社协同教育共同体联盟。

(杭州采荷第二小学教育集团)

在家校社融通背景下,学校可利用信息技术,创设自主与交互的学习空间,满足不同层次学生的学习需求,让学生在真实体验中发展素养与能力；精准勾勒学习者的个性化特征，借助“人评＋人工智能评”的混合评价系统，建立家校社融通的评价平台；开发融通课程，让社区内不同年龄层的居民都可以按照课程菜单选择线上、线下课程，让混龄学习、家庭共学成为可能。

二、技术赋能的智能学习场馆

在传统教学中，个别化学习需要教师根据经验和感知安排教学内容。而在现如今，通过打造智能学习场馆，人工智能诊断、大数据精准反馈等技术被纳入学习场域，为学生提供丰富的学习资源。依托数字资源，学习者能够获得量身定制的学习体验。每位学习者的表现都是可衡量的，教师也可以根据既定标准对其表现数据进行解读，进而为每位学习者提供个性化的学习体验。在个别化学习中，教师利用基于技术的系统再次评估学习者的表现，并重复这个过程，以改善学习者的体验，并改进旨在支持个性化学习的基于技术的系统。

智能场馆的建设注重自主与交互的学习空间的创设，为学习者构建适宜的学习环境，最大化满足学习者个别化学习的需求。依托学习中心的建设，学习者可以利用网络的交互性、开放性和资源共享等特点，选择合适的学习资源，构建个性化的学习空间。同时，学生可以根据自身情况自主决定课程表，实现一人一表；也可自主决定学习进度，因事、地、人制宜，促进学习成果最大化。

案例 5-1-2　技术赋能“D 课堂”研修

杭州市丁荷小学致力打造精准“D 课堂”的研修范式（见图 5-1-2），课前通过前测工具进行学情检测，课中借助 UT-study 平台形成数据集合，课后分析数据，反刍课堂教学。“D”主要有四种含义：Different needs（不同的需求），Different growth（不同的成长），Discovery of personality（个性的发现），All-round development（全面的发展）。

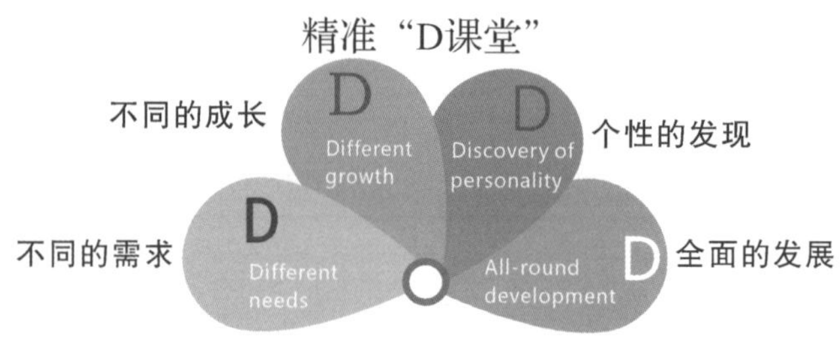

图 5-1-2　精准“D 课堂”

(1) 课前：使用前测工具支撑课堂教学设计。

教师在课前通过预学单进行学情的检测，通过信息化手段将预习过程前置，将学情数据化，以此进行更为精准的课堂教学设计。课前，“学校大脑”通过对学生所有学习数据、行为数据和班级日志等的采集，在线分析学生的学习偏好、认知风格、知识结构、能力水平，为学生选择合适的学习路径。

(2) 课中：借助 UT-study 形成数据。

两校区智慧教师均引进 UT-study 平台，学校要求教师每学年必须在该平台上一堂课，完成数据分析报告（见图 5-1-3），以此更精准地提升课堂教学水平。学校教师通过短视频、长视频、实物投影等增强直观性和交互性，让学生产生身临其境的课堂体验。例如，在语文课上，人工智能识字平台通过数据分析，勾勒出学生识字数据“画像”，分析其薄弱点和易错点，及时为师生提供反馈，做到即时性评价。

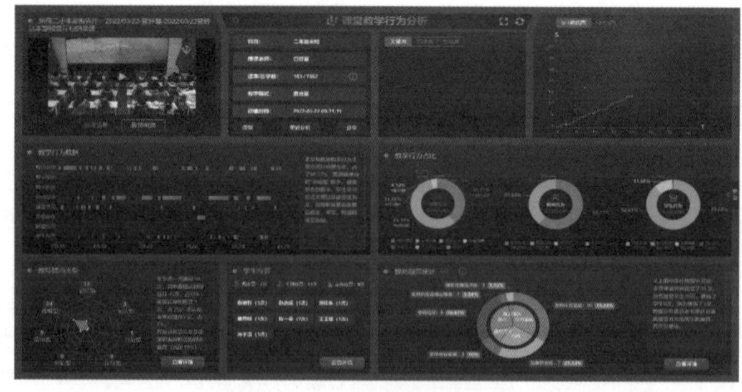

图 5-1-3　课堂分析报告

(3) 课后：分析数据，反刍课堂。

教师通过平台完成课堂分析报告，结合数据探究自己的提问是否具有高阶思维，思考自己正面回答学生问题、研究课堂小组合作时间是否充裕的概率是多少。依据这样一份精确的数据报告，再次进行课堂教学设计的修改，甚至是推翻重新设计，以实现精准教学。

（杭州市丁荷小学）

个性化学习平台或系统的开发为个性化学习提供了可能，如智能导学系统支持多种学习方式和学习服务，智慧教学系统则将个性化教学活动作为系统研发的重点，一些成熟的信息化教学平台也具备教学过程记录、错题自动反馈、多元评价等功能。个性化学习平台还可以帮助教师组织创新性的个性化学习活动，促进学生的个性化发展。

三、基于网络的虚拟学习空间

在网络教育时代，个别化学习的发生不再拘泥于学校之内，吸纳现代信息技术，赋能个别化学习成为教育者的共识。怎样打破学校壁垒，真正构筑起个别化学习的模式呢？学生作为学习的主体，必须要有独立的意识，具备独立学习的能力，能够利用多元的信息资源自主制订和实施个别化学习计划；教师首先是交互主体，其次是情感态度的培养者，再是学习的指导者，最后是教学资源的设计者和学习者。

案例 5-1-3 重构学习时空，共享优质资源

杭州市崇文实验学校一直以来都很注重教育资源的建设和应用、信息技术与教育教学的融合应用。自创建示范校以来，学校梳理各类教学设计、课件资源，针对互联网学习的特点，积极进行微课程的开发；各学科

组积极讨论、研究，针对教材细化分析知识点，有针对性地开发小而精的微课，完善各学科的微课资源。学校微课资源体系覆盖各学科各主要知识点，2022 学年以来，除原有的“云课堂”资源外，新开发各微课 200 余节，钉钉在线云课堂、之江汇名校课程资源总数达 800 余节。

开放优质资源，促进资源共享。学校充分利用“互联网 +”和“云平台”技术，建设网络同步课程、网络共享课堂、网络名校课堂等。开放网络课堂以来，学校与浙江省开化县乡村学校等开展“共上一堂课”系列活动，与贵州省雷山县掌雷小学、上城区内其他学校积极开展线上教研、工作室活动，与四川海里小学的学生现场连线、共学亚运；对创新研究室发布会活动进行全网直播。这些资源、活动的开放与共享，为不同层次、不同地区、不同学校的学生提供学习资源，促进优质数字资源共享，以信息技术促进学习时空重构，让教学变革更好地发生，促进美好教育的实现（见链接 5-1-1）。

链接 5-1-1
创新学习空间·深耕项目学习

建构“创新研究室”，打造新型学习中心。杭州市崇文实验学校积极建构“创新研究室”，为具有创新精神的、以静态形式展开的、周期长的研究探索活动提供过程指导和支持，提供成果多渠道展示的机会。同时，为学生提供定制化的学习平台，包括学习资源、学习指导、学习工具等方面的支持，匹配高质量指导教师团队，营造学生个性化发展的学教环境。创新研究室的活动主要涉及数学、科学、信息领域，成果展示形式一般为研究报告或实物发明，学校还在之江汇教育广场上同步开设创新研究室网络课程，吸引校内外学生加入。

（杭州市崇文实验学校）

除了自主制订和自主实施个别化学习计划，个别化学习模式的构建还需建立一对一的教学关系，利用网络技术开发交互工具，开发个别化学习内容，既要有相当全面的课程科目供学生选择，课程内容及结构方式也要符合学生个别化学习的需求。

第二节
依托智慧场馆的体验式学习

⊙

“互联网 +”时代，在体验式学习活动的基础上融入各种新兴技术成为常态，技术积累使得体验式学习更具有魅力，有力地支撑和保障了在正式和非正式学习等领域全面推动体验式学习的应用。体验式学习是以学生为主体，强调学生在学习活动中的主动性，通过创设智慧场馆，形成让学生在真实情境中获得直接体验的学习方式，打破了传统“讲授—接收”式的教学模式，解决学生被动学习和不能学以致用等问题。

一、智慧场馆支持体验式学习的构想

智慧场馆是依托先进的软硬件技术建立起来的极具交互性和操纵性的场馆，应用于智慧教学，能够给学生提供沉浸式的实践体验。

“互联网 +”时代，亟须关注学生对创新学习环境的需求，实现学生肢体与思维的共同体验，促进学生思维进阶，输出创新意识。同时利用增强现实与虚拟仿真等新兴技术，提供体验式学习场景，增强学生体验感，帮助学生获得认知。因此，重构学习环境、打造适应新时代的学习智慧场馆意义重大。

体验式学习本质上强调学生的主体地位，主张让学生在真实或虚拟的学习情境中通过亲身经历获得直接经验，从而习得知识、培养技能、升华情感。它具有主动学习、寓教于乐、学以致用、虚实结合的特点。

体验式学习源于国外培训行业，在管理、户外运动等培训中大放异彩。尤其在非正式学习中优势明显，应用广泛，成效有目共睹。较传统的教学方式和传统环境下的体验式学习而言，在智慧学习环境支持下的沉浸式、非沉浸式和半沉浸式的虚拟体验学习更受师生推崇，使体验式学习焕发新的生机和活力。随着物联网、云计算等智能技术的迅速发展，智慧场馆迎来了新的发展机遇，为开展体验式学习提供了新的思路。

二、依托智慧场馆设计体验式学习的策略

体验式学习活动中，学生的主体地位进一步得到彰显，是学生在亲身实践中，不断反思、概括，实现知识应用和迁移的连续性学习过程。因此在设计体验式学习活动时，要结合活动理论，充分思考活动设计的要素和流程，以保证学习活动的可行性、可操作性及最终效果。综合考量智慧场馆和体验式学习的契合要素，按照智慧场馆和学科课程类型，体验式学习活动可分为单学科探究型体验式学习活动和多学科融合型体验式学习活动。

通过具化体验式学习圈，提出依托智慧场馆的体验式学习活动设计流程，如图 5-2-1 所示。学习活动设计流程，一是对学习内容、学习者、学习目标三个方面的前端分析，二是确定活动任务后对学习情境、活动形式、体验式学习资源与工具、活动规则、活动序列以及学习评价进行设计。

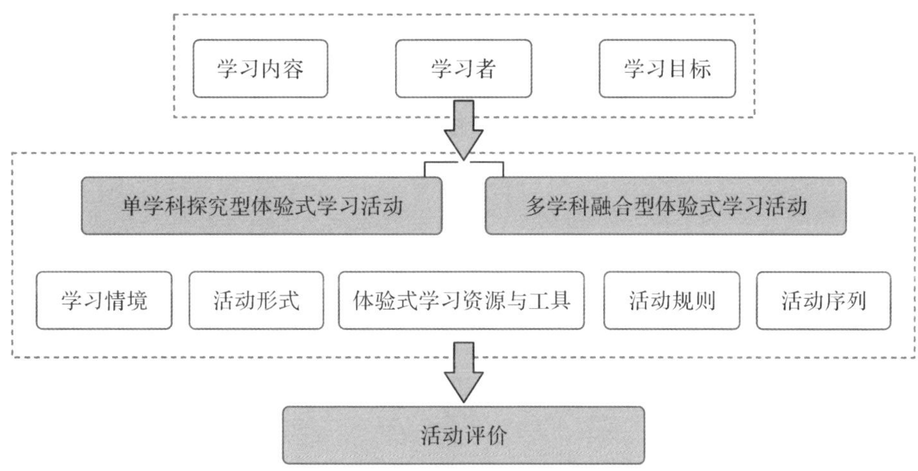

图 5-2-1　依托智慧场馆的体验式学习活动设计流程图

三、依托智慧场馆实施体验式学习的案例

1. 单学科探究型体验式学习活动

开展单学科探究型体验式学习活动的目的是激发学生对身边事物的好奇心，培养学生的学习能力和自主创新能力。通过在教学中引导学生通过自学、探究（主要是观察、猜测、实验、验证与交流等教学活动）解决问题，形成自主创新学习能力，使学生具有可持续发展的能力。

（1）基于创新实验室开展创客教育课程。

所谓创客，就是利用所学知识把创意变成现实的人。创客教育，简单来说就是培养创客的教育，目的是把学生培养成勇于创新、敢于实践、乐于分享的人。杭州市胜利实验学校基于对创客教育理念的认同，结合“幸福教育”育人理念，在五、六年级开发设计了 4 门创客教育校本课程，课程包括创意编程、开源硬件、三维建模和创意智造，意在培养学生基本的算法思维、设计能力和动手实践能力，实现“造物”。

此外，学校还为学习兴趣浓厚的学生搭建更多的平台，提供学习 Scratch 交互游戏设计、Arduino 项目、3D 打印和物联网的机会，进一步提升学生的动手能力，让学生感受到“造物”的快乐，在学生的心中播下一颗创造的种子。

经过实践，很多有趣的创意在学生手中变成现实，如拐角防撞器、手势控制灯、穿衣提醒装置、空气质量监测报警、自动垃圾桶……每一件小作品的背后，都有引人入胜的小故事：手势控制灯的设计灵感源于学生晚上起床摸不到灯的开关而摔跤；拐角防撞器的设计灵感源于学生在拐角磕坏牙齿。

（2）基于 3D 打印实验室开展个性化教育。

杭州采荷第二小学教育集团景和小学一直坚持为学生打造各类智能化实验室，比如 3D 打印实验室、精工坊、人工智能实验室等。学校的“Print Dream”3D 打印一直是五年级的拓展课程，以校本教材开展年级普及教学，通过一个个简单的实践活动（如 3D 打印收纳盒、回形针、笔等），让学生的想象变成现实。作为校级社团，它以分析为切入口，沿着“具体—抽象—方法—建模—分析”的思路开展学习，通过产品设计、结构搭建、实践调试来解决生活中发现的问题，提高学生利用信息技术解决实际问题的能力。

3D 打印社团让学生在学习过程中始终保持着浓厚的兴趣，始终处于主动探索研究的状态，在 3D 作品设计过程中，提升了学生的创造能力、思考能力、表达能力、动手能力和团队合作能力（见图 5-2-2）。

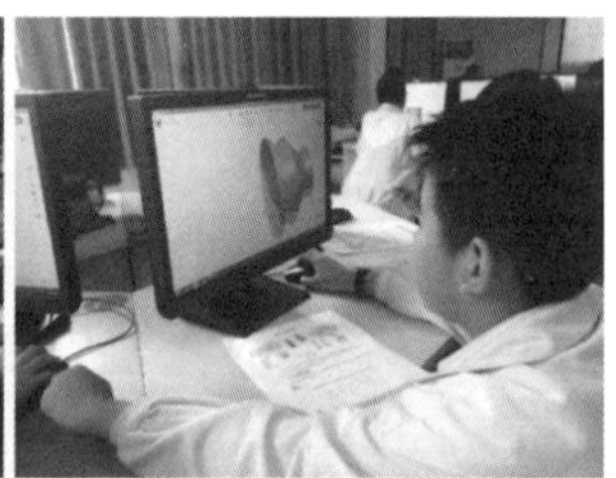

图 5-2-2　学生开展 3D 打印创作

（3）基于影视戏剧创作基地开设体验式课程。

在智慧校园建设中，杭州天地实验小学把富含智能元素的智能机器人和微

电影作为课程学习的载体，利用绿幕演播室、录音室、观影室、智能机器人创新实验室和多媒体制作室等开设微电影系列体验课程和校园 STEM 系列体验课程，课程包括智能机器、定格动画创作、影视表演、影视后期剪辑和微电影赏析等。这些课程深受学生的喜爱，成为学校课程中一道亮丽的风景。

快乐微电影系列体验课上，学校教师充分利用现有的影视拍摄与制作设备，发挥在影视媒体创作方面的特长，针对小学生的生活经验和能力水平，对影视课程主题进行儿童化、生活化的处理，开阔学生的视野，培养学生的数字影视作品创作技能。学校教师还尝试挖掘学生在剧本写作、影视编导和后期制作等方面的潜力，培养学生的团队合作精神，促进学生核心素养的发展（学生的微电影作品见链接 5-2-1）。

链接 5-2-1
学生的微电影作品

学校教师在设计基于数字传媒和智能场馆的微电影体验课程时，考虑到不同年级的学生能力水平有差异，设计了螺旋式进阶的课程，包括“L1 纸偶微电影”“L2 定格动画”“L3 手偶微电影”“L4 高阶定格动画”“L5 MV 短片”和“L6 校园主题微电影”，不同级别的课程之间知识技能增长点清晰。目前，杭州天地实验小学的微电影课程覆盖一至六年级的学生，摆脱了以往微电影课程停留于学生社团的局限，让微电影教育普惠全体学生。

2. 多学科融合型体验式学习活动

开展多学科融合型体验式学习活动旨在让教育者关注学生真正的成长需求，融合创新、重视实践，重视教育的实践性与思考性。让学生回归教育的主体地位，引导学生在学科交融中探索多学科的知识，在综合实践中开阔视野，发展创造性思维。新课标明确提出了“综合运用多学科知识”，也是要求教师注重学科与学科之间的衔接，在碰撞与交流之间达到智力共享，从而更好地激发学生的思维创造能力。

案例 5-2-1 智慧农场 快乐学习——基于物联网的多学科融合教育

智慧农场建设主要包括农园的建设和学习平台的建设。杭州市第六中学农场安装有各种传感器，如温度传感器、湿度传感器、pH 值传感器等，它们可以把数据传输到学习平台。智慧生态教育平台的界面具有实时监测数据、发布学习任务、作业上传等功能。

基于智慧农场的课程开发，杭州市第六中学设计了智慧农场项目建设框架。外部建设完成后，需要设计开发智慧农场的内部内容，其中主要有 3 项。

(1) 农园设计与规划。融合数学、地理、生物和美术等多学科知识，引导学生对农园进行设计规划。如图 5-2-3 所示为一幅学生绘制的农园设计草图。

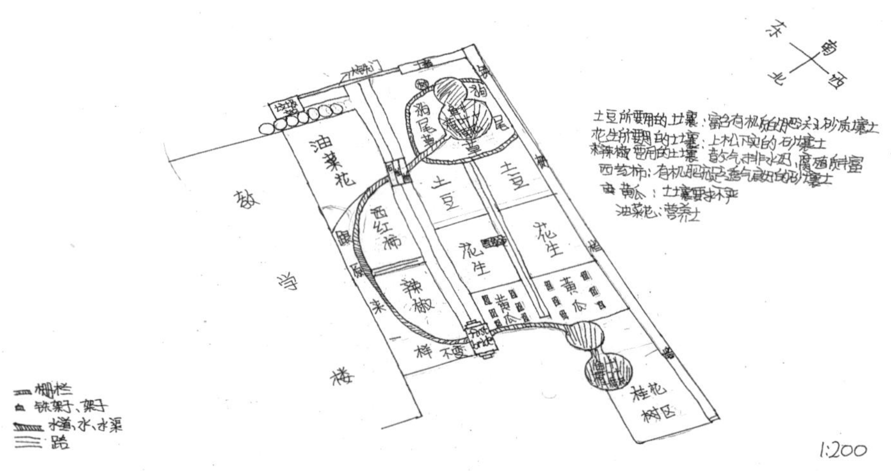

图 5-2-3 农园设计草图

(2) 植物名牌的设计与制作。带领学生选择防雨、耐晒的材料制作如图 5-2-4 所示的植物名牌，扫描名牌上的二维码可以获得植物的详细信息（见链接 5-2-2）。

链接 5-2-2
学生制作的
植物知识科普

图 5-2-4　学生制作的植物名牌

（3）可视箱的设计与制作。融合了材料学、美术、信息技术和生物等多学科知识，学生与教师共同合作完成可视箱的设计与制作。

学校还对智慧农场进行升级改造，引入自动反馈系统实现远程控制，比如灌溉系统，学生利用手机就可远程控制，实现对植物的浇灌。学校教师将设计更多更符合育人目标的项目活动供同学们选择，积极筹建“STEAM智慧生态学习中心”，普惠上城所有的学子们。

（杭州市第六中学）

无论是单学科探究型体验式学习活动，还是多学科融合型体验式学习活动，经过实践，可以发现体验式学习的切入点，就是要能够激发学生的思考原动力，其关键在于教师要舍得在课堂释放时间和空间，激发学生的思考力和创造力，通过学生的自主思考、思想碰撞找到解决问题的方法，让学生体验通过思考实践获得成功的快乐。只有当学生享受过成功的快乐，当他遇到困难时，才会无惧挑战，练就面向未来的能力。

研究结果表明，体验式学习活动不仅能够激发学习者的学习动力，也能促进学习者批判性思维的养成。单学科探究型体验式学习活动和多学科融合型体验式学习活动突破了传统教学的局限性，联合真实环境和虚拟环境创设出辅助教学的智慧场馆，让学生通过亲身经历，实现知识的掌握和迁移应用。

第三节 依托信息技术的项目化学习

⦿

项目化学习是以课程标准为核心的一套系统的教学方法，是对复杂、真实问题的探究过程，也是精心设计项目作品、规划和实施项目任务的过程，学生可以在这一过程中掌握解决问题所需的知识和技能。教师、学生和项目相关人员都是“学习共同体”，项目的设置需要具有挑战性，项目的完成必须运用跨学科知识，调取多种认知工具和信息资源，学生将所学知识与经验积累互相融合，收获评价，在此过程中发挥学习主体性。

信息技术快速发展，已经渗透到生活的方方面面，它推动了社会的信息发展，影响着人们的生活方式。学习信息技术知识和操作技能成为现代人的必修课，使人们在现代信息社会中高效地工作和生活。

在项目化学习中融入信息技术能增加课堂趣味性，有效提高课堂效率，对学生思维能力的提高有着重要的作用。

一、概念阐述

项目化学习把“以知识为本”的教学转变为“以核心素养为本”的教学，重在培养学生的核心素养，它的出现让枯燥乏味的课程内容变得生机勃勃，让课堂由“乏学”变为“趣学”，让学生真正地体验到学习的乐趣。

项目化学习最初被应用在医学教学领域，经过改进，人们逐渐发现了这种学习方式的优势，从而推广到其他学科和领域。在教学时，教师会利用一些素材营造一定的教学环境，将学生分成几个小组，各小组根据设定的环境和现有的素材，解决设定的问题。项目化学习以“学生活动”为中心，以“问题情境”为导向，以“学科知识”为支撑，在实践活动中培养学生的核心素养。它更注重解决问题的过程，这一动态的教学过程，解放了学生的思想，让学生尽情地发挥想象力、创造力，让学生的心智自由地呼吸，进而培养学生信息技术学科核心素养、团队协作沟通能力和合作意识。

二、实践框架

我国项目化学习正经历着理论和实践研究的高速增长期，并逐步从理论引入、案例移植阶段进入本土实践的发展阶段。基于本土教育情景，结合学校校本实施经验，本文试图从驱动性问题、探究性过程、认知性合作、多元性评价四个维度，同时融入信息技术支持，即镶嵌性支持，构建项目化学习的实践框架。

1. 项目化学习实践框架的构建法则

形式创新的项目活动是比较容易构建的，但要让学习真正发生，面向学生素养的发展，成为项目化学习，并不简单。巴克教育研究所提出的 PBL 项目化学习黄金法则，梳理了教学环节的七大核心要素，为开展项目化学习提供方法与策略。借鉴 PBL 项目化学习黄金法则，在项目化学习的构建中，可以聚焦以下几个方面：真实——创设项目情景、实用——搭建学习支架、及时——跟进过程评价。其中，学习支架的搭设建议融入发现问题、问题定义、方案构思、模型制作、测试优化、展示交流等要素。

将项目化学习落实在具体的学习过程中，首先教师要通过设计驱动性的问题吸引学生参与学习活动，其次教师要嵌入真实、有趣且富有挑战性的情境吸引学生，并驱动学生持续探究，最后学生运用在学科学习中获得的知识、方法和技能解决真实问题。项目化学习的设计要提供必要的预设目标，在学习过程中，师生要全程参与，共同关注问题的实质。教师作为学习过程的参与者，要引导学生积极思考，从问题中发现学习的意义，帮助学生寻求解决问题的措施，让学生尝试运用所学的知识解决现实生活中遇到的困难，进而提升学生的思维能力。项目化学习的设计离不开对知识的探索。在理论和实践的探索中，指向核心素养的项目化学习，不管是学科项目化学习、跨学科项目化学习，还是将各学科融合的项目化学习，都涉及学科知识的融合。

2. 依托信息技术的项目化学习

在一线教学中，教师有开展项目化学习的需求，但很多项目化学习在教育信息化融合方面存在技术含量低的现象，或是教学整体过程被信息技术平台"绑架"。信息技术教学成果低效，非但没有促进教育的进步和快速发展，甚至阻碍着教育的信息化进程。

在中小学课堂中，技术作为影响教育的重要元素，镶嵌在整个项目化学习的过程中。信息时代如何让项目化学习真实且深度地发生呢？教育者需要创建依托信息技术的项目化学习，运用项目化学习的教学方式，综合运用信息教学设备、现代通信工具，优化教学呈现手段，借此有效突破目前面临的现实困境。

技术的传统应用主要包括三种形式：教学准备、教学媒介和学习工具。虚拟现实等技术可以模拟真实的学习情境，使学生进行浸润式学习。将依托信息技术的项目化学习落实在具体的学习过程中，即将镶嵌式支持融入驱动性问题、探究性过程、认知性合作、多元性评价四个维度（见图 5-3-1）。在此过程中，教师必须明确镶嵌式支持在项目化学习中可以“局部”或“全部”运用，同时教师需要思考技术手段的可行性和有效性，以技术的运用助推项目化学习的开展，删繁就简，提高效能，落实核心素养。

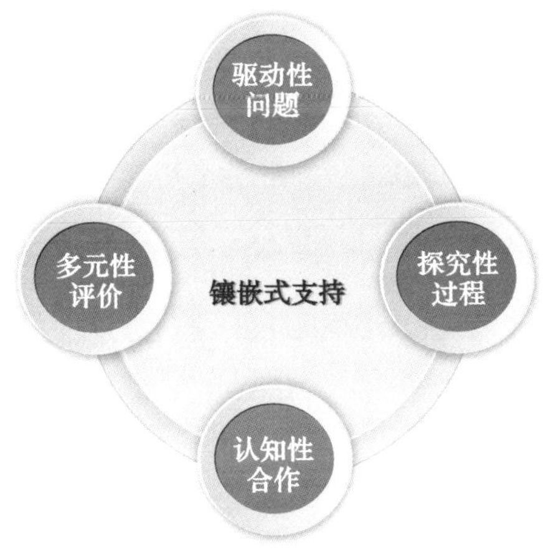

图 5-3-1　依托信息技术的项目化学习

例如，互联网技术可以“将面对面的课堂教学与远程教育传播方式结合起来”，教师可以准备相应的微课程作为支架，支持学生的项目化学习和问题解决方案。学生可以使用平板电脑等移动学习工具获取大量的信息和知识，并利用社交媒介进行社群讨论和分享。技术同样可以作为评价工具应用在项目化学习过程中，教师和学生可以将微信小程序等作为评价工具，应用在项目化学习场景中。

三、实践案例

上城区内的项目化研究共同体学校都会因地制宜，结合学校办学理念和育人方式开展项目化实践活动。其开展项目化学习研究的角度多种多样，有针对学生核心素养发展的跨学科学习活动，有基于学科本位的大单元整合设计，更有面向教师专业发展的校本研修。这些项目中有不少融合了信息技术，通过镶嵌式支持来推动项目化学习的发展。

1. 信息技术助推驱动性问题的提出

驱动性问题是指具有凝练意义的能引发学生自主探究并推动学生问题解决的关键性问题。项目化学习的关键之一在于设置复杂的、接近真实情境的驱动性问题，以引发学生浓厚的内在兴趣或认知冲突，重构学生的核心知识与能力，并使学生将其应用于真实生活。与真实情境相比，信息技术支持的感知入项活动，更具模拟性和整体性，它能够排除真实情境中的大量干扰条件和无关信息，帮助学生快速感知项目，明确问题。

在设计项目化学习的驱动性问题时，我们可以借助信息技术营造尽量真实的情境，帮助学生快速进入学习状态，巧妙引导学生提出项目化学习的驱动性问题。例如“探秘皮影戏”项目化学习，前期教师可以制作微课，将学生平时较难接触的皮影戏通过一段真实的演出视频呈现出来，带领学生认识和亲近非遗艺术，再引导学生提出“如何利用身边的常见材料自制皮影道具，并演一演皮影戏？”的驱动性问题。信息技术的运用营造了真实的环境，在驱动性问题的提出中起到助推作用。

2. 探究性过程融入信息技术

知识与能力建构的目的是将需要探索的、已知的、将要学习的核心概念建立联系，一般需要使用高阶认知策略。信息技术支持的认知工具可以帮助学生搜集和筛选所需要的信息，可视化工具可以帮助学生呈现抽象而复杂的思维过程。

项目化学习探究性过程的设计与实施是整个项目化学习的重点和难点，往往需要信息技术的支持，一般的项目化学习探究过程分为几个子任务呈现，子任务之间呈现层层递进的关系，信息技术在每一个子任务中的运用一定程度上推进了项目学习进程，让数据分析、决策改进、设计优化等更有效。

案例 5-3-1 项目化学习：亚运背景下 App 的开放式自主设计与开发

杭州师范大学东城中学开展主题为“亚运背景下 App 的开放式自主设计与开发”的项目式学习，学生通过收集数据、需求分析、思维风暴、组件设计、逻辑设计、调试运行的流程掌握 App 建模思维。项目流程如图 5-3-2 所示，子任务设计如表 5-3-1 所示。

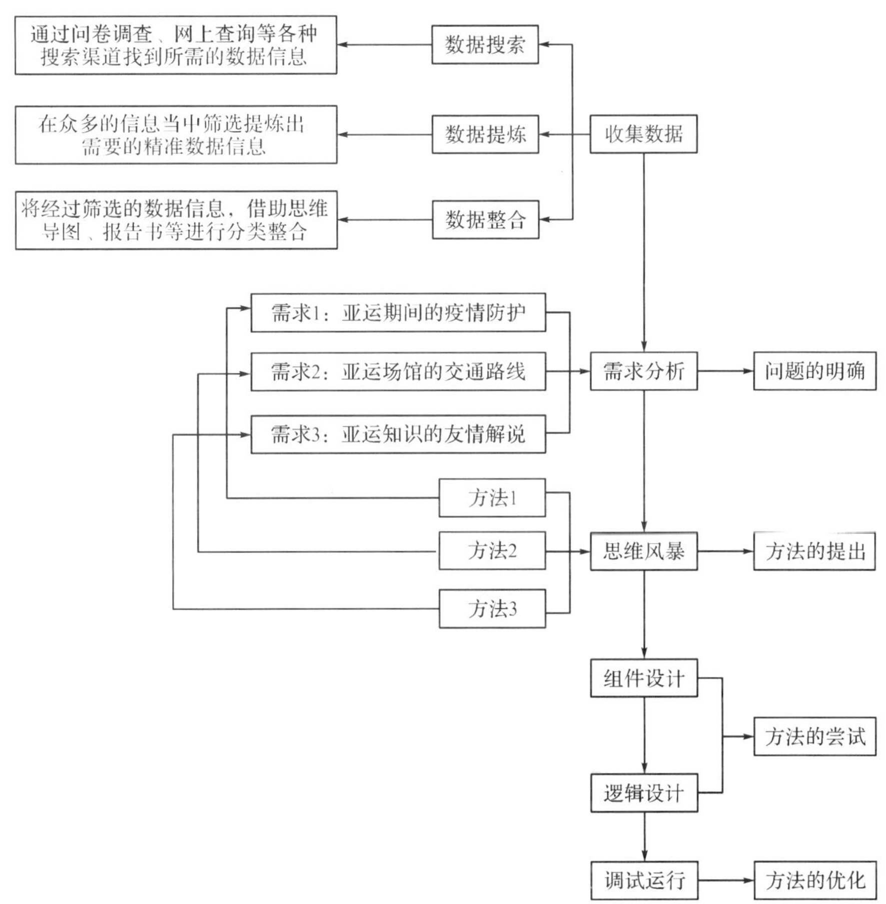

图 5-3-2 “亚运背景下 App 的开放式自主设计与开发”项目流程

表 5-3-1 “亚运背景下 App 的开放式自主设计与开发”子任务设计表

任务规划			
子任务	子任务名称	学习任务安排	支持性工具
子任务一（1 课时）	了解项目，信息收集	1. 了解项目，组建项目化学习小组； 2. 问卷调查，收集大众对亚运背景下 App 的设计需求	小组分工图、 问卷调查表
子任务二（2 课时）	数据整合，需求分析	1. 对收集到的数据进行提炼与整合，明确用户普遍需求； 2. 借助学习手册等工具自学 App 开发相关知识，分析 App 设计的限制条件	数据统计图表、 App 开发微课视频
子任务三（2 课时）	思维风暴，方案构建	1. 结合实际需求，小组头脑风暴，模仿案例绘制 App 思维导图； 2. 根据评价标准和决策表确定小组设计方案	App 获奖案例、 思维导图、 评价标准和决策表、 建议与改进记录单
子任务四（4 课时）	设计制作，方案尝试	基于设计方案制作、测试、优化 App 模型（组件设计 + 逻辑设计）	组件设计优秀案例、 手机模拟器
子任务五（1 课时）	交流评价，方案优化	1. 定期组织组间分享交流； 2. 多样、灵活地展示、评价设计成果	汇报流程，评价量规

（杭州师范大学东城中学）

“亚运背景下 App 的开放式自主设计与开发”项目式学习的流程图和子项目设计表可以清晰地反映信息技术的支持。子任务一中运用问卷调查收集大众的相关需求，收集信息之前需要借助信息技术进行数据搜索，借助问卷软件提炼精准信息，再进行数据整合；子任务二需要借助信息技术制作数据统计图，设计 App 开发微课视频；子任务三绘制 App 思维导图；子任务四和五中的方案和模型的设计、测试和优化都需要到信息技术的支持。

该项目化学习的整个探究性过程都融入了信息技术，用信息技术助推项目化学习的全过程。前期学习、驱动性问题探究、探索与形成成果、评价与修订和公开成果的每一个环节都离不开信息技术的支持。

3. 信息技术助力多元评价

科学、合理、全方位的评价，有助于学生体会成功的乐趣，意识到自己的优势和不足，激发再优化作品的动力。多元评价体现在两个方面：一是评价人员多元化，评价人员可以是教师、小组成员和自己，评价主体多元化为学生提供多维度、全方位的评价。二是评价指标多样化，评价指标不局限于作品本身，还包括学生的表达能力、交流能力，设计方案，调查报告等，多样化的指标促使学生在实践中有意识地提高相应的能力。

项目化学习的成果并非最终产品，它需要接受同学、教师或专家等多方人员的建议与评价，进而修订，完成最终作品。项目化学习的课程评价会比传统的课堂评价考查的范围更加广，既重视过程性评价，也关注结果性评价。为了从不同的维度了解学生的能力程度，项目化学习每个阶段都会设计指向目标的量规，在评价与修订过程中，除了利用评价量规、能力雷达图等评价和呈现，也需要精准测评、同学评价、教师点评等。项目化学习形成的成果还可以通过Word、PPT、长图文、视频等多种形式呈现，便于更广泛、更有影响力地发布和展示。

杭州天地实验小学的六年级“升降机”校本化项目学习中，就借助了信息化平台——“问卷星”来评价学生项目化学习情况。教师在问卷星里设置了详细的评价量规，也设置了多样化评价指标和得分细则，评价指标有：升降机的安全性、稳定性、承重能力、创新性、美观性，语言表达，汇报思路，小组合作情况。评价指标不仅包括升降机作品本身，也包括交流汇报方面的评价。借助信息化平台，对学生的学习过程、学习结果进行数据化分析，能及时地反馈学生学习情况。其项目成果也借助信息技术，以多种形式呈现，如Word、PPT、长图文、视频等。

从上述内容可知，项目化学习中，信息技术是学生认知、探究和解决问题的工具，核心是学生学科核心素养的提升。因此，在设计信息技术助推项目化学习的项目中，要转变教学观念，将学科知识的学习和核心素养的培养放在教学设计的首位，给教学过程做减法，高效实现教学目标。具体来说，就是运用信息技术，变革“教学内容呈现方式、学生学习方式、教师教学方式和师生互动方式”，使学生核心素养得到发展。同时，要整合各种信息技术工具，又不为其所限制。在信息技术准备方面，要充分利用学校现有的设备，因势利导，适时而为，使用平板电脑、Moodle 平台等的关键在于实现高效教学。

项目化学习的设计与实践需要得到信息技术的支持，利用网络平台和资源的信息技术可以更好地帮助教师学习和设计项目化学习，具体体现在对教育教学培训和自我学习的理论学习、案例迁移和工具使用上。网络平台、社交软件、Office 文档、直播监测、网络问卷、思维导图软件、传感器等手段可以有效帮助学生更好地开展项目化学习，协助呈现或模拟更具概括性、更接近真实的问题情境，引发学生深入体验、感知项目；借助多种认知工具，搜索、筛选、分析、呈现思维或信息，促进学生实现高阶认知，重构核心概念；利用多元技术帮助学生建立团队，形成持续有效的交流与合作，维持学生长期的探究动力；精准测评，便于师生结合多媒体技术和网络平台，更广泛、更有影响力地发布和展示成果，收获反馈，便于更好地评价和修订成果。

未来，教师可以为学生搭建更加系统的信息技术平台，寻找和开发更多实用性的信息技术，在信息技术对项目化学习的评价上有更多、更深的探索。

参考文献

［1］李易俞．智慧学习环境下体验式学习活动设计与实践研究［D］．成都：四川师范大学，2020.

［2］王心语．混合式学习环境下个性化的体验式学习活动设计研究［D］．无锡：江南大学，2018.

［3］王小根，王心语，任春兰．混合式学习环境下个性化的体验式活动设计模式研究［J］．现代远距离教育，2017（5）:22-29.

第六章
评价：数字化学生评价体系的构建

随着教育理念从“知识立意”“能力立意”转向“素养立意”，学生评价的导向也发生着深刻的变化。上城区不断推动信息技术与学生评价的深度融合，开发覆盖中小幼全学段的数字化学生评价体系，以核心素养为导向，以数字化平台为抓手，基于不同学段学生特点，推进综合素质评价变革。借助技术对学生进行全方位监测，追踪学生思维成长轨迹，从而实现数据的过程采集和及时反馈。本章从区域学前智慧成长云平台、小学综合素质评价系统和初中学生评价平台系统出发，介绍数字化学生评价体系的实践举措。

第一节
区域学前智慧成长云平台

⊙

幼儿阶段是人生的奠基阶段，评价在幼儿成长过程中起着重要作用。当前幼儿园最常用的评价方式有观察记录法和成长档案袋法等，存在的问题主要有：一是在评价主体上，往往由教师主导，家长被动参与，幼儿作为评价对象，在评价主体中是缺失的。二是在评价形式上，主要以文字、照片、图画为主，依托纸质媒介，内容不够丰富。三是在评价标准上，往往由教师、家长根据主观感受进行评价，评价的内容比较随意，缺乏科学性和系统性。四是在评价成效上，依托纸质媒介，难以对过程性的资料进行整理和保存，不便于对幼儿的个体发展进行全面、系统的分析。上城区通过搭建区域学前智慧成长云平台，引入物联网、互联网、云存储、数据分析等新一代信息技术手段，全程记录幼儿的健康成长，实现家园之间的信息互通、资源互通和评价互通，为学校教育和家庭教育搭建快捷有效的沟通桥梁。

一、搭建区域学前智慧成长云平台

自 2018 年以来，上城区通过搭建区域学前智慧成长云平台（平台架构见图 6-1-1），为上城区幼儿园提供家园共育的服务支持，积累幼儿评价数据，为幼儿园提供精准的过程性教学监督，指导幼儿园基于区域学前智慧成长云开展评价研究。区域学前智慧成长云平台通过“物联网、云平台、教育数据分析”等信息技术，全程记录、评价幼儿在园内的教育成长历程，实现家园共育教学过程互通、家园共育教育资源推荐共享，具备实时性、互动性、多元化、多维度的特点。

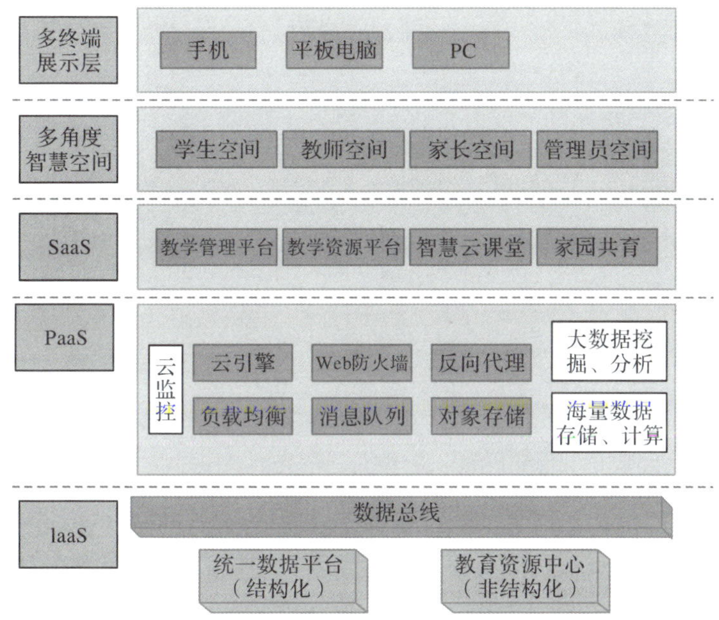

图 6-1-1　区域学前智慧成长云平台架构

1. 采集幼儿行为数据，让幼儿成长有痕迹

区域学前智慧成长云平台聚焦幼儿“健康、语言、社会、科学、艺术”五大领域中的行为表现，科学采集幼儿成长中的数据，让幼儿的成长留下痕迹。

案例 6-1-1 阳光宝贝成长手册

杭州市始版桥幼儿园依托区域学前智慧成长云，采集学生的日常行为数据，建设“阳光宝贝成长手册”。利用平台的数据采集、数据分析与可视化呈现技术，参照幼儿发展性评价手册开发“阳光宝贝成长故事”“活力宝贝精彩瞬间”“优雅宝贝行为养成”“开心宝贝情绪培育”等模块，实现对幼儿成长足迹的客观真实记录。手册记录了幼儿在幼儿园的点滴故事，内容涵盖幼儿一日生活的各个方面。教师定期从平台上导出“阳光宝贝成长手册”的数据，提供给家长永久保存；家长也可以在平台中永久查看，不必担心像纸质手册一样发生丢失的情况。

（杭州市始版桥幼儿园）

杭州市始版桥幼儿园通过区域学前智慧成长云平台中的基础数据，设计幼儿行为观察框架，采集幼儿的行为表现数据。基于幼儿的行为表现数据，教师可以发现幼儿个体差异，根据数据分析结果因材施教，给予有针对性的教育。

2. 构建多元互动平台，让家园合作更高效

充分利用大数据、图像识别、文本挖掘等技术，形成丰富多维的成长数据，包括数字、文本、图片、音视频等，涵盖幼儿成长过程的量化数据和非量化数据、结构性数据与非结构性数据。相对于传统的纸质幼儿成长手册，智慧成长云中的数据更新更及时，记录更加生动，更有临场感，更能吸引家长关注幼儿在幼儿园的成长表现，积极与幼儿园教师沟通，有利于双方掌握幼儿的发展特点，达成一致的教育目标。

学校在幼儿园门户、家园联系的基础上进行智慧延伸，拓展基于 PC 端和移动端的班级空间、家校主题和亲子绘本功能，实现多元主体（管理人员、教师、幼儿及其家长）对幼儿活动和生活情境的各个环节的观察、记录和分析，提供“即时性”情境生活化互动和评价。针对以往微信、QQ 等无法保存幼儿

实时信息的弊端，网上互动平台实现了在同一个平台上保存即时性的家园互动数据，解决了家园互动信息无法永久性保存的困扰。

二、建立动态幼儿成长电子档案册

区域学前智慧成长云平台将教师、家长和幼儿三方作为评价主体，开发跟踪式师评、互补式家评和个性化自评三个评价板块。与传统的纸质档案袋相比，成长电子档案册在评价的功能，评价的及时性、过程性和便捷性方面具有显著的优势。以杭州市娃哈哈幼儿园开发的成长电子档案册“哈哈娃成长护照”为例，其内涵定义如下：一个促进孩子成长的在线评价系统。该评价系统依据现代教育评价理念，开发了跟踪式师评、互助性家评、个性化自评三个评价板块（见图6-1-2），同时在每个板块下都综合采用文字、图片、视频等方式动态、全方位记录幼儿在园、在家的成长瞬间。该评价系统主要有以下特点：一是及时性，及时记录幼儿成长瞬间，没有作品数量、质量、次数等的限制。二是过程性，评价在幼儿的真实生活和具体情境下进行，评价形式多样，有文字、图画、视频等，多样化实现过程记录。三是便捷性，体现在师幼互动、家园互动、幼幼互动的记录上。

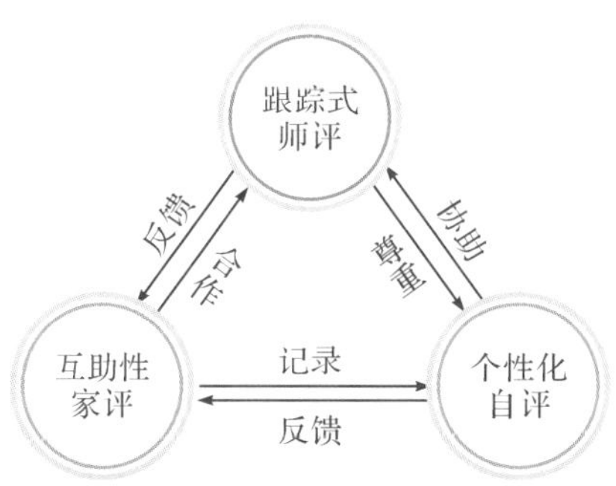

图 6-1-2 “哈哈娃成长护照”评价系统

在智慧教育云的幼儿成长空间信息化平台应用的基础上，通过档案评价法对幼儿学习与发展的过程进行客观真实的记录，从“健康、社会、科学、语言、艺术”五大维度进行分析、评价，初步形成了“哈哈娃快乐成长护照”评价体系，遵循“走进娃哈哈，还你一个哈哈娃”办园理念，借助大数据、人脸识别、情景感知等技术，推动家园之间进行有效主题互动，记录互动过程性数据信息，丰富幼儿园课程主题活动的内容和评价反馈，促进家园合作共育。

1. 跟踪式师评，关注幼儿成长点滴

跟踪式师评指教师对幼儿在园生活的长期性、连续性观察、记录与评价，其评价形式是多样的，有每日典型故事评价、每月领域发展评价和期末总结性评价三个子内容。成长电子档案册用每日、每月、每学期这种时间上的连续性来实现跟踪式师评（见图 6-1-3）。

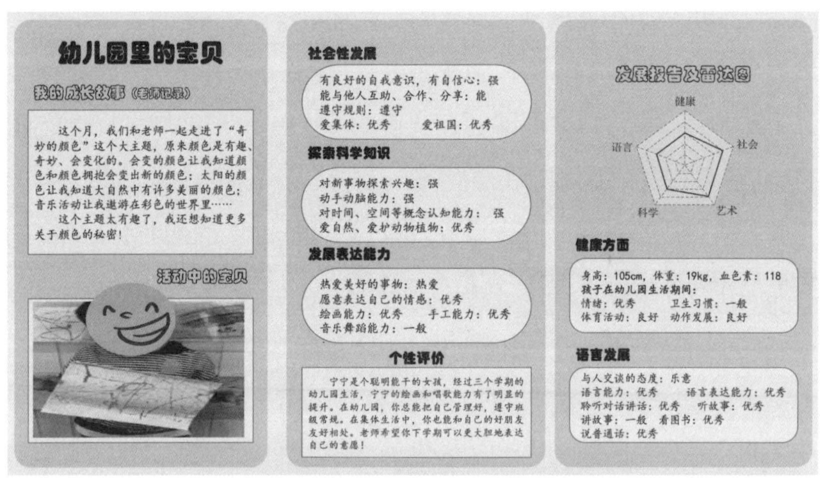

图 6-1-3 跟踪式师评

2. 互助式家评，关注幼儿多元生活

互助式家评指家庭和幼儿园的相互配合与帮助，主要由父母在电子档案中上传孩子在家中的成长变化，可以是文字描述的成长故事，也可以是图文结合的成长瞬间，主要以父母的视角记录幼儿的点滴变化与成长。

3. 个性化自评，关注幼儿参与需求

在这一板块中，幼儿可以通过教师或家长的帮助，把自己喜欢的内容放入

自己的电子档案册中。在自评板块，有幼儿亲手制作或搭建的作品、自己编织的故事、与好朋友亲密玩耍的瞬间或幼儿自己的心理体验等，其评价方式有语音评价（输入语音进行自我评价）、视频评价（教师或家长根据幼儿要求帮忙录制小视频）、点赞评价等。

三、探索基于评价数据的家园共育模式

幼儿阶段是人生的奠基阶段，教师在幼儿成长过程中起着重要作用。家园共育，就是在幼儿园和家庭之间、教师和家长之间形成合力。家园共育基于区域智慧成长云，通过科学观察记录幼儿成长历程，发现幼儿个体差异，教师根据数据分析因材施教，给予有针对性的教育。家园共育为教育者提供全面了解幼儿发展特点与问题的机制，通过沟通、反馈，家庭和幼儿园双方能够更好地掌握幼儿发展特点，达成一致的教育目标。

1. 基于主题活动评价数据的家园共育

班级主题活动是幼儿课程中的常见形态。在活动开展过程中，课程的参与主体除幼儿、教师外，还应该有家长。但在实际的课程实施中，家长缺席课程建构过程的问题尤为突出。在推进家园共育中往往存在“教师指挥多，家长参与少；嘴上说得多，实际做得少；单向灌输多，双方互动少”的问题。教师可以基于区域学前智慧成长云平台，通过设计与主题活动相关的观察框架和互动方式，采集学生在活动中的关键信息，推动家园互动，提升主题活动的质量。

案例 6-1-2 学前智慧成长云支持的班级主题活动实施

杭州市行知新城幼儿园在传统项目幼儿成长手册的基础上，结合“学做生活小主人”课程，将园本课程中极具特色的班本主题活动框架与区域学前智慧成长平台相融合，开发了“班本主题”栏目。

在“班本主题”这一板块中，班级幼儿在教师的支持、帮助和引导下，围绕某个感兴趣的生活中的“课题”或认识中的问题，深入了解自己及相关需求，借助已有的生活经验，和教师一起参与课程活动的设计。通过区域学前智慧成长平台，教师完成基于幼儿兴趣的课题生发、基于师幼共创的活动设计、基于活动过程的问题解决和基于体验结果的反馈调整。家长能够在平台上直观地看到这个班本主题从生发到结束的整个推进过程。同时，教师将班本主题活动背景下的幼儿精彩活动瞬间以照片、短视频、图画等形式上传，以便家长能够更加多维地了解班本主题。

借助该平台，丰富评价主体，由幼儿自评、教师评价、家长建议三个方面组成（见表 6-1-1），实现家园共育目标。

表 6-1-1　家园共育评价表

类型	评价要点	评星
幼儿自评	我满意自己在活动中的表现	☆☆☆
	我能在活动中专心做事，不做别的事情	☆☆☆
	我能够努力完成活动任务	☆☆☆
	遇到问题时，我会提出好的办法和意见	☆☆☆
教师评价	在活动中有始有终，面对困难不轻易放弃，具有良好的心理素质	☆☆☆
	做事有计划性和条理性，对自己该做什么、怎么做能有初步的设想	☆☆☆
	拥有挑战与被挑战的欲望，敢于进行尝试	☆☆☆
	能创造性地解决问题，总能想出好点子为他人出谋划策	☆☆☆
	能流畅、准确地表达自己的想法并与他人交流，有较强的语言运用能力	☆☆☆
家长建议		

注：请在“评星”栏目中涂色，★★★表示“经常”，★★表示“偶尔”，★表示“从不”。

（杭州市行知新城幼儿园）

杭州市行知新城幼儿园利用区域学前智慧成长平台实现对幼儿动态的、持续性的指向评价。家长能够在平台上通过照片、短视频、图画等直观地看到这个班本主题从生发到结束的整个推进过程，便于及时跟进、追踪幼儿在各个主题下的发展轨迹，并以此为依据对班本主题进行客观的评价。幼儿在参与活动后进行自评，从被评价者转化为评价主体，教师则根据活动中的方方面面对幼儿进行客观评价。最后，教师可以根据家长对班本主题的评价，及时反思自己的教育教学行为，形成较为立体、全面的班本主题评价结果，为促进幼儿的深度学习提供重要保障。

2. 基于幼儿日常行为数据的家园共育

在线评价是既能适应当前信息化、网络化的迅速发展，又能满足评价主体多方需求、贴近幼儿成长与发展的新的评价方式。基于幼儿多维评价大数据的家园共育实践研究，既是对新形势下幼儿发展评价方式的探索，更是对促进本园幼儿更好发展的现实诉求的呼应。

基于学前智慧成长云，幼儿园管理者可以对幼儿的成长记录进行数据抽取、文本分词、图像识别，以幼儿的行为、教师的评价和家长的评价为基础，将这些数据标签化，对幼儿进行“用户画像”，将幼儿的发展能力精确地描述出来。同时对幼儿进行教育干预，因材施教，精准教育。幼儿数据采集与应用模型如图 6-1-4 所示。

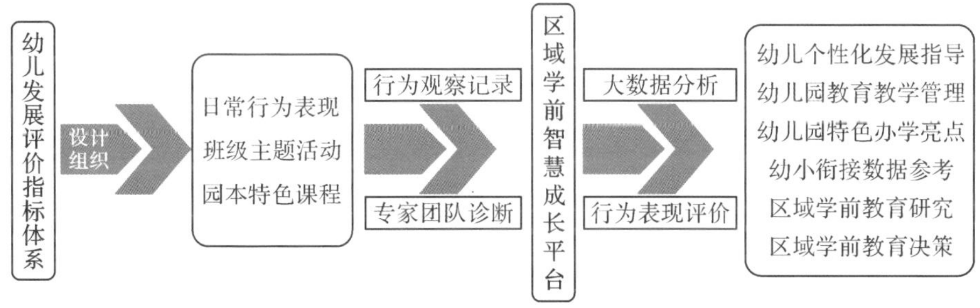

图 6-1-4　幼儿数据采集与应用模型

该模型基于数据采集、应用和分析，逐步实现：

（1）多维记录幼儿成长过程，形成幼儿成长档案。对幼儿“健康、语言、社会、科学、艺术”五个领域进行记录、分析，形成多元化、多维度分析评价，让记录有依据。将传统纸质成长手册数字化，期末导出成书，定格孩子每一步成长脚印。科学记录幼儿成长情况，积累幼儿发展评价，生成幼儿成长手册。

（2）支持幼儿园管理者过程性监督教学，凝聚园本特色。支持管理者科学规划，形成幼儿园办学特色，协助管理者全程监督教学工作，优化教学考核，建设幼儿成长数字档案馆，开展大数据统计与分析。

（3）支持幼儿园管理者科学决策。将幼儿活动瞬间和评价进行数据云存储、综合展示，提供曲线图、雷达图、柱状图等，多维度、立体化展示，为管理者的决策提供支持。

案例 6-1-3 晨检机器人创新保育新方式

很多幼儿上下学往往都由祖父辈接送，父母无法及时了解幼儿当天的生理和心理情况，内心难免担心与焦虑。杭州市娃哈哈幼儿园在晨检时利用智能机器人自动识别幼儿身份，自动记录体温、身高体重与情绪等数据，并将这些数据上传至云端平台，反馈给家长。晨检机器人自动拍下幼儿入园时的表情，平台清晰记录幼儿的入园情绪，有效缓解新生家长的入园焦虑。平台自动记录幼儿每天的身高、体重，生成幼儿的成长数据轨迹图，向家长提供小朋友的成长报告，并给出合理建议。尤其是面向身高偏低、体重偏重的幼儿，便于幼儿园和家长制订有效的饮食、锻炼计划，实现家庭与幼儿园育人目标协调统一。

（杭州市娃哈哈幼儿园）

晨检机器人开启了家园保育工作的新模式，节约了幼儿排队等待的时间，更便捷、高效，采集的数据更为科学有趣；完整的幼儿成长数据也为家园保育

工作制订针对性的方案提供支持，使持续追踪更为有效。

3. 基于特色课程评价数据的家园共育

上城区的幼儿园普遍开设园本特色课程，立足幼儿园的育人理念，发挥幼儿园自身的办学优势，促进幼儿在五大领域的全面发展。如杭州市胜利东河幼儿园的“东河交往”课程，杭州市行知幼儿园的“学做生活小主人”课程，杭州市欣欣幼儿园的“暖巢共融”课程，等等，在实施的过程中，各园引入区域学前智慧成长云平台，帮助教师和家长分析幼儿在课程活动中的行为。在区域学前智慧成长云平台中，教师分享幼儿集体性的活动作品、活动照片、音频、视频等进行即时反馈，并发布课程内容及评价，指导家长开展亲子学习活动，助力幼儿在家学习。打破时空桎梏，建立家园多渠道合作机制，形成良性互动的家园共育模式。

第二节
小学综合素质评价系统

⊙

人的学习方式变了，评价方式也随之改变。上城区依托技术融合新方向，基于素养导向构建起促进学生全面发展的小学综合素质评价系统。

一、过程评价巧育人，核心素养为导向

2020 年 10 月，中共中央、国务院印发了《深化新时代教育评价改革总体方案》，提出要“通过信息化等手段，探索学生、家长、教师以及社区等参与评价的有效方式，客观记录学生品行日常表现和突出表现，特别是践行社会主义核心价值观情况，将其作为学生综合素质评价的重要内容”，改革目标是“促进学生全面发展的评价办法更加多元”。随着大数据、人工智能等现代化教育技术的飞速发展，学校的德育工作已逐渐被现代化教育技术手段所渗透。信息技术的发展拓展了德育资源，丰富了资源样态，更新了德育观念，促进了学生个性化发展，利用好现代化教育技术开展学校德育工作是未来教育的必然选

择。信息技术在德育工作中的运用让教师的反馈与评价“即时”起来，家校沟通“顺”起来，学生成长家校共同记录“全”起来。

1. 基于核心素养设计评价细则

基于中国学生发展“核心素养”，设计出以“核心素养”为导向的评价细则。发挥教育评价的导向、激励功能，利用信息技术变革学生德育评价体系，为学生的道德发展奠基，为学生的人格塑形赋能。

案例 6-2-1　基于智慧平台的综合评价系统

杭州新世纪外国语学校以“世纪钉”为载体，利用数据平台可视、多元、交互的特点，建立促进学生全面、自主、差异化发展的德育评价体系，促使每个学生成为拥有“狮子般强健、猴子般敏捷、骆驼般坚毅、海豚般优雅”的新世纪气质的少年。“强健之星”聚焦身心健康，“敏捷之星”聚焦学业水平，“坚毅之星”聚焦个性特长，“优雅之星”聚焦品德修养；每一个维度又分别指向四个具体指标，从十六个方面发展学生的综合素养，如图 6-2-1 所示。

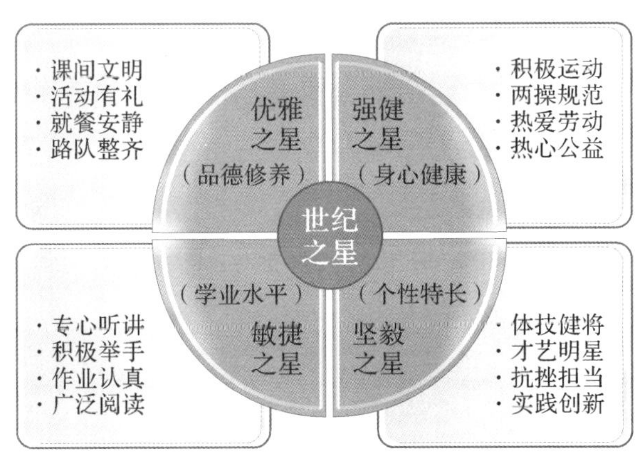

图 6-2-1　基于核心素养的评价细则

（杭州新世纪外国语学校）

基于评价细则，学生、班主任、各科教师全员评价更趋合理，各年级、各班级可以明确方案及实施办法，统一尺度、统一管理。充分发挥教育评价的导向、激励功能，全面推进素质教育的培养目标的落实，促使全体学生在其已有发展水平上有所发展，在其有可能发展的范围内充分发展。

2. 基于技术进行即时评价

即时评价指在教育活动过程中对评价对象的具体表现即时作出表扬和批评。“即时评价”直接、快捷，趁热打铁，有利于发现学生闪光点。随着技术革新，更多的学校开发了数智评价系统，落实即时评价，并基于日常的即时评价，形成最终的延时评价。

案例 6-2-2 小海燕“幸福卡”成长评价体系

杭州市胜利小学致力于培养“具有‘中国心·未来眼’特质、德智体美劳全面发展”的五好“小海燕”。学校坚持立德树人、五育并举，架构并实施“幸福卡”成长评价体系，而今又为这份评价插上了信息化的“翅膀”。

为落实立德树人根本任务，构建“德智体美劳”全面发展的培养路径，发挥日常教育评价的导向作用，实现育人目标，学校设立了“幸福卡”评价制度。从区域学生综合素养评价中的“品德发展、学业发展、身心发展、审美素养、劳动与社会实践”五大维度，分别设立“尚德、博学、健体、乐艺、勤劳”五类卡种。在评价实施过程中，本着“人人都是德育工作者”的理念，“幸福卡”实施者设为全体教师。

教师在奖励纸质版本“幸福卡”时，需在卡片背面填写该学生信息、勾选卡片种类并签名，费时费力。智慧“幸福卡”保留了原纸质卡的设计，每张卡片都有特殊制作的二维码，教师只要通过手机扫描即可绑定学生个人信息。

遵循“五育并举”理念打造的“幸福卡”成长评价体系充分利用数智环境，利用交互屏幕、钉钉客户端、各班级门口班牌进行“幸福卡”海报及操作指南宣传视频巡回播放。卡片录入后，一是作为评价数据记录，二是在数智云平台建设线上积分商城，可作为积分消耗记录，全方位营造浓厚的幸福卡氛围。

（杭州市胜利小学）

杭州市胜利小学用数据记录学生成长，勾勒个性“画像”，生成学生个人档案，以大数据统计助推精准育人。班主任可在后台随时了解每位学生的得卡情况和自己的评价情况，提升教师对学生的观察、解读及支持能力。力求家校协同形成教育闭环。通过综合素质评价的多终端反馈，增强教师与家长之间的及时交流与反馈，形成家校社协同的教育评价闭环，提升家校合作力。

3. 基于数据推进持续评价

学校注重评价的长效性，激励学生持续性成长。上城区众多学校利用信息技术，建立数字化智慧教育平台，为每一位学生搭建了成长数据库。学业成绩、雏鹰争章、过程性作业、阶段性测评甚至体检数据都一一记录在每个学生的成长平台中。教师只要扫描学生的二维码就可以实时录入评价数据，师生和家长就可以同步查阅学生的成长过程。利用师生、生生、家校等维度进行激励，充分体现评价的育人实效。让学生的成长留有痕迹，让教师的评价有理有据。大数据技术的应用，增强了学生的成长内驱力，精确了教师评价的依据，建立起家校互通的桥梁。

二、增值评价新探索，学生发展新思路

增值评价是指学生在学力、生活、情感、社会性发展等方面，在通过接受一定阶段的教育后，在各自起点或基础上进步、发展、成长、转化的“幅度”，并以此对学生个体发展和学校效能进行价值判断的评价方法，这和学生综合素质评价改革是一致的。对于学生的评价应该更多地关注成长的过程，评价不能只固定一个统一的标准，更重要的是看学生在学习生活中，是否点燃了成长的火种，是否超越了自我，成长的广度和深度又有多大。

案例 6-2-3 基于学生核心素养点的“成长之树”

杭州市天长小学基于 3 个核心素养设立了 13 个天长学生核心素养点，基于此，完成了“成长之树”顶层设计规划（见图 6-2-2）。

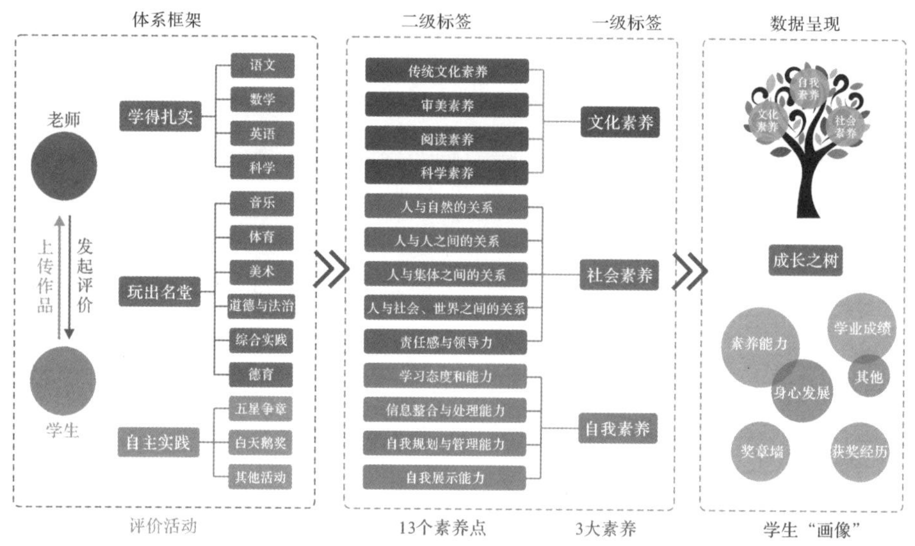

图 6-2-2 “成长之树”顶层设计规划

杭州市天长小学评价方式改变的基本导向为“低竞争、弱内卷”，更关注学生经历的过程及程度。举一个例子，二年级上学期语文课中有一个活动是打一场诗词擂台赛，在这个活动开始之前，经过预热，学生为自己立一个目标：坚持每天背诵诗词，在诗词擂台赛上获得前三名。在这一个月中，学生每天记录背诵诗词的照片、音频等，等诗词擂台赛结果出来，如果发现自己获得了前三名，就可以上传奖状、提交申请至指导教师处。指导教师看到其活动信息，确定是否通过，如果内容真实且过程真实、目标达成度高，就点击通过，学生就能收到一张“乐学之星”奖状。此过程中，学生只关注自己的坚持和进步，淡化了对同学间竞争的关心。

（杭州市天长小学）

杭州市天长小学基于数智化平台，开发“成长之树”个性化评价支持系统。通过活动项目中学生的评价数据录入、收集、沉淀，让评估更加全面而准确。面对有差异的学生，实施有差异的教育，给予有温度的评价，使其获得有差异的发展。让每一个坚毅果敢的孩子都能在成长的道路上找到属于自己的闪光点，激发奋发向上的内驱力，开发潜能，不断实现自我的超越。

三、综合评价育全人，以生为本促成长

综合素质评价改革背后的价值观不仅是人本、生活，还强调“整体的人”，转向基于各方面情况分析的综合判断。多维度综合评价的目标是让学生评价真正做到“友善全纳”。在信息化时代，让数据评价具有教育温度，实现“技术与数据的刚性”和“育人与生命的柔性”的有效融合。

1. 表现性评价任务驱动，改进结果评价方式

近年来，上城区对一、二年级实行无纸笔化期末评价。各校均以丰富的活动代替纸笔考试，每一个主题的活动都是对多学科知识的整体学习和运用。

案例 6-2-4 数字化的“处方评价”

“处方评价”是杭州市胜利实验学校的评价尝试。评价量规表是供教师在活动现场对学生个体或团队的表现进行现场打分的表格。所有主题统整课程的评价量规表都聚焦倾听、表达、实践、合作四大能力，每一次评价都依据不同内容进行科学设计，做到可观察、可测量。例如，“厉害了我的国”评价量规表结合语文二年级上第四单元、音乐二年级上第 2 课“幸福的歌”的知识点，考查学生的倾听和表达能力。评价采用过程性评价，协助教学的两位教师在学生活动过程中对学生的行为进行观察和评价，同时评价学生在学习活动过程中表现出的个性品质。

在学习结束后，教师利用问卷星进行数据分析，处理评价结果，以“处方式”分析报告单呈现评价结果（见图 6-2-3），让学生了解自己及所在团队活动时的表现，以便学生较为全面客观地对自己作出判断。同时，教师在分析报告单上提出操作性建议，帮助学生自我完善。报告单突显了评价的发展性功能和激励性功能，强调评价学生的成就倾向，关注学生的发展潜力和未来发展趋势。

杭州市胜利实验学校一年级（下）期末主题学习活动

分析报告

姓名：

写在前面的话：

为培养“健康、自主、文雅”的胜利实验小海燕，在丰富的活动体验和完整的学习经历中实现孩子的完整成长和个性发展，我们开展了本次期末主题学习活动。从“我能参与合作”　“我能快乐实践”　“我能大方表现”　“我能认真倾听”等四个维度对本次主题学习活动开展评价。这是我们对孩子综合素养培养的进一步尝试，也是低段课程整合的实践成果，本分析报告仅代表孩子在本次活动中的表现，供家长参考。

希望在一年级上学期的基础上，继续采用这样的动态测评方式。通过丰富的主题活动，对孩子各方面能力进行科学的评价，并以这次活动为契机，不断探索科学的评价机制和发展策略。

评价标准：

合作能力	★	角色分工模糊，合作显得手忙脚乱。
	★★	角色分工基本明确，小组成员之间配合较为默契，排练效果较好。
	★★★	角色分工明确，小组成员间配合非常默契，表演效果好。
实践能力	★	三项内容的测量结果有较大误差，碰到问题，不能利用身边工具进行测量，显得手足无措。
	★★	三项内容的测量结果存在小误差，在教师提醒下能利用身边工具进行测量。
	★★★	三项内容的测量结果基本无误差，能自己利用好身边工具进行测量，并正确使用。
表现能力	★	在规定时间里不能完成儿歌（剧本）的排练，显得羞涩，不主动。
	★★	基本能脱离文本将课文内容表演出来，显得自信、大方。
	★★★	表演形式有创意，能自信、大方、顺利地进行表演。
倾听能力	★	基本能认真倾听教师指令，并在老师提醒下找到数字卡片，且基本完成涂色。
	★★	能认真倾听教师指令并能较为快速地找到数字卡片，认真完成涂色。
	★★★	能认真倾听教师指令并快速找到数字卡片，涂色美观、精致。

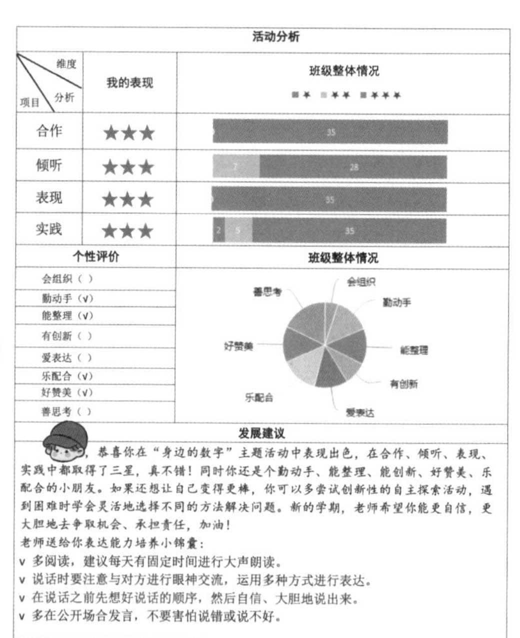

活动分析

项目＼维度＼分析	我的表现	班级整体情况（★　★★　★★★）
合作	★★★	35
倾听	★★★	7　28
表现	★★★	35
实践	★★★	2　5　35

个性评价	班级整体情况
会组织（ ）	
勤动手（√）	
能整理（√）	
有创新（ ）	
爱表达（ ）	
乐配合（√）	
好赞美（√）	
善思考（ ）	

发展建议

　　，恭喜你在“身边的数字”主题活动中表现出色，在合作、倾听、表现、实践中都取得了三星，真不错！同时你还是个勤动手、能整理、能创新、好赞美、乐配合的小朋友。如果还想让自己变得更棒，你可以多尝试创新性的自主探索活动，遇到困难时学会灵活地选择不同的方法解决问题。新的学期，老师希望你能更自信，更大胆地去争取机会、承担责任，加油！

老师送给你表达能力培养小锦囊：

v 多阅读，建议每天有固定时间进行大声朗读。

v 说话时要注意与对方进行眼神交流，运用多种方式进行表达。

v 在说话之前先想好说话的顺序，然后自信、大胆地说出来。

v 多在公开场合发言，不要害怕说错或说不好。

图6-2-3　“处方式”分析报告单

（杭州市胜利实验学校）

学生所面对的社会生活是完整的而非割裂的，是复杂并包罗万象的。社会的发展也急需跨学科、跨领域的具有综合能力的复合型人才。杭州市胜利实验学校以培养健康、自主、文雅的幸福学子为育人目标，不仅引导学生认识自然与社会，还引导学生认识自我，不仅帮助学生形成扎实学识，更培养学生的高尚人格和深厚涵养，以期学生全面而有个性地发展。他们将学生视作“完整的人”，期望通过统整化的课程实施，还原学生“完整的生活”，给学生积累“完整经验”的机会，并在此过程中利用数字软件平台即时地评价学生的习惯态度、解决问题的能力、与同伴合作的情况等，以此来促进学生的完整发展。

2. 五育融通式数智评价，健全综合评价系统

“整体规划、区校联动、以校为本”，是上城区教育评估与监测中心推进小学生综合评价改革的策略。上城区确立了完整的综合评价体系与评定方法，依托数据智治，实现每一个学生的成长可视化。在区校联动的基础上，学校结合自身办学特色制订校本化综合评价方案，落实校本报告单、评定办法及评定标准。

案例 6-2-5 五育融通的“数智童年”

“采三空间”是杭州采荷第三小学教育集团的数据智慧中心平台。其中的“数智童年”模块，在保持原有学生成长空间的基础上，兼具了学生交流社区、线上学习、综合评价呈现等功能，在这里，学生可以分享生活中的点滴，可以将活动过程完整体现，可以查看教师、家长、学生给自己的综合评价。在“数智童年”上，各科教师对于每个班级的日常情况做及时反馈，同学的个人空间则有充分的展示舞台。同时，为进一步进行综合性评价改革，集团将学生的全面发展和综合素养培育作为学生发展中的核心要义，针对学生的睡眠、读物、手机、作业、体质这五个方面，通过定期的学生家长电子问卷、学生作业电子调查问卷，将学生的五项管理情况反馈给每个班级的班主任以及汇总到学校五项管理的智慧看板，对相关的超标或不合格情况做及时的预警和提醒，确保“双减”落实到每一个孩子。通过以上多维度、全覆盖的数据采集汇聚、深度分析，从班级教师、学生、家长多个角度进行学生多元主体评价、多方面评价，以等级制评价取代传统分值评价。通过综合评价数字“画像”及雷达图（见图 6-2-4）等形式让学生实现发展。

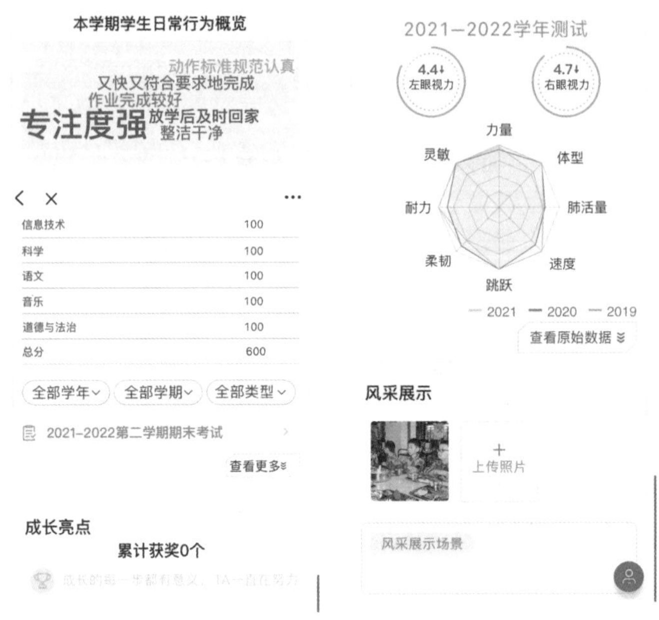

图 6-2-4 “数智童年”数字“画像”及雷达图

（杭州采荷第三小学教育集团）

数智时代，上城区各个学校百花齐放，通过对综合评价数据的记录、分析、挖掘与呈现，最终运用可视化工具输出个体或群体的数字“画像”，形成具有准确性、科学性、实用性和发展性的分析报告，既满足学生评价个性化需求、又为实现多元主体的精准服务提供更多可能。

上城区致力于深度推进小学生综合评价改革工作，建立完善、动态的上城区“智成长”学生发展评价可视化系统，树立“区域—学校—学生”三级紧密联动的教育评价新形态，动态追踪学生的成长趋势，全面评估学生的表现，保留过程数据，展现成长轨迹，实现“过程留痕、发展有径、成长可视、未来可期”的应用目标，实现教育数据的动态汇聚与智能治理，为教育决策者提供科学、直观的决策依据，为教师提供精准、全面的教学信息，为学生提供具体的结果反馈，最终达到学生身心健康、品质优良、学业上乘、技能全面、个性鲜明的培养目标，从而促进学生全面发展。

第三节
初中学生评价平台系统

素质教育衍生出素质化评价，这要求教育者更多地关注和评价学生在教育教学过程中呈现出来的个人素养，也就是学生的个性。评价的目的不应该只是对评价对象作出评价，更应该促使被评价对象主动根据评价结果作出改进从而获得发展，因此必须让被评价者心悦诚服地认同评价结果。评价必须基于初中生的个体实际特点和个人的实际需要，实现评价目的、评价内容、评价标准、评价方法、评价形式和评价主体的多元化，使不同层次、不同阶段的学生都能找到适合自己的成长标准。

一、班级管理平台，着眼学生发展性评价

传统的班级日志是记载教师教学情况和学生学习情况的文书资料。作为班级量化考评的依据，班级日志对班级管理具有重要的参考价值。上城区各学校深度挖掘班级日志数据在班级管理中的实际价值，开发基于数据的班级管理

平台，辅助班级管理。基于云数据存储中心，设计开发基于学生行为数据的班级管理平台“班级日志”。同时赋予班级权限，对不同形式的学生活动，增加班级个性化的标签设置，确保数据来源的丰富性，提高数据分析的有效性。如图6-3-1所示为“班级日志”平台架构。

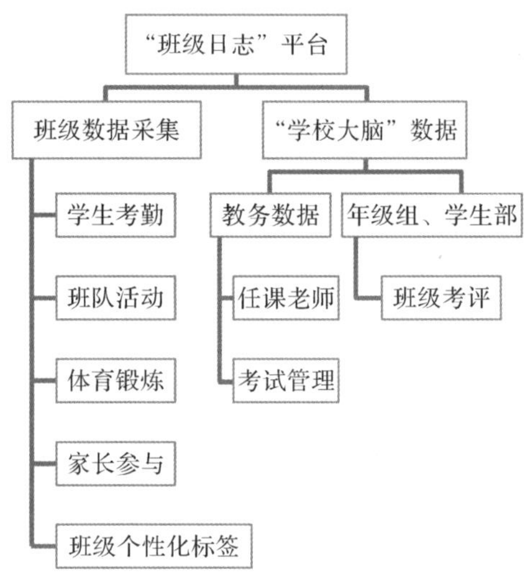

图 6-3-1 “班级日志”平台架构

1. 数据“喂养”五育成长，综合素质评价新样态

班主任根据“班级日志”收集的数据，在每个学期进行数据汇总分析，形成学期学生个人能力分布雷达图。通过一定时间的数据沉淀，“班级日志”平台深入剖析每名学生的个性特征、行为规律，形成学生个人可视化成长报告，并就学生个人能力的短板给予个性化的成长建议。这种教育评价方式基于沉淀的数据，真实反映了学生的成长历程，有利于学校构建全方位、多元化、立体化教育评价体系。

案例 6-3-1 数字化评价支持“建兰修炼”

“建兰大脑”是杭州市建兰中学建立的一套打通教育教学数据的人工智能系统，它能够对学校的教育教学活动进行无感沉淀，自动形成丰富、清晰、多维度的学校数据资源，并且能够及时进行分析、诊断、预警、监控、评价、反馈，为学生提供个性化的学习环境。通过人工智能系统实现动态评价，每隔一段时间形成发展性评价，每个学期期末形成增值性评价和综合素养评价。将学生的日常行为进行数据化处理，将行为和能力、能力和素养一一映射，从而生成学生个性化成长报告单（见图 6-3-2）。帮助学生认识自己，找到努力的方向。

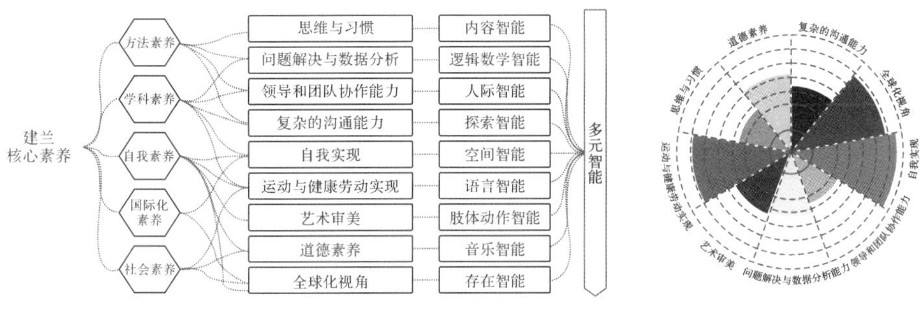

图 6-3-2 “建兰修炼”学生个性化成长报告单

在对学生所有数据进行分析的基础上，形成自主发展“成长报告”，解决了评价标准模糊、单一的问题，多维、精准地对“五育”进行量化评定，助力核心素养培育，促进学生全面发展。该报告显示了学生在 9 大模块 66 个子维度上的能力程度，以及个人最为突出的几种特质。学生通过成长报告能够更加了解自己各方面的能力、知识和素养，并且可以根据报告的结果调整今后的发展目标，选择性参加适合的学校或班级活动，以充分发挥自己的长处，弥补自己的不足。

（杭州市建兰中学）

杭州市建兰中学以“在活动中修炼，在经历中成长”为德育教育主题，以班级日志、生涯教育等组成建兰育人活动。“建兰修炼”是建兰中学最具特色的综合素质评价体系，通过 9 大模块和 66 个子维度可视化呈现，通过实时记录、评估、分析学生在活动中的表现，落地“五育并举 · 融合育人”的教育理念。

2.“班级日志”即时预警，日常过程评价早干预

基于学生行为数据的班级管理平台“班级日志”，采集课程教学、学生考勤、卫生健康、课外活动、组织纪律、表扬与批评等多方数据，增加班级个性化的标签设置，确保数据来源的丰富性，提高数据分析的有效性。

“班级日志”预警图是通过对学生日常表现的检测与分析，发现班级学生行为发生的特点与规律，据此作出判断和预测。“班级日志”预警图（见图 6-3-3）中可以直观显示出行为有偏差的同学，有利于教师迅速发现问题，有针对性地进行重点关注和指导，防患于未然。

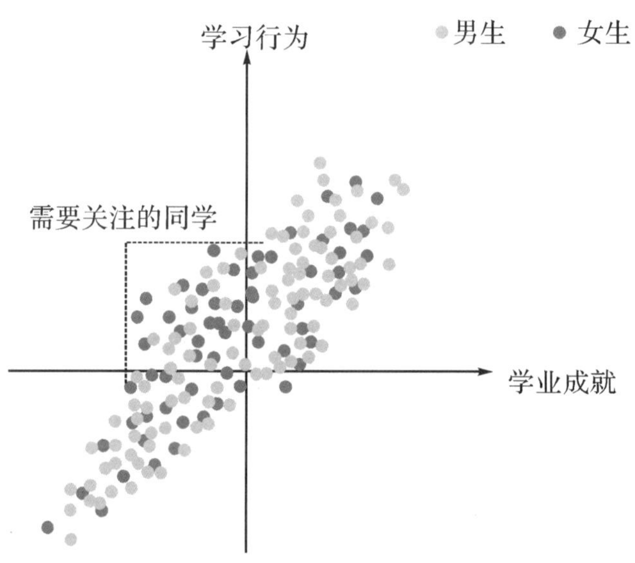

图 6-3-3 “班级日志”预警图

3. 多维数据增值评价，数字化学生成长档案

系统对不同学期积累的数据进行横向和纵向的对比，绘制学生的个性成长图，清晰地呈现学生成长变化。通过对大量数据进行相关性分析，总结出学生认知、情感、判断力以及行为的形成、发展和转变的影响因素，从而为学生提供全面的、个性化的学业和人生指导。杭州师范大学东城中学等学校开展以大数据为基础的发展性评价、学习分析和个性化学习资源推荐，从传统的教、学、考、评、管等环节单点系统的垂直建设，向各系统相互协同的一体化建设转移；通过收集教学数据形成学生成长档案，切实提高教学效率和管理水平，减轻师生负担，推动教育跨越式发展，最终实现管理智能化、教学精准化、资源多样化，打造“以学习者为中心”的资源环境，构建形式多样、品质优秀、机制健全、主动推送、体验先进的教学资源服务体系。

二、数智学业助力，构建大数据评价系统

基于初中学生学业数据初步搭建区域学生学业数据平台，支持初中提质强校行动。大数据引擎能够对学生学习数据进行挖掘和处理，诊断学生思维弱项，提供个性化的学习支持，优化作业设计，为教师精准教学提供数据报告。

1. 基于大数据的精准课堂评价

课堂是教与学相互生发、相互激荡的主要舞台，学生课堂学习评价是与教学过程并行的同等重要的过程。在基于大数据的精准教学模式中，教学评价可以依赖技术手段——大数据采集、教育数据挖掘、学习分析和数据可视化技术等，实时反馈给教师、学生、家长。依托信息技术，激发每一位学生的学习兴趣，增强学习内驱力。在此基础上，尊重学生差异，开放学习空间，改变学习方式，为每一位学生打造个性化学习内容。采取多维评价的方式，为全面提升学生核心素养而努力。

案例 6-3-2 基于大数据的精准教学范式

数据化学习环境下的精准教学设计应该包含多个方面，比如不同情境下的多元数据采集，学习者模型建立，教学信息实时处理，人工智能数据挖掘和研究。由前测、堂测、后测三块内容共同构成，形成一个完整的“测评”体系，精准地了解学生在各个环节中的表现；通过一个阶段的测评，形成相应的数据库，并针对其中的数据分析提出改进的措施；在改进措施完备的前提下，继续进行改进后的前测、堂测和后测，再进行相应的调整，形成应用研究的循环，最后形成最优化的测评建构方式。如图 6-3-4 所示为浙江师范大学附属杭州笕桥实验中学基于大数据的精准教学范式模式。

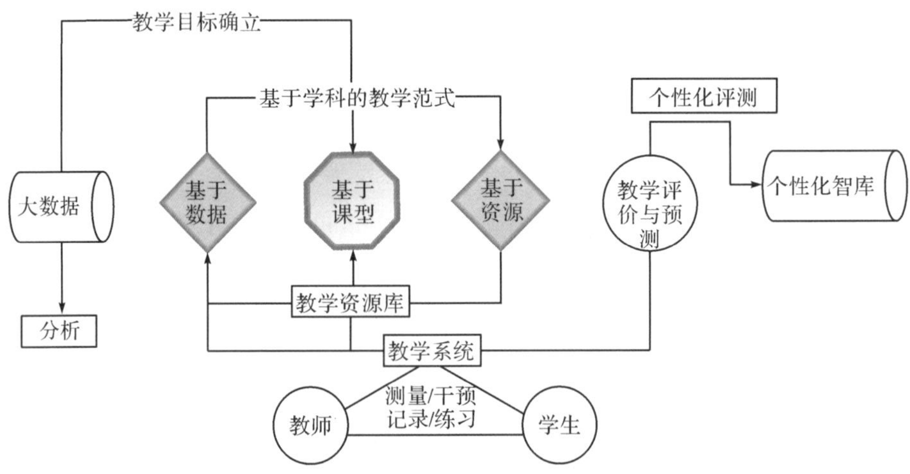

图 6-3-4 浙江师范大学附属杭州笕桥实验中学基于大数据的精准教学范式模式

教师通过智学网清晰地与学生一同回顾课前的前测结果，就共性错题和典型错误答案进行讲解。学情报告实时生成，练习完成情况、题目正确率分布和班级薄弱知识点分布一目了然。通过“前测—讲解”“授课—随测—讲解”的多次强化，智学网等平台可以帮助教师精准定位学生共性问题、精准布置分层作业，实现智慧课堂的精准融合，有效提升了教学质量。这些评价技术有助于教师精准地教、学生精准地练，舍弃题海战术，每天帮教师和学生节省1—2个小时的时间，提高学生的学习效率。

（浙江师范大学附属杭州笕桥实验中学）

在上述案例中，通过数字技术融合，教师在授课过程中的精准教学评价贯穿课堂始终，甚至能够对未来进行精准预测，评价即时、高效，生成了对学生学习、教师教学、学校决策有价值的差异化数据，从而实现教学起点的精准定位和优化学业评价，使得对学生的全面关注真正成为可能。

2. 指向个性化的作业评价反馈

数字平台通过整合网络资源、区域资源、校内资源，分类、分知识点形成题库。学生通过数字平台完成作业，家长教师通过数字平台上传试卷错题等数据，平台依据学生完成情况进行个性化学情精准分析，并基于此推送不同题库，保障了学生学习的轻负高质，增强学习的精准性、即时性和普惠性。

案例 6-3-3 数字化评价解决偏科问题

"偏科"即学生在某一学科上特别薄弱。利用"惠兴大脑"大数据平台，教师可以进入"智力思维"板块查看学生知识掌握不足的具体情况。落实具体知识点，针对问题进行变式，变式由学生本人和教师共同完成，培养学生应用实践和迁移创新的能力。

学生在完成一项作业后，错题会被收集起来，学生回顾错题时，发现无法解答，可以点击"需要讲解"，教师后台会收到反馈信息，再针对有讲解需求的习题进行一对一订单式视频讲解派送，对学生进行一对一辅导，一对一推送给需要的学生，实现知识点方面的"精准扶贫"（见图6-3-5）。

学生在"惠兴大脑"答过的题都留有痕迹，作业中出错的题目和相关知识点都已被记录。先将根据原题编制的变式习题导入"惠兴大脑"，并附上相对应的考查的知识点，与原题建立关联，利用推题功能，自动选择5道变式习题推送给原题出错的学生，实现精准推送。

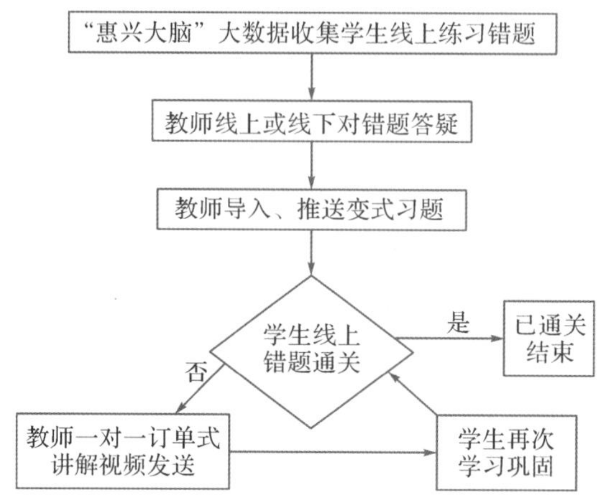

图 6-3-5 "惠兴大脑"个性化习题辅导运作流程

（杭州市惠兴中学）

基于"惠兴大脑"形成的教学数据，帮助教师更加了解学生，也让学生少做无用功。让大数据多"思考"，为每一个孩子提供个性化的教育服务。通过沉淀数据，"惠兴大脑"会自动过滤难度过低或过高的习题，根据每个孩子的"历史数据"，用个性化作业补足，帮助学生查漏补缺，使教师对题目的讲解和学生对知识点的掌握更精准，大大提高了效率，实现"减负增效"。

3. 精准化的阅卷分析诊断系统

上城区许多学校都借助数字化阅卷系统提高教师的阅卷效率，减轻工作负担。阅卷系统为教师提供了学生各档比例、平均分、各小题得分情况等，能够帮助教师准确了解学生各知识点的掌握情况，及时查漏补缺，也便于教师进行分层教学。同时系统为每位学生建立了数据档案，包括各科历次考试成绩趋势、个人排名分析、失分分析等。点击"学科概况"进入界面，学生能及时发现自己的劣势学科，调整学习方法、状态等。真正实现教师精准教，学生精准学。

阅卷分析诊断系统支持电脑、手机、平板阅卷，教师可以在任意有互联网接入的环境完成阅卷任务。软件的分析系统可以快速分析反馈试卷难度、学业水平、失分类型等，并通过学生端和家长端点对点反馈，数据精准，分析高效，且能保证数据私密性。如图 6-3-6 所示为“好分数”阅卷分析系统。

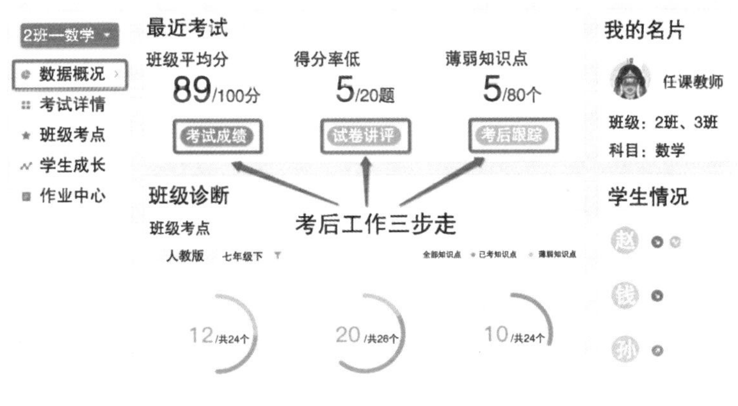

图 6-3-6 “好分数”阅卷分析系统

上城区基于数字化高质量学生评价体系的构建是对以单一的学习成绩评价学生的方式的变革，不过分关注语言智能和数理逻辑智能，尊重学生智力发展的多元化，评价内容涵盖各个智能领域，关注学生的个性差异，激发学生的主动性和创造性，进一步建立从班级到年级再到学校的多层级多元的学生校园成长提升通道，让每一名学生都能找到属于自己的跃升之道。

参考文献

[1] 刘邦奇，刘碧莹，胡健，等．智能技术赋能新时代综合评价：挑战、路径、场景及技术应用 [J]．中国考试，2022（6）：6-15.

[2] 秦建平．迈向 2035 优质教育之路：基于监测的最近发展区学情诊断和改进成效 [J]．上海教育科研，2019（11）：60-63.

[3] 张丰，沈启正．教育质量综合评价改革的浙江实践 [J]．基础教育课程，2020（14）：5-13.

第七章
校园：基于要素优化的数字校园建设

数字校园是伴随着信息技术应用的不断深入而发展起来的概念，它是以网络为基础，将先进的数字化技术与资源重新整合，拓展校园的时间和空间维度，实现了校园功能的信息化、高效化和系统化，提高了学校的教育教学水平与管理水平，它是学校信息化发展到一定阶段的产物。构建数字校园与生态系统类似，在数字校园中，人的角色是多元化的，既是系统的有机组成部分，承担着系统构建的任务，又是系统中信息服务的对象，享受着信息服务带来的便利。在数字校园的生态系统中，教育者应当引导学生正确审视信息服务的作用及自身在系统中的位置，以积极的态度看待各种新生事物及理念对现有生态系统的影响，并及时调整和更新。

第一节
数字校园的基础设施与应用环境优化

⊙

人工智能、大数据、云计算、虚拟现实等新兴信息技术的不断发展，对校园建设、管理、运行形成了强有力的支持，也不断推动校园基础设施及应用环境的建设，推动着教学管理、教与学方式等的变革。

一、以科学实施为统领推进信息化应用平台建设

随着民众对教育关注度、教育管理服务的规范性和效率、区域教育优质均衡等方面的要求不断提升，上城区从信息化基础设施优化入手，注重方便、实用和有效，搭建实实在在的教育宣传阵地和互动服务平台。

上城区先后开展了教育信息化服务平台、教育办公 OA 平台、后勤服务与管理平台、教师交流平台、智慧大数据平台、虚拟机器人学习平台等建设，为全区教育信息宣传、教育行政管理、教师网络研修、学生自主学习搭建了一个个综合性强、便捷高效的覆盖全区教育系统的软硬件兼优的平台，真正让教育信

息化“活”了起来。

1. 上城 · 之江汇教育广场

上城·之江汇教育广场是通过名师工作室、学科专题工作室、网络同步课堂等方式，有效扩大优质资源覆盖面，全面汇聚区域优质教育资源，促进区域教育的均衡发展。切实优化教育供给方式，满足多样化和个性化学习需求，不断创新教师发展模式，构建网络研修共同体，以名师带徒培养路径，实现教师梯队式的跨时空网络教研，提升教师队伍的整体发展水平。

2. 上城区教育信息化服务平台用户认证中心

上城区教育信息化服务平台用户认证中心基于单点登录平台技术，整合区域教育信息化工作平台，打通办公 OA 平台、无线接入认证、网络资源访问等各类信息化服务之间的壁垒，优化用户体验，实现基于用户的个性化服务、安全管理及数据整合的基础性工作，有效促进应用与服务、提升管理效率。

3. 上城教育影视 ·“E 享”频道

上城教育影视·“E 享”频道，以优质微课、课堂实录和讲座报告等为主体，搭建上城区特色数字资源库。收集学科教学技能比赛、教研课、“一师一优课”等教学活动中的优质数字资源，每年举办上城区教师教育教学信息化评比活动，设置课件、微课、信息技术创新教学案例，教师网络空间应用案例等资源评比活动，逐步沉淀优质数字教学资源。同时，优化资源库的结构，减轻教师因为寻找资源而出现的额外负担，避免资源的重复性建设，重视数字化资源的可得性、使用率和实际效用。

4. 上城智慧教育大数据平台

上城智慧教育大数据平台搭建了全区教育数据库，涵盖中小学学生基础信息和体检体测信息、教师信息、学校信息等。制订符合上城区实际情况的数据字典和信息编码标准，统一数据交换标准，构建高效、充分共享的数据中心，规范信息从采集、处理、交换到综合利用的全过程，构建全校数据管理和运行维护的数据平台，从而实现全区范围的数据统一、集中和共享，为有关部门信息利用、分析决策提供支持，为学校的长远发展奠定坚实基础。

5. 上城教育办公 OA 平台

上城教育办公 OA 平台将教育系统内部、系统各个部门与学校、社会组织等团体有效地整合在一起，以工作流程为驱动，以公文处理为核心，实现无纸化办公，共同实现各学校的自动化和协同便捷办公，提高工作效率和节约办公资源，使行政管理工作提升到新高度。

6. 上城区教师交流平台

上城区教师交流平台由区教育局和学校两级组成。系统建设的目的是优化教师队伍学科结构、职称结构、年龄结构，缩小校际差距，促进教师的专业发展和学校的可持续发展。重点引导骨干教师和校长向普通学校流动，引导超编学校教师向空编学校流动。

7. 上城区教育后勤服务与管理平台

上城区教育后勤服务与管理平台由后勤装备服务、后勤项目建设、后勤三证管理三大部分组成。“后勤装备服务”主要解决上城区教育系统装备计划申报、审核及结算工作的信息化全覆盖，有效管理装备计划数据，为领导决策分析提供依据；“后勤项目建设”将上城区教育系统在建和已建项目的成果数据进行录入和展示；“后勤三证管理”将学校房产三证以电子扫描件方式上传系统，可直接上网查询和下载电子版，方便学校申请复印件盖章。

8. 上城区学前教育家园共育平台

上城区学前教育家园共育平台是以上城区幼儿在幼儿园及家庭的生活与

活动数据信息为基础，充分运用云计算、大数据等信息技术建设的集融合分析平台和展示平台于一体的上城区幼儿大数据可视化系统。平台提供综合的信息展示、数据分析、数据开放等服务，从区教育管理者的融合数据资源视角出发，便于区教育管理者及时了解本区幼儿园以及幼儿发展的综合情况和智慧成长空间的使用情况，实时掌握区幼儿园和幼儿的发展动态，做出科学的教育决策。

9. 上城区中小学阅卷服务平台

上城区中小学阅卷服务平台分为试卷定义、在线评阅、数据分析三个模块，能实现高速扫描、智能阅卷、统计分析的功能。试卷定义模块主要供管理人员定义考试使用，在阅卷前完成分值定义、阅卷分工等设置。在线评阅模块，主要供阅卷人员登录平台进行评阅，主要能实现客观题自动批阅、主观题在线批阅的功能。数据分析模块能实现阅卷结果的在线统计与分析等功能。上城区中小学阅卷服务平台不仅能减轻教师阅卷负担，而且能有效提高阅卷质量和阅卷效率，提高阅卷的准确性与公平性。

10. 上城区教育云盘共享平台

上城区教育云盘共享平台面向教育局以及学校教师，完成基于教育体系的文档管理，实现教育资源的集中存储、管理、使用等，用户可通过多种连接方式访问教育文档云。该平台为教师构建教学资源库，教师可随时随地存储、备份和分享教学资料，告别 U 盘和邮件附件，还可以通过云盘自由分享协作，促进学科间的交流。

11. 上城区中小学虚拟机器人学习平台

上城区中小学虚拟机器人学习平台为本区学生学习智能机器人提供资源支持。利用虚拟仿真技术，实现逼真的现实物理运动模拟，降低学习、操作智能控制技术的门槛，引导学生进入生动有趣的科技殿堂，玩转人工智能，释放天马行空的想象。采用标准化、拖拉式、模块化的可视化图形编程系统，人性化的智能匹配式联想功能，操作更简便，有助于提升学生学习专注力。

12. 上城区志愿者服务平台

上城区志愿者服务平台是有关上城教育志愿者及相关志愿者活动管理的综合性电子政务平台，也是上城教育志愿者服务工作科学管理、科学决策的数字化辅助平台。它承担着规范注册志愿者管理、提高志愿者的服务素质、方便志愿者之间的交流等责任，使得相关机构能够实时掌握和统一信息。及时将信息传递到管理层和决策层，做到活动项目信息发布、志愿者招募、活动信息反馈的全面集成和统一管理，从而大大提高上城区教育志愿者服务活动的工作效率。

13. 上城区公办小学一年级户籍生入学一码通系统

上城区公办小学一年级户籍生入学一码通系统是上城区教育局根据浙江省“最多跑一次”数字化转型的总体要求，贯彻落实《教育信息化 2.0 行动计划》目标，率先推进数字教育新服务的一项举措。杭州市教育局一年级入学报名系统已实现新生信息采集、户籍信息核对等功能，但截至 2023 年家长仍需到现场进行核验、到现场领录取通知等，至少需要跑两到三次才能完成入学事宜。上城区教育局在实现数据共享的基础上，将信息核验、录取告知、颁发录取通知书等流程全面数字化，实现户籍新生入学零跑、随迁子女新生入学最多跑一次的目标。主要功能是在线受理“一码通”、户籍生入学“一线办”、信息审核“一网通”、短信发送“一对一”、结果查询“一秒知”、数字录取“一站达”、辖区查询“一键知”、政策咨询“一日答”，通过上城教育微信公众号为家长提供服务。

14. 民主评议系统

民主评议系统于 2017 年开发，长期被广大教职工应用于对学校领导干部进行线上民主评议。该系统在设计之初就充分考虑到保障教职工合法评议领导干部的权利，采用数据模糊化技术在保留原始数据局部特征的前提下对评议结果进行模糊化加工，对其中部分信息进行泛化替代，使模糊化后的数据具有不可逆性，从而在保证数据安全的前提下充分保证用户的隐私安全。在 2022 年上城区教育系统民主评议工作中，共有 10987 人次教师参与了对 516 名校级领导、63 名校长助理的评议。

15.“学后乐园”课后服务管理系统

“学后乐园”课后服务管理系统托管服务聚焦“双减”政策，通过对接省教育厅“教育魔方”、区域一体化智能化服务平台，上架浙政钉治理端、浙里办家长服务端、钉钉业务端（供教师、机构使用），进一步开发迭代“淘活动”模块，同步对接“上城之江汇教育广场”“星级家长执照”等现有应用，实现校外托管服务引入、“互联网 +”在线学习模式创新和家庭教育资源的优化供给。“学后乐园”课后服务管理系统创新供给模式，优化社会教育资源配置，满足全区学生、家长的现实需求，实现了课后服务水平和治理能力的全面提升。

二、以整体推进为策略完善信息化硬件环境建设

教育技术装备是教育教学活动的物质基础，是学校办学的基本条件，同时也是教育改革和发展的物质基础，是实施素质教育和培养创新人才的重要保障。近年来，上城区以“生均投入多”“配置标准高”“专项投入大”“绩效管理强”为目标，对义务教育的投入力度不断加大，引进各种先进的教育教学设施和设备，对推进学校教育技术的智能化进程发挥积极重要作用。

1. 生均投入多

上城区教育局严格按照相关法律法规，本着均衡、规范的原则，关注每一所学校，全面完成了各项教育装备采购任务。以生均教学仪器设备值为例，全

区生均教学仪器设备平均值全部达到浙江省教育现代化发展水平监测满分标准。如杭州市高银巷小学作为一所拥有 18 个班的小规模的学校，2017 年生均教学设备值为 4040 元，每百名学生拥有网络多媒体教室 5.03 间，这两项数据在全市乃至全省均处于领先地位。

2. 配置标准高

2013 年，上城区在装备配置实现交互式白板进教室比例达 100%，校园无线网络覆盖率 100%。在确保高配置的基础上，上城区持续更新区域教学配置。推广使用的课桌椅已经推进到第三代手摇式升降课桌椅，覆盖率达到 85%。加快传统技术装备的迭代升级，大力推进新型教学空间建设，实现校校建有新型教学空间，有力支撑课程改革实施和育人模式变革。积极利用新技术、新装备创新教育教学，注重需求牵引，深化融合应用，赋能提质增效。不断优化装备结构，充分发挥 5G、大数据、人工智能等信息技术优势，打造开放互联、智能感知、虚实融合的智慧校园环境，全面推进教育新型基础设施建设。

3. 专项投入大

从 2012 年开始，上城区教育局在强化现代教育技术基础装备配置的基础上，每年对实验室器材、专用教室设备等项目的应用实施专项督导评估，保证所有中小学教学仪器配备达到省一类标准，进一步统筹提升学校在设备应用上的均衡性。加快推进中小学护眼灯光改造工程，在达到教室照明国家强制标准基础上，探索推进智能照明。

4. 绩效管理强

注重实效，将区域和学校的教育技术装备建设、实验教学开展情况纳入办学水平督导评估体系，将教师教育装备应用能力纳入教师考核体系，发挥考核评价的导向作用。规范对移动终端等新技术装备的配备管理，建立教育信息化产品和服务进校园审核制度。设置专项经费，实行“以奖代拨”的经费补助政策，充分调动学校依托现代教育技术促进教育教学变革的积极性。通过政策倾斜和多元投入等方式，促进区域、城乡教育均衡发展，助力共同富裕示范区建设。

三、以实践应用为导向开展信息技术研究与探索

信息技术潜移默化地改变着学校教育和管理的各个层面，实现了管理的数字化、科学化、规范化。要推进建设信息化，首先要在思想意识上对其充分肯定，更新理念，把握时机，将信息化技术与传统的教育、管理方式相结合，做促进学校管理现代化的先行者。

1. 技术沉浸式教师培训

教师是教育的第一资源。教师的信息化教学素养决定着信息技术与教育教学深度融合的实际效果。研究探索多维度、多层次的提升活动，以研促用，以研促教，充分整合，形成区域教师信息技术应用能力提升的体系，开发适合上城区的信息化教学培训课程，全面提升教师的信息技术应用能力。

专题课程培训。举办形式多样的信息技术应用业务活动，例如，教育信息化领导力培训班、移动学习研讨班、微课设计与制作培训班等。课程旨在帮助教师了解当下新兴的信息化教学工具及其使用方法，知道有哪些工具可以为课堂教学服务，知道当下基础教学领域中的优秀信息化教学案例，为通过信息化手段改进个人课堂教学提供经验参考；理解信息化教学支持课堂教学的方法策略，具备以教育技术改进教育教学绩效的视野；能够针对个人课堂教学中的问题，提出利用信息化解决问题的方案。

校本研修活动。依托完善的校本研修组织框架，由师训中心牵头，组织各校立足校本实际，开展校本研修活动。相比于区域层面的培训课程，校本研修更加聚焦教师所在学校的教学重点工作，所开设的研修活动更具有个性化和针对性，研训教师之间有着工作上的协作关系，更容易把研修成果转化为教学实践。比如杭州天地实验小学的“信息技术支持的项目化学习”项目、杭州市

胜利实验学校的移动 App 教学等。

2. 技术沉浸式成果提升

以成果输入为导向，通过比赛竞赛等活动，建设精品数字资源，凝练优秀教学案例，开展网络同步课程建设，通过课题研究提升教师利用信息技术改进教育教学的创新力。研究探索信息技术在教育教学与教育管理领域应用的新模式、新方法，在研究与活动中出成果、出经验，带动全区信息技术应用提层次、上水平。

比赛竞赛激励。组织“上城区教师教育教学信息化评比活动”“上城区精品数字资源开发活动”“上城区之江汇精品教学空间建设”等活动，遴选优秀的课件、微课、微课程等，促使教师把自己的教学实践转化为可供分享的教学案例和教学资源。引导学习中心所在学校的教师开设网络同步课程，分享优质的数字资源，促进教师信息素养的提升。

课题研究深化。引导教师基于教学实践和比赛竞赛的经历进行课题研究，深化信息技术的融合应用。创造性地设立“上城区信息化教学实验区建设专项课题”，组织教师申报“杭州市现代教育技术类小课题”“浙江省教育信息化研究课题”等。2017—2022 年，上城区共申报、立项各级各类信息技术研究课题 230 项，参与研究的教师 2000 余人，课题研究对教育信息化的支撑与引领作用日益凸显。

开展数字化校园建设是实现教育现代化的重要基础，上城区结合自身的教学理念以及实际发展规划等，使数字校园发挥出最大的价值，实现了资源的动态整合，使学校的管理更为智能，为教师教学提供便捷，并改变了学生的学习方式。

第二节
“学校大脑”的建设与实践应用

⊙

数据是一种新资源，学校学生个体状况、学习情况以及活动项目等数据随处可见、随手可得。然而学校在传统的管理中，由于缺乏相应的技术，同时也不重视教育教学过程中的数据收集、存储和分析，数据难以被记录和整合，数据资源的优势没有被充分挖掘和应用，所以管理中往往依赖经验性的判断。

“学校大脑”是技术赋能的创新载体，秉持着让学习更智慧、让教育更美好的改革目标，为实现学校教育现代化提供了先行经验。“学校大脑”以弹性计算与大数据处理平台为基础，以教育学、认知心理学、信息学等为理论基础，以学生多层次能力构建和长远发展奠基为根本出发点，在互联网开放平台上实现教育教学多源数据收集、实时处理与智能计算，颠覆了传统的学校管理模式，提升了管理效能。

一、数据驱动未来学校新样态

链接 7-2-1 建兰中学“学校大脑”建设

杭州市建兰中学是全国知名学校，也是实现数字化转型的代表性学校。学校倡导“适性教育，呵护学生发展无限可能”的教育理念，并以此理念为基础，在全国首创“学校大脑”（见链接 7-2-1），成为全国第一所有数据资源部的学校。

如同人的大脑一样，“学校大脑”作为学校管理者、教师和学生的助手，对学校各个维度的数据进行实时搜集和分析处理，从而对学校的管理和教育教学方式进行变革。“学校大脑”依托人工智能技术，充分运用大数据算法，将数据资源转化为学生发展和教师成长的资源。通过精准化数据采集与分析，实现即时性教学反馈与多维度学生评价，并提供学生成长的个性化方案，以此促进学校评价、教学、德育的创新发展。如图 7-2-1 所示为“学校大脑”架构图。

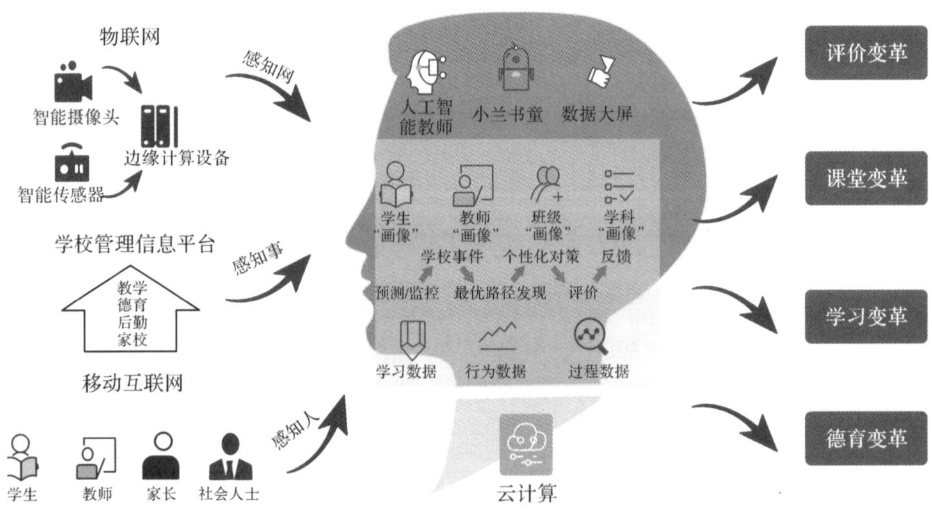

图 7-2-1 “学校大脑”架构图

1. 教学新逻辑：数据变革的学教转型

“学校大脑”通过数据这个新的变量驱动了教学变革。比如为每位学生构建一棵知识树，学生已掌握的、未掌握的、还需巩固的知识点，通过学生学习数

据计算，结合学科知识图谱，为学生进行个性化推送。

（1）数据驱动课程变革。2015 年至今，杭州市建兰中学已经开发了近 100 余门课程。要把这些课程真正运营好，需要丰富的经验，为此，学校进行了通过数据驱动课程变革的尝试。“学校大脑”依据学生的优势与不足为其推荐相关课程，满足学生多元发展的需求，扬长补短；同时为有特长或是特殊需求的学生私人定制个性化的培养方案；另外基于学生三年的“画像”，对学生未来的发展规划提出合理建议，为其今后的职业发展提供参考。“学校大脑”就如同学生身边的导师，引领着学生走向个性化成长之路。

（2）数据驱动教研变革。教研是提升教师团队教学能力的重要手段。“学校大脑”通过数据来做教研。杭州市建兰中学有自己编制的校本作业，每年定期进行修订。由于记录、分析了学生的学习过程数据，结合学科知识图谱，“学校大脑”判断出校本中哪些题目是好题，是适合学校学情的，哪些题目是无效的，哪些题目是需要调整的，并形成报告发送给教师。教师依托校本修订报告，再结合自己的经验，精准快捷地完成校本修订工作。杭州市建兰中学的校本修订，从此由经验型走向数据驱动。数据的作用不仅体现在校本作业修订上，还可以用在备课、考试命题中。这些有益的实践，将大大提升学校的教研水平。

（3）数据驱动课堂变革。课堂是学生学习的重要阵地，“学校大脑”支持下的课堂教学，以学习者为中心，其实践方式主要有动态分层的辅导教学及精准分类的专题教学。

在动态分层的辅导教学中，教师根据由“学校大脑”分析整合的学生学习数据，分层开展辅导课程教学，为不同层次学力的学生提供个性化辅导，并根据学生“画像”的动态变化，实时调整分层，始终保证分层辅导的科学性与合理性。在精准分类的专题教学中，教师借助前期得到的学生“画像”，找到每个学生的“最近发展区”，对学生学习的薄弱知识点进行精准分类，以项目的形式开展学习活动；教师借助学生行为的数据分析报告，根据主要错因，开展不同专题的教学活动，满足每个学生学习发展的个性化需求。数据的完整性和即时性对课堂评价也产生了积极的影响。

（4）数据驱动学习变革。小兰书童是基于学生“画像”精准诊断和评价反馈的功能，为学生提供智能化、个性化的学业辅助服务的智能机器人系统（见图 7-2-2）。它帮助教师将原来统一进度的教学转向基于学生“画像”的精准教学，并引导学生进行自主的精准学习。

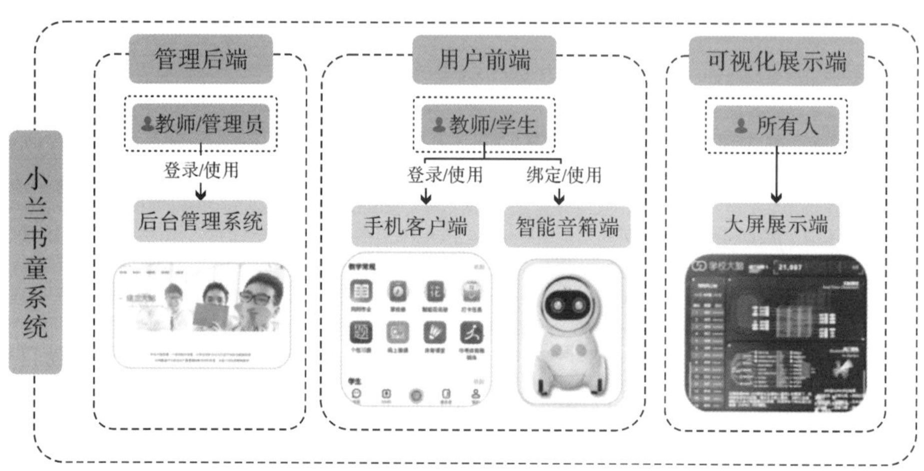

图 7-2-2　小兰书童系统

①预设学习目标。以学生“画像”为依据，通过“设定目标—规划时间—自我反思”三步骤进行规划。根据学生“画像”分析学生当下的学习状况，为其量身定制一个短期的进阶目标；挖掘学生的学习偏好、认知风格、知识结构、能力水平，为学生选择最合适的学习时间；分析出学生知识点掌握情况，精准规划知识学习重点，帮助学生进行自我反思。

②巩固学习内容。小兰书童系统根据学生“画像”，为其提供适配的学习资源，即小兰作业。小兰作业将课前预习、新知学习、巩固检测和拓展深化四个类别的作业重新整合，并划分为阅读拓展、实践练习、思维提升等个性作业。学生作业情况汇总到小兰书童后台，由“学校大脑”进行诊断优化后再次推送与错误类型相似的新作业和个性化微课，形成学习能力提升的闭环。

2. 评价新样态：数据喂养的五育成长

学生“画像”以数据采集为前提，通过数据分析与知识图谱，精准描绘每

个学生在行为表现、学业水平和生涯规划等多维度的数字“画像”，“成长报告”“行为表现”“学业评价”是学生“画像”的三种形式，是体现学生个人特质的多元化诊断评价系统。基于实时、多维的数据采集方案，学生“画像”得以全方位反映学生的核心素养和个性化成长轨迹，进而建立起学生综合素质评价的新模式。

（1）精准化成长报告。根据习近平总书记提出的“德智体美劳”五育并举的教育理念，结合《杭州市初中毕业生综合素质评定表》的文件精神，学生“画像”将学生综合素质评价体系进行细化与深入，解决了以往评价标准模糊且单一的问题，从多维度和精准化的评价视角对五育逐项进行量化评定，从而形成学生成长报告，助力学生核心素养的培育，促进学生的全面发展。某学生入学时和两年后的能力分布雷达图见图 7-2-3。

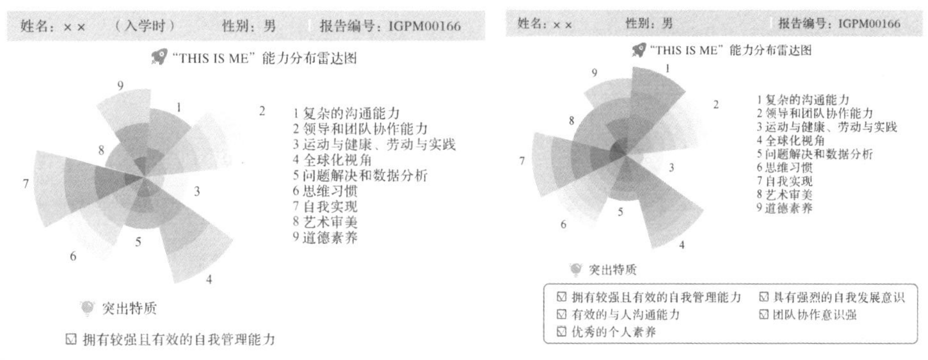

图 7-2-3　某学生入学时和两年后的能力分布雷达图

（2）数据化行为表现。行为表现数据是学生道德品质、劳动实践和身心健康等方面的有效反映。依托学生成长报告中的评价指标，每位学生的在校行为表现数据可以被智能沉淀和分析，以此生成每位学生专属的个性化“行为表现关键词”。

（3）个性化学业评价。个性化学业评价主要分为两方面，一是在学科知识点层面，通过横向（年级得分率）与纵向（所有知识点得分率）对比，学生能及时查漏补缺，并通过对每次考核的一级和二级知识点进行分类分析，有效巩固薄弱知识点。二是在学科能力层面，通过日常作业和考试数据的沉淀，从知识点的学习有效延伸到相关学科核心素养的培养，助力学生乐学善学。某学生数学学科个性化学业评价如图 7-2-4 所示。

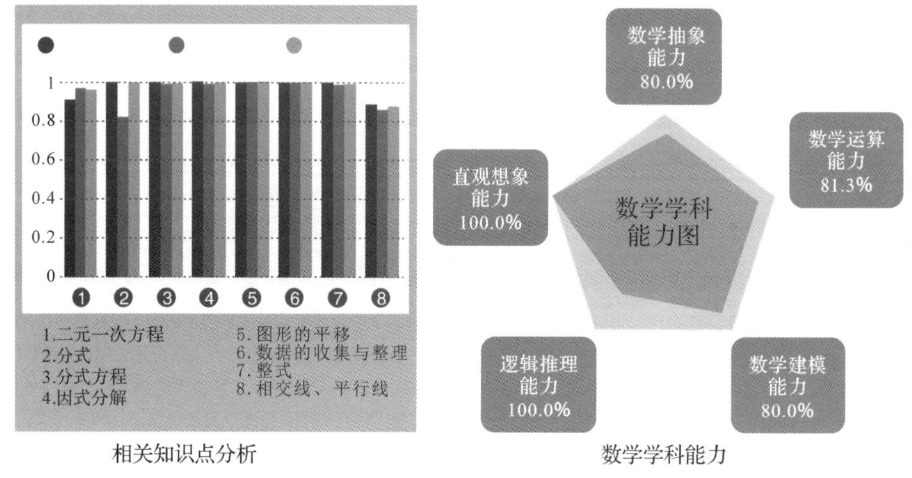

图 7-2-4　某学生数学学科个性化学业评价

这些评价为教师对学生在校的个性化教育提供相应的依据与方向，一方面能够更精准地把握学生的特性、能力、动态等；另一方面为学生检视自己的在校行为、比照同学情况提供参照，更为其能力的提升和今后发展提供数据保障；最后为家长监督孩子在校表现提供及时、准确的反馈，便于家校沟通。

3. 教师新素养：数据支撑的教师成长

每一位教师在“学校大脑”的赋能下，都将成为数据的生产者、使用者和受益者。教师教育教学行为沉淀的数据在“教师画像”数据平台中以可视化的方式呈现，反映出教师当下具备与欠缺的核心素养（见图 7-2-5），为其指明最具增长点的发展方向，提供精准的数据支撑和专业支持，促进教师有针对性地提升自我，构筑教师个性化成长环境。

数据平台的价值源于平台，但并不止于平台。能力分布雷达图的实质是一系列数据的诊断图，它对线下的教育教学活动的改进、教师培训方式与侧重点的转变等都发挥着重要作用；平台数据资源库实现了每一次培训的留痕，使教师培训落到实处，也为培训内容的不断改进提供了借鉴。

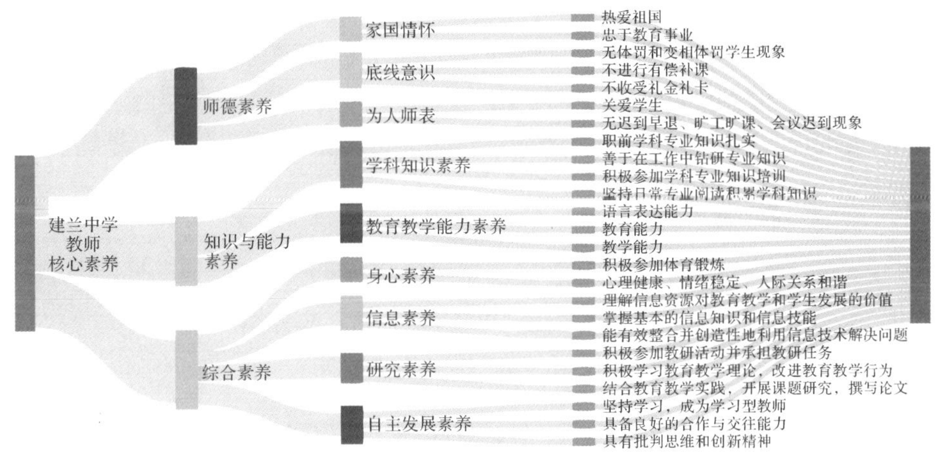

图 7-2-5　杭州市建兰中学教师核心素养

4. 治理新形态：数据驱动的管理服务

“学校大脑”使用可视化大屏分析并展示庞杂的学校数据，让更多的人看到数据可视化的魅力，以满足学校教育教学监控、风险预警、数据分析等多种业务的展示需求。相比传统图表与数据仪表盘，如今的数据可视化致力于用更生动、友好的形式即时呈现隐藏在瞬息万变且庞杂数据背后的信息，通过交互式实时数据，可视化大屏帮助学校管理者发现并诊断教育教学问题。

同时，这些数据还以数字驾驶舱的形式呈现在校长和教师的手机上。校长可以通过手机一键了解学校每个学生的成长情况，教师在自己的权限内也可以看到所教学生的情况。

不忘初心，砥砺前行。杭州市建兰中学以“学校大脑”为基础设施，以数字资源为关键要素，不断推动学校的教育教学变革。促进育人生态变革的“学校大脑”，让学校更会思考。展望未来，教育数字化的浪潮初显，杭州市建兰中学通过数字化平台的建设，不只减轻教师工作压力，以学生为中心提升教育效能，还从“打破孤岛”到“应联尽联”，推进教育公平，使每一个孩子都能得到最好的发展，成为最好的自己。

二、“六体魔方”质享教育新生态

杭州采荷第二小学教育集团创办于1988年，2004年成立区域首个教育集团。学校发挥辐射和引领作用，全力打造教育共同体，为教育均衡化作出了贡献，先后被评为浙江省教育技术实验学校、浙江省数字校园示范建设校、全国数字化教育联盟学校、浙江省之江汇教育广场“云上名校”示范校等。

近年来，学校依托“六体魔方”（采二大脑），构建“Z”享教育体系——“质”享教育、“治”享服务、“制”享管理、“智”享评价、“秩”享决策。打造学校智治看得见、教育服务看得见、学生成长看得见、教师发展看得见的教育新样态，推动新技术支持下教育模式变革和生态重构。

1.“六体魔方”总体框架

“六体魔方”主要以人工智能、大数据、物联网、云计算等为基础，依托各类智能设备及网络，统筹建设一体化智能化教学、管理与服务平台，积极开展智慧教育创新研究和示范打造，推动新技术支持下教育模式变革和生态重构（见链接7-2-2）。如图7-2-6所示为“六体魔方”总体框架。

链接 7-2-2
杭州采荷第二小学教育集团“六体魔方”

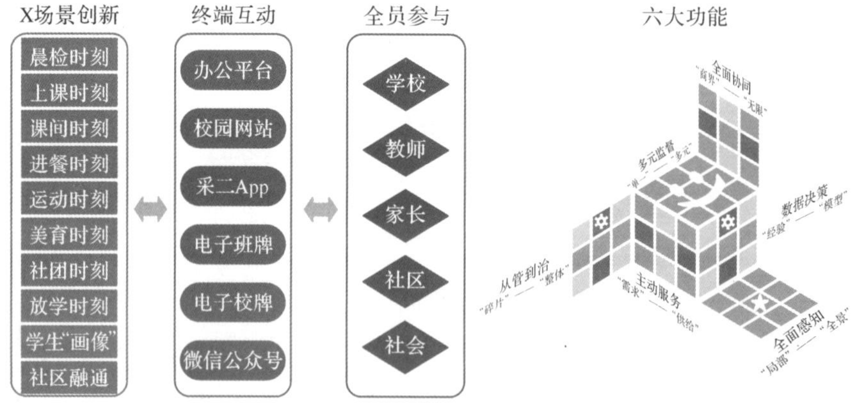

图7-2-6 “六体魔方”总体框架

“六体魔方”牢固树立分析、综合、迭代的逻辑思维，遵循“构建1个主体单元—完善3大支撑体系—提升6项关键能力—创新X个场景应用”的路径，让技术为教育赋能，达到两者的共建、共创、共融、共生。

2.“六大能力”构建智慧教育生态圈

“六体魔方”主要提升六大关键能力：无感采集、数据推送、智能治理、人工智能决策、数据共享、多元协同。提升采集、推送、治理、决策、共享、协同六个方面的数字化、智能化水平，实现治理业务全在线和治理数据全贯通，加快推动采集从“局部”到“全景”的转变，推送从“需求”到“供给”的转变，治理从“碎片”到“整体”的转变，决策从“经验”到“模型”的转变，共享从“单一”到“多元”的转变，协同从“有界”到“无限”的转变。

一是无感采集。通过各种软硬件设备把数据感知末梢深入到教育工作的方方面面、角角落落，全面收集教育各个领域动态变化数据，建立高水平的“质量数据库”。

二是数据推送。根据用户特性，分析用户在想什么、需要什么，主动向用户提供和推荐相关信息，以满足用户的需求。

三是智能治理。从管理到治理的转变，改变收发信息、办公流程、数据统计等的方式，将线性事务安排转变为针对性治理，解决顽疾。

四是人工智能决策。整合业务，通过云计算、分析、挖掘，形成数据“画像”，提升决策能力。

五是数据共享。以综合数字大屏为核心，分屏展示教育教学、后勤管理等监督内容，有利于权限不同的人员实现多角色联动监督，最终达到整合资源、规范工作、提高监督效能的目的。

六是多元协同。全面协同打造跨层级、跨地域、跨系统、跨部门、跨业务的应用。跟社区、社会、城市数据对接，从学校内部管理扩大到与社区融合、与城市融合。

3.“X 场景创新”共建未来智慧校园

“X 场景创新”的应用理念和初衷是围绕制定教育规划、改善办学条件、保障教育投入、优化教师队伍、提升教学质量、促进学生发展、落实督导监管、推进政务协同等教育领域核心业务展开的，是系统设计教育治理数字化场景，打造跨层级、跨地域、跨系统、跨部门、跨业务的典型应用，也为教育数字化应用生态体系注入发展动能。“X 场景创新”的应用理念包括。

一是为管理赋能，让学校管理更简便。用人工智能协助人工管理模式，让人人都有智能助手，同时功能简单易用，让每个人都能轻松操作。

二是为教学赋能，让教师工作更轻松。通过师资分析、分层教学等，为教师精准赋能，优化教师工作内容，提升教师的工作能力，丰富教师的教学手段。

三是为学习赋能，让学生学习更高效。改变传统的学习模式，打破学习孤岛，描绘学生“画像”，让学习更丰富、有趣、精准、有效。

三、数据支持差异教学再出发

杭州市天长小学以数据驱动变革学教方式，通过构建“学—教—评”一体化教学管理，深化差异教学研究。近年来，学校基于“天长大脑”大数据探索学科教学管理。“天长大脑”是集信息收集、信息处理、智能计算和自适推送于一体的教育信息平台，它使数据资源重新被认知，唤醒了学生成长过程中沉睡的每一条数据，并对学生的成长数据进行分析，让学生的个性化发展成为可能（见图 7-2-7）。

“天长大脑”指向打造个性化学习新模式，让不同学科的教师基于“天长大脑”进行不一样的教学尝试。

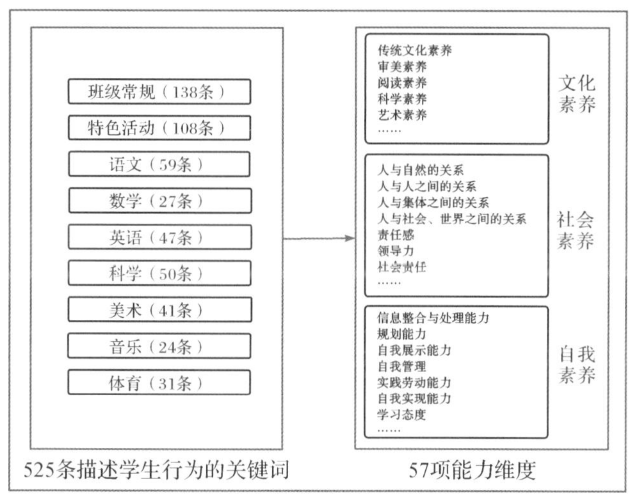

图 7-2-7 “天长大脑”平台教育信息

1. 语文学科：个性化阅读指导

语文学科通过“天长大脑”平台调查学生课外阅读量，教师将班级推荐书目录入“天长大脑”平台，平台通过学生的勾选情况形成学生课外阅读情况数据图。教师还利用“天长大脑”平台检测学生阅读效果，将推荐书目的主要信息以填空、选择和判断等形式进行编排用于考核学生，学生完成阅读并通过检测之后，“天长大脑”平台自动生成学生阅读情况诊断数据图，教师能够根据数据图直观了解学生对所阅读内容的了解情况。

2. 数学学科：差异化诊断 + 个性化推送

数学学科尝试建设“天长大脑”数据库，各年级组长将整册内容细分成近百个知识点，让各教师根据知识点由易到难编写题库。数学组设立了专门负责内容体验的专员，以便及时交流在使用过程中遇到的问题。数据库还能更好地关注到学生的差异，挖掘学生的潜能，使教师针对学生的错题进行个性化指导，帮助学生有的放矢地进行复习。同时教师也能实施有差异的教学，促进学生有差异地发展。

除了习题作业外，教师还将学生的课堂表现反馈在学生日志上。这样“天长大脑”的使用提高了数学教师的工作效率，提升了师生之间、家校之间的融合教育质量。

3. 科学学科：实时互动 + 实验指导

科学学科通过课堂前测了解学生的前概念，根据前测数据指导课堂教学，最后对学生进行后测了解知识的掌握情况，这样就能形成差异化习题。学生回家后将完成家庭作业的过程性资料上传至平台，供教师及时进行评价反馈，以此实现师生间的实时互动与指导。

4. 英语学科：口语交际 + 云童伴读

在英语课堂中，“天长大脑”平台主要起评价学生的作用，课前教师制订一些“关键词”，如“能够积极参与小组表演”。“天长大脑”平台根据教师制订的“关键词”对学生进行评价，课后教师根据学生当堂课的表现情况给学生打分。最后教师根据“天长大脑”平台中学生的得分情况了解学生得分或者扣分的原因，比如有一些学生在一段时间内没有得到课堂发言分，在下一次课上有针对性地请这些学生发言，以便更了解这些学生的学习情况。

在智能音箱端，配备有大脑智能人工智能终端——云小童。基于学校系统强大的中枢引擎，云小童成了学生、家长、教师的助手。英语组还针对云小童开发了四个题型，来发展学生的听说和阅读能力。四种题型有：根据听到问题实施人机对话、将所听到的句子写下来、跟读课文以及阅读理解。“大脑”针对积累的数据对学生的语言能力进行划分，然后根据学生的实际语言能力给每个学生推送不同的阅读语篇。这样不仅可以帮助学生完成听说类作业练习，同时也减轻了电子产品多，对学生视力影响大的问题。

5. 个性化评价

学生的学习评价分为学生平时课堂表现评价、各项常规评价和学生活动表现评价，常规评价主要是记录各学科教师关于学生的课堂表现的评价数据。“天长大脑”平台通过积累教师对学生的评价数据，分析并描绘出学生的发展趋势，为教师进行差异教学提供有力的依据。基于此，德育组将天长小学学生素养中的“自我素养”“文化素养”和“社会素养”结合多元智能中的自主发展能力、沟通能力、决断能力和团队协作能力确定为表现性评价关键词，“天长大脑”平台对学生在校表现进行记录，家长通过“天长大脑”平台上传学生各类获奖和实践类活动的照片、视频以及评价单，经过六年的数据积累，“天长大脑”平台将对所有学生在自我素养维度的表现进行精准有效的反馈。

“天长大脑”平台的实践探索使多个科目实现了个性化推送学习素材的目标，改变了学生的学习方式，使学生从以往的学习统一的素材、完成统一的作业形式，转变成学习适合自己的素材、完成适合自己的作业，由此每位学生都可以找到最适合自己的学习路径。同时，通过综合记录学生课堂的表现和在校活动情况，对学生进行综合性、发展性的评价，让学生的真实状态清楚地呈现出来，再通过数据积累描绘出清晰化、深入化和个性化的学生“画像”，为教师差异化教学提供数据支撑，使实施差异教育成为可能。

四、找准小切口做好大场景

杭州市胜利小学的历史可追溯到1599年的崇文书院，如今已是全国首批现代教育技术实验学校，中国教育信息化首批STEM和创客教育实验学校，浙江省首批数字化校园国家级数字化示范学校，浙江省教育信息化“名校上云”试点示范项目学校。

杭州市胜利小学的“胜利钉”实践（见链接7-2-3）以场景为核心，以数据为引导，从学校教师和学生的工作学习需求出发，将复杂的教育行为细化为一个个小切口应用场景，挖掘背后的核心数据逻辑，进行信息化的演绎。遵循“定制门户 + 刚需场景 + 常态化应用”的设计思路，页面极简友好，操作便捷高效，覆盖场

链接 7-2-3
杭州市胜利小学“胜利钉”实践

景全面，推进由易到难，是真正用得起来的学校智慧治理新平台。杭州市胜利小学场景化数智平台“胜利钉”架构如图 7-2-8 所示。

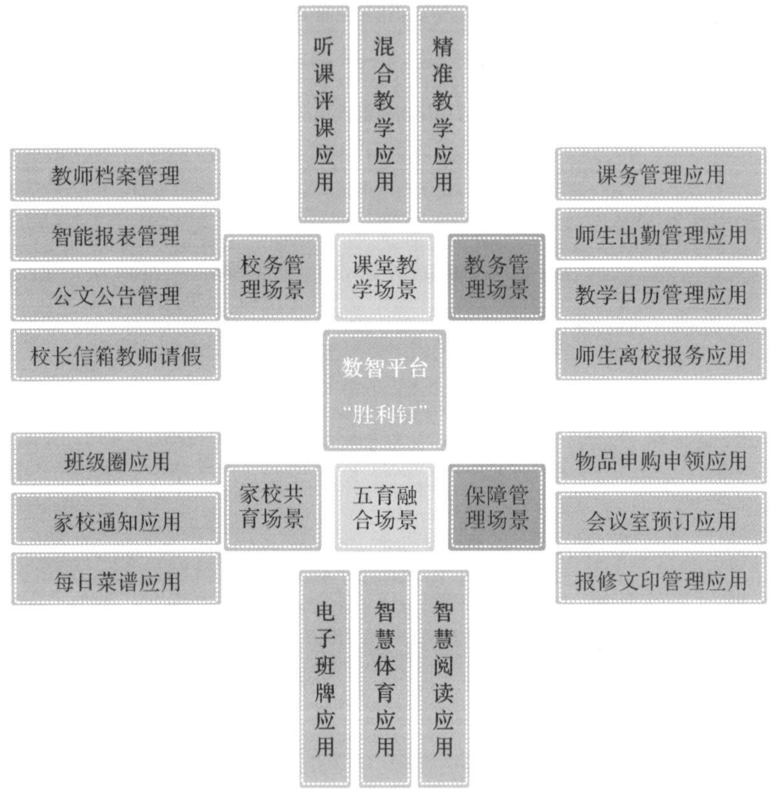

图 7-2-8　杭州市胜利小学场景化数智平台“胜利钉”架构

1. 教务优化：以信息化手段规范管理流程，提高事务性工作效能

（1）启用教务管理，便于查询协调课务。“胜利钉”中“课务管理”功能不仅可以用于智能排课，还可将全校教师课务和班级课表公开，以便进行线上调代课操作。调代课时，可直接在平台上提出申请，对方收到信息并点击“同意”后，调代课信息便被记录在平台中，便于月末查询和统计，大大提高了工作效率。

（2）教师教务考勤，规范请假审批流程。请假严格按照学校请假制度设置

流程，按不同类型设置请假原因、请假时间、请假人、附件和审核人。第一审核人审批通过后，系统自动递交第二审核人作最后的把关。所有请假记录可查询、统计，十分便捷。教师遇到教研活动或因公差、病事假不能参加时，也在此界面提交申请，申请批准后，系统将自动生成记录，为每月教师教学考核和期末绩效考核提供依据。

（3）拓展选课功能，自主选择方便快捷。在平台导入课程宣传资料，设置每门课的限额人数、年级和选课时间后，便可在规定时间开放选课功能。选课操作方便、顺畅，选课结束后，系统生成并导出选课信息。

2. 教研优品：以信息渠道共享共融，优化教研形式

（1）备注教学日历，预告教研信息。学校鼓励教师参与各类教研活动，倡导跨学科听课，“胜利钉”会提前将教研信息备注在平台中的“教学日历”中，一周的教研安排一目了然。教师可提前安排好课务，选择性参加。活动开始前 15 分钟（也可自行设置时间），系统会自动发送提醒短信，教师回复“接受”或“拒绝”，教导处便可立即了解参与人员情况。如果某项活动时间更改或取消，也可设置群发消息。

（2）听课评课应用，实时记录共享。手机端和电脑端的听课评课应用，为教师随时随地听课提供了便利。借助手机或电脑便可在平台“听课笔记”模块输入上课现场照片、听课笔记和听课感受，所形成的电子稿可保存在平台云盘上。通过云盘既可查看自己的笔记，也可查看他人的评课，需要调用时从共享盘搜索查看，非常便捷。现在，听评课广场上，听评课资源非常丰富，听同一节课的教师，可相互学习评课心得，开启了随时随心“微教研”的新形式。

（3）建设数据资源库，共享教研成果。平台中的共享盘是学校资料的集中储存库，学校行政部门或获得权限的项目负责人可在钉盘上分级建文件夹，教师可按要求上传文档、照片或视频等教育教学资料，共建共享资源库，同时也可下载所需资料，节省了相互转发的时间。

3. 课堂优能：以技术与教学深度融合，深化课堂教学改革

（1）推进“1+0”智慧课堂模式的建构。探索教师使用设备（即为“1”）、学生不用设备（即为“0”）的“1+0”智慧课堂教学模式，教师充分用好手中的移动设备，在日常教学中实现精准教学，通过数据对教学进行准确定位，突破低效教学瓶颈，朝着人本化教学、差异化教学的方向发展。以此实现依靠现代化教学技术，促进学生学习能力的提升与教师的专业化发展的目标。

（2）以课堂观察实验室推进精准教学。“信息采集—数据分析—教学诊断—行为改进”是“思维课堂观察分析实验室”的初步流程。观察分析实验室旨在依托人工智能技术，开发中小学思维课堂观察工具和技术，拓展诊断路径和方法，设计分析载体与评价标准，为诊断学生思维的“参与度、灵活度、深度”提供数据支持。在此基础上，引导教师进行反思，改进教育教学行为，促进教师的专业成长。

（3）以云上教研建立学习共同体。充分利用互联网技术，开设同步课堂，连线结对学校、联谊学校，开展远程互动教学，实现多地多校同时教研、互动达成“教研无边界，学习共同体”的美好愿景。

4. 项目优选：以信息化重点项目打造，提升可视化评价

（1）完善电子班牌，动态展示学习成果。电子班牌安装于每间教室门口，与校园数智平台班级圈联通，是展示学生学习成果、活动场景、荣誉榜等信息的动态窗口，也是保存各班资料的储存器。班级圈中上传的文字、照片、视频可实时呈现于电子班牌上，还能显示师生、生生、家校间的互动信息。学校将集众人之智慧充分挖掘其展示功能、交流功能、表彰功能。

（2）打造深度阅读课程，让阅读成果看得见。搭建“智慧阅读数据云”平台，以“墨水瓶”——智慧阅读电子书为载体，从阅读人数、阅读书目、阅读时长、阅读字数、阅读能力分析等不同维度即时展示和反馈学生课外阅读的情况，老师、家长第一时间就能知道孩子的阅读情况及阅读评价，从而采取有效的阅

读跟进措施，最终有效提升学生课外阅读品质。

（3）采用人工智能技术，让体育锻炼过程可视化。开展“人工智能跳绳”实践，人工智能技术可以进行语言处理，具备图像识别、语音识别等功能，学生在跳绳时不仅可以看到跳绳动作和成绩显示，还可以听到语音提示，同时“人工智能跳绳”还具备打卡定时提醒和评价反馈功能。运动手环设备可以随时检测学生运动情况、自动采集学生运动时的各项数据指标，还可以创建体育课堂云平台大数据，采集、储存、分析并展示运动数据，并通过智慧体育课堂平台为学生建立运动健康成长档案。

心理学家派珀特说过：“数字媒体对教育真正的贡献，在于它所拥有的弹性与张力，它让每一个个体都能发现自己的学习途径。”“学校大脑”是“城市大脑在”教育场景的落地，这是一个新事物。“学校大脑”的建设，给学校带来一系列变化，使每名学生都有个人工智能书童陪伴学习，实现人机结合的个性化学习；使每位教师都有一个强大的平台支持教育教学，促进教师成长；使每所学校都有一批数据工程师激活校园，助力校园建设。

第三节
教师信息技术应用能力提升

⊙

教师应用信息技术的能力是教育信息化时代教师必备的专业能力。为全面提升教师信息技术应用能力，上城教育建立和完善了各级各类教师教育技术能力标准，把教师现代教育理论素养的培训任务放到首位，多途径、多形式、多层次地开展培训活动，教师的现代教育信息技术应用水平不断提升。

一、以教育信息化 2.0 为契机，提升全区教师技术素养

教育部印发的《教育信息化 2.0 行动计划》正式提出教育信息化 2.0 行动计划，是教育信息化的升级。教育信息化 2.0 依托网络培训平台，构建以学校为基础、全员参与、区域合作、跨学科合作的信息技术创新教育教学协同发展模式。上城区以信息技术 2.0 为契机，不仅要提升教师的信息技术应用能力，还要转变教师的技术素养观，使教师能力从技术应用能力转向信息素养能力。

案例 7-3-1 信息技术助力教师开展差异教学

2019 年 11 月，杭州市天长小学主办了“基于数据的课堂教学”研讨会，会上，语文、数学、科学教研组分别展示了各自在“技术与学科教学的融合”上的实践成果。

数学分会场展示了一堂“三步运算”数据诊断分析课，由教师吴玉兰执教。吴老师和学生们依托“数据大脑”对错题的统计、分析、诊断，找到了“单元小测试”的疑惑点、易错点并展开交流。课堂上，教师巧妙运用“个性化作业”辅助技术，针对每位孩子的差异表现，分组推送个性习题，并辅以微课指导，为“如何基于学生学习表现数据展开精准教学”提供了范式。这既落实了数学学科素养，又做出新的探索——基于数据的精准教学和基于数据反馈的教学方式。

信息技术与课堂教学的融合也带来了学教方式的变革。杭州市天长小学已经能够实现对学生每日数学作业自动化诊断，对需要巩固的知识点和重点题目提供学习建议或小视频指导。教师在授课前，可以非常方便地提取学生完成情况的数据，找到学生整体以及个体的薄弱点，并在一个阶段后为每个孩子推送相应的个性化巩固练习，有针对性地查漏补缺。同时，教师能从学生学情出发设计教学方案，在课中、课后为有差异的学生提供有差异的指导，同时也实现了翻转课堂。

（杭州市天长小学）

在“教师信息技术应用能力提升工程 2.0”行动的推进上，杭州市天长小学选择了一条“实践先行”的道路。首先，经过一段时间实践与理论学习相结合的努力，学校打造了一个能够满足学校教学需要的信息环境，探索出“智慧校园”构建的可行路径。其次，以信息化项目推进为抓手，让教师在信息化实践中发现问题，并主动吸纳先进教育信息技术研究成果，在做中学、在做中研，其实践成果最终能为全体教师所共享。最后，经过一年多的实践，通过教师培训、学生发展、教育科研等多方面协作，全校教师队伍信息技术应用能力得到了提升。实践表明学校教师普遍对新技术的接纳力较强，能够主动在日常教学工作中运用新技术。“教师信息技术应用能力提升工程 2.0”真正实现技术赋能教育，技术为教学服务。

二、以数据诊断为依托，让教师成长“看得见”

《人民教育》在“教研转型”专题刊的发刊词中指出：“教研转型，既需要顶层设计，也需要自下而上的主动探索与实践；需要各级教研系统和教研人员更新观念，找准转型的突破口和着力点，在教研内容、教研管理机制、教育工作机制和工作方式上发生改变，在传承中实现发展和创新。”

教育大数据通过采集师生行为小数据、沉淀课堂教学大数据，让教师成长“看得见”，从而推动师资队伍建设。在大数据的诊断下，教师成长将面临许多问题：如何对教师的教学行为和教学过程进行精准分析、及时调整；如何构建基于大数据技术诊断的个性化学习方式，将“教为主体”变为“学为主体”；如何结合大数据精准了解师资水平，对青年教师进行“全面培养”和“精准扶贫”等，这些都是对如何有效使用数据助力教师成长的思考，需要在未来的教育大数据发展中不断地摸索和实践。

案例 7-3-2 构建智慧教师专业发展平台

如何借助教育信息技术帮助教师更好地分析自己的发展轨迹，帮助学校管理部门获得智慧化的分析和建议，成为杭州市崇文实验学校建设“智慧教师专业发展平台”的主要目标。

平台重反思和共享，将教师评价过程化。教师专业发展的关键在于对教学和学习过程不断进行反思和再评价，智慧教师专业发展平台给教师提供教学和学习记录，使教师能够通过观看教学记录深度思考教学行为与专业理论之间的差距，也为教师提供了与同事进行专业对话的空间，教师之间可以分享教学经验，加速教师专业能力的成长。

平台去繁求简，为教师减负。智慧教师专业发展平台合理规划栏目和功能，包括成长感悟、经典课例、案例论文、课题成果和学生成果五大板块（见图 7-3-1），同时简化信息输入的操作流程，教师只需要在同一页面进行输入，无需打开多级页面。

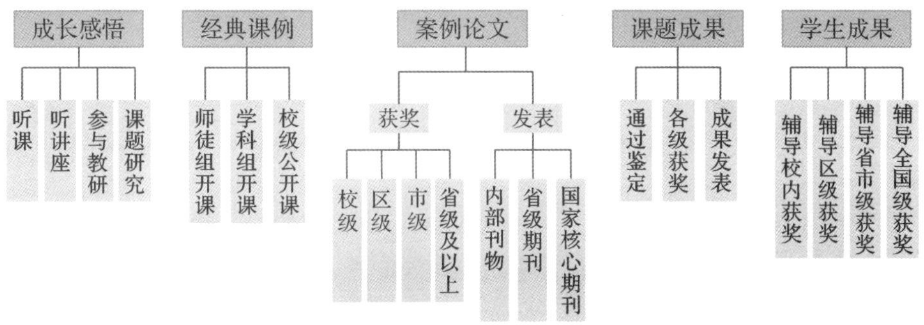

图 7-3-1　智慧教师专业发展平台栏目和功能

平台多维采集，直观显示。采用直观的雷达图、统计图呈现教师业务状况和专业成长发展趋势，多维度采集和分析教师成长数据，给管理部门提供了直观的分析结果，使教师的成长真正“看得到”。

一次信息输入，多个系统共享。智慧化教师专业发展平台的建设将多个系统进行合并升级，实现系统之间的数据共享。学校还建立了以一卡通为基础的数据分析系统，通过智能分析搜集的数据辅助教师成长。

（杭州市崇文实验学校）

以教师发展积累数据，以数据促教师发展。直观形象的数据分析和横向纵向的对比让教师在比较中见优劣、求发展、明方向。学校管理部门通过对教师及其所在小组在某一时期的数据进行统计分析可以随时地、准确地了解教师的发展历程和教师队伍的优势，掌握教师的教学特色，加快教师队伍的建设。

“闻道有先后，术业有专攻”，在互联网背景下，以智慧教师专业发展平台为基础，走智慧校园之路是学校的初步尝试。智慧化校园建设是一个个性化的、全面的、持续的过程，学校将继续探索智慧教师专业发展的应用与研究，借“互联网 +”之力，扬智慧校园之帆。

三、以数据资源库为平台，促进教师专业成长

随着信息化技术的不断推进与应用，数据资源库的建设也慢慢成形和不断丰富。在充分的实践与开发中，数据资源库具有以下价值。

1. 完善的数据库基础资料，满足新教师入门级需求

新教师是学校的新鲜血液，需要专业岗位培训才能更好地发展。数据库基础资料包含优秀教学设计和教学案例、优质公开课录像、优质试卷、优质学生作业等。新教师可以通过数据库，快速找到适合本阶段使用的基础资料，学习并再创造，快速有效地进入教育教学状态，传承名师的课堂风采。

2. 数据库中级资料，引领骨干教师进阶发展

一所学校的骨干教师有着重要的作用，既可以满足学校教育教学方面的拓展需求，也可以满足培育和带领新教师成长的需求。而骨干教师的发展，需要更多专业培训资料的支持。数据库在尊重版权的基础上，对各学科的专业研究分门别类地予以录入，尤其是教学方面的各类课堂实录和最新的研究理念，指引骨干教师在教学中与时俱进，同时又将这些先进的理念辐射给更多的教师，形成教学相长的良性闭环。

3. 数据库高阶教科研资料，促进研究型教师的培养

从校内教科研到区级市级教科研，直至教育部最新的研究资料，在尊重版权的基础上，将各类最新教育教学成果汇聚到数据库，引领教师的高阶教科研

之路。此项数据库资料将帮助教师汲取最新的知识与方法，进一步提升自己在科研领域内的研究能力，从单纯劳作型教师转变为研究型教师，并最终将研究成果运用到一线教育教学中。

案例 7-3-3　教育云空间　多彩促发展——杭州市陶子幼儿园数据平台建设

杭州市陶子幼儿园在实践中不断思考如何实现对教师专业化成长的精准支持，给予教师全面发展的空间，鼓励和支持教师的个性化发展，同时拉近一线教师与名师的距离，实现实时交流、经验与资源共享，帮助教师提升专业能力。幼儿园希望充分发挥年轻教师的学习力和成熟教师的经验，借助网络空间，形成“双导师、多平台”的教研成长模式。

创建特色空间。在特色空间的创建过程中，教师根据擅长的领域进行目标明确的内容收集，形成具有自己风格特点的网络空间。以颜瑶卿名师工作室为例，其工作室空间拥有多彩天地、多彩观点、多彩资源、多彩课例、多彩视频和多彩链接等七大板块。

资源共享，名师联动。教师可以通过通讯录、最近访客、推荐好友等多种渠道添加好友，找到自己喜欢的名师工作室，获取更多学习资讯。

空间联动，教研有序。教研组长倪蓝会在网络空间中上传教研日志，教师根据教研日志写下自己的思考和建议。另外，每学期的骨干教师教学展示活动中的优质课教案、视频也会在空间共享，教师可以在此基础上进行研磨、实践，提升自己的专业能力。

“一站式”资源共享。有了云空间后，教师可以在同行们的教育云空间中搜索资源、丰富知识。例如教师胡华媚的空间中系统地收集了音乐教育的相关内容；教师金鸿燕擅长语言，她的空间中有很多关于绘本、阅读方面的课例资料；诸燕云是美术老师，她的相册中有大量的美术作品。

通过近几年的不断实践，幼儿园教师在名师工作坊特色空间中上传优秀课例 30 余个，案例视频 40 个，论文、反思、观点 256 篇，资讯报道 69 篇，精彩照片1000多张，可下载资源500多个。同时，依托名师工作坊特色空间带动幼儿园老师建立特色空间的积极性，定期上传自己的学习心得与经验成果，利用网络空间开展自主学习，互相汲取优秀资源，共同进步。在充分发挥名师示范、引领、辐射作用的同时，给予教师充分的自主学习的空间、时间和权利，进一步改变了教师的学习环境和学习模式，使教师队伍的总体素质获得大幅提升。

（杭州市陶子幼儿园）

教育云空间的创建为教师提供了一个新的、便捷的学习途径，形成了“线下名师面对面，线上教研点对点”的新模式。通过联动教研，教师在家里就可以观看汪劲秋、沈颖洁等名师的讲座。

用数据“说话”，满足教师的成就感。人的成就心理是一种高级的自我实现需要，能够使教师产生内在动机，全身心地投入教育教学。智慧教师专业发展平台使教师比较全面地了解自己的发展过程与发展状况，获取相应的数据资源；通过定期的展示、交流活动分享自己的工作内容与成果，向学校和同事展示自己的成就；教师在回顾、交流与反思的过程中感受自己的成长与进步。教师在体验成功时产生的自豪感，继续激发其努力向上的斗志，促使教师向高层次发展。

参考文献

［1］饶美红，陆韵．建兰大脑：依托AI技术实现学校变革的行动与创新［M］．杭州：浙江教育出版社，2020.

［2］赵兴龙，黄天元．中小学数字校园建设全覆盖实现路径：基于数字校园2.0的视角［J］．电化教育研究，2021，42（2）：78-84.

［3］教育部．教育部关于印发《教育信息化2.0行动计划》的通知［J］．中华人民共和国教育部公报，2018（4）：118-125.

第八章
治理：数字化改革赋能创新

2021 年 2 月 18 日，浙江省委召开全省数字化改革大会，全面部署浙江省数字化改革工作。省教育厅也同步推进，提出以“教育魔方”工程为品牌的教育领域数字化改革工作方案，以数字化改革牵引撬动教育治理现代化水平提升。上城区教育局结合区位特征和教育信息化工作基础，对教育领域的数字化改革工作进行思考和实践。上城区围绕“美好教育看得见”这一整体目标，从“整体智治看得见”“学生成长看得见”“教师发展看得见”“教育服务看得见”四个方面，聚焦工作中面临的痛点、难点、堵点问题，特别是满足服务对象对“美好教育”的现实需求，逐步形成教育智治能力，实现“教育共富”。

第一节
面向学校的数字化服务

⊙

以区域教育数据专题库为基础，对接浙江省教育厅“教育魔方”工程和区域一体化智能化公共数据平台，通过全量数据的归集、汇聚、统计、推演、可视化呈现，充分挖掘数据的应用价值，搭建应用场景，解决教育治理中的重点问题，让数据真正变成教育治理能力提升、教学质量发展的动力来源。

一、数字化改革与教育治理现代化

“治理”是一个具有现代意义的管理学词汇，是从传统的建立在控制和正式制度上的管理手段转向平等的共享共治的现代管理模式的新思想。“教育治理”则是在推进社会现代化进程的背景下，用“治理”的思维来协调教育相关团体或个人之间的利益与关系，从而达成教育最优效果的一种管理方式与过程。几乎同时，“教育治理现代化”开始在各种政府文件和公开场合中被提及，一种理解认为，“教育治理现代化”是教育治理理念、主体、方式、机制体

制以及制度等要素由传统向现代不断持续变革、跨越和发展的过程。

2019 年 2 月，中共中央、国务院印发的《中国教育现代化 2035》明确提出“推进教育治理体系和治理能力现代化”。2021 年 3 月，《教育部关于加强新时代教育管理信息化工作的通知》下发，强调深化教育领域“放管服”改革，以数据为驱动力，利用新一代信息技术提升教育管理数字化、网络化、智能化水平，推动教育决策由经验驱动向数据驱动转变、教育管理由单向管理向协同治理转变、教育服务由被动响应向主动服务转变，以信息化支撑教育治理体系和治理能力现代化。同月，中共浙江省委全面深化改革委员会印发《浙江省数字化改革总体方案》，提出“以数字化改革撬动各领域各方面改革，聚焦‘七个关键’，突出一体化、全方位、制度重塑、数字赋能和现代化”。

不难看出，数字化改革为实现教育治理现代化提供了方法和路径，是在党中央、国务院全面深化改革背景下，浙江省为实现“两个一百年”奋斗目标做出的生动实践。教育数字化改革既是教育赋能“共同富裕示范区”建设的重要途径，也是解决老百姓关注的教育领域热点、难点、堵点问题的重要手段，还是助力教育高质量发展、办好人民满意教育的内在要求。

二、区域教育领域数字化改革实施方案解读

“九层之台，起于垒土”，正是因为上城区有教育信息化的坚实基础，有强大的研究管理团队和技术力量，在面临数字化改革的重大机遇时才能奋勇向前。通过对核心业务的两轮梳理，聚焦重大需求和关键场景，利用“V”字模型明确改革需求，逐步编制完善区域教育领域数字化改革实施方案。

2020 年 12 月 2 日，省教育厅数字化转型办公室工作人员到上城区调研数字化转型工作，为全省教育领域数字化改革方案谋划做前期调研。2021 年 3 月 10 日，为精准把握数字化改革工作方向，同时对初步起草的《上城区教育领域数字化改革实施方案》（以下简称《实施方案》）进行针对性指导，上城区教育局邀请省、市教育技术中心专家进行了专题研讨，上城区成为全省较

早启动该项工作的区县之一。同年6月，上城区教育局再次邀请省教育技术中心、市教育局办公室、上城区数据资源局有关专家，对上城区改革实施方案和2021年重点建设项目精准把脉，提出了加强多跨协同、找准目标跑道的建议。10月，《实施方案》向直属部门和基层单位征求意见。12月底，《实施方案》正式下发。

《实施方案》聚焦“美好教育看得见”这一整体目标，结合上城的区位特质与教育生态，综合运用数字化技术、数字化思维、数字化认知等手段，在党建引领、行政管理、学业质量、评价改革、队伍建设、学校治理、公共服务、全民学习等方面实现数字赋能，初步确立分阶段构建数字化、空间化、智能化、一体化的新型教育治理形态。第一阶段，上城区紧跟省市数字化改革步伐，高质量完成党政机关整体智治、数字政府、数字社会、数字文化等领域的改革工作部署，“星级家长执照”“学后乐园”“智护未来”等一批特色应用场景完成建设，成为省级教育领域数字化改革创新试点应用。第二阶段，计划到2023年底，基本完成区域教育数据专题库建设，并以此为基础构建“级联式”的教育局、学校两级驾驶舱，实现区域内学生、教师、学校三个主题的数据汇聚整合，对接省、市、区三级数据共享交换中枢。第三阶段，通过五年建设区域“教育大脑”成效突显，“未来学校”星罗棋布，教育治理水平显著提升，基本形成“用数据说话、用数据决策、用数据管理、用数据创新”的工作机制，数字化改革牵引撬动教育治理现代化成果显著。

《实施方案》明确了五大建设任务。

一是构建五育融合的学生本位新评价。围绕落实《深化新时代教育评价改革总体方案》的要求，立足学生德智体美劳综合素质评价，利用大数据、人工智能、物联网、区块链等信息技术，加强对学生的过程性、多维度评价数据采集，实现纵向覆盖全学段、横向涉及全要素的综合评价方案。以评促教，树立科学的教育质量观，进一步激发办学活力，提升区域办学水平和育人质量。

二是推动数字引领的教师培养新模式。以职业生涯规划为基础建立教师发展电子档案夹，引入大数据精准教学、上城·之江汇教育广场等信息化项目，开展教与学模式研究，探索学科关键能力评价与教学系统改进，继续完善特级教师工作室、班主任工作室、名师工作坊、未来名师名校长培养工程等考核培养机制，搭建教师多维成长平台，助力教师队伍建设和名优教师培养。

三是打造数智驱动的教育决策新中枢。通过区域教育数据专题库，在省厅“教育魔方”系统的基础上，进一步拓展数据采集范围、挖掘数据价值，建设覆盖学生、教师、家长、学校、行政部门的教育数据专题库，搭建政府、业务部门、学校三级驾驶舱，为教育资源布局、教师队伍建设、学生成长发展、教育生态监测等提供多方位、全局性的决策支持。

四是形成多元协同的教育治理新格局。在卫健、民政、妇联、人社、政法等部门的协同下，有序推进“五大系统”数字化改革工作部署，通过“入校核查一件事”“智护未来”等多跨应用场景的配合，达到提升治理能力、降低管理成本、减轻基层负担的目的。深化“放管服”改革，进一步探索教育领域信用体系建设与校外培训机构无接触监管的结果。

五是提供全民学习的教育公共新服务。以杨柳郡社区、荷花塘社区为试点创新推进混合式未来教育场景的建设，优化课后托管服务，升级推广应用“星级家长执照”工程，建设一体化社区教育资源整合平台“淘活动”，全面推进各类教育互联互通、共建共享。创建入学转学“零跑”系统，提升教育政务事项的服务水平。

同时《实施方案》围绕理论制度成果建设将编制“三本手册”。

（1）坚持生态构建，编制数据规范手册，形成全方位、动态化、规范性的数据建设机制。

基于项目开发及建设的标准化、现代化与规范性考虑，上城区将以“教育魔方”制定的数据治理规范为基础，明确各相关部门的数据采集范围，保证数据的完整性、及时性和准确性，促进不同部门、不同层级之间教育数据的流动，实现局校之间数据的纵向打通，部门之间数据的横向打通，让“数据上汇”和“数据下基层”可以有效衔接，真正实现“用数据说话、用数据决策、用数据管理、用数据创新”的机制，提高教育决策水平的针对性和科学性。

（2）坚持规则重构，制定管理操作手册，形成纵向贯通、横向协调、执行有力的运行链。

基于项目管理与运行的高效化考虑，从系统使用的技术层面角度出发，梳理业务场景的各项应用，对每一个授权岗位的职责范围及工作流程做详细说明，制定管理操作手册，便于系统不同层面的管理者均能获得有效匹配的与其岗位职责和数据权限相关的功能信息，保证系统运作管理高效、规范。

（3）坚持流程再造，设计应用服务手册，形成科学性、精准性、指导性的多人群使用说明书。

基于项目使用者的流畅性使用考虑，以用户体验为第一要义，梳理各条业务线的流程，利用数字赋能促进流程再造。根据各类不同人群设定不同权限及功能，以图示化、文本化的方式对各项操作流程进行详细描述，设计编制应用服务手册，以索引目录的形式，满足不同人群的需要，加快推进教育数字化应用能力提升。

三、整体智治改革实践

教育管理信息化作为教育治理现代化的重要组成部分，以信息系统、数据资源、基础设施为基本要素，利用信息技术转变管理理念，创新管理方式，提高管理效率，支撑教育决策、管理和服务，整体推进教育治理现代化进程。

1. 教育智治驾驶舱

以区域教育数据专题库（见图 8-1-1）为基础，建设“级联式”的教育局、学校两级驾驶舱，实现政府与学校之间的上下贯穿、实时互通。通过全量数据的分析、统计、推演、可视化呈现，为重大决策、教育资源分配、教育督导评价等提供数据来源和决策支持，预设决策分析模型实现智能预警。通过多源数据聚合，实现不同教育主体之间的数据握手，各类年报、数据统计表格实现自动生成，为基层教育工作者切实减负。将建设工程项目管理、固定资产管理、政府招标采购、财政资金使用等教育资源供给纳入大屏看板，实现重大项目实时跟踪、使用绩效同步评估。

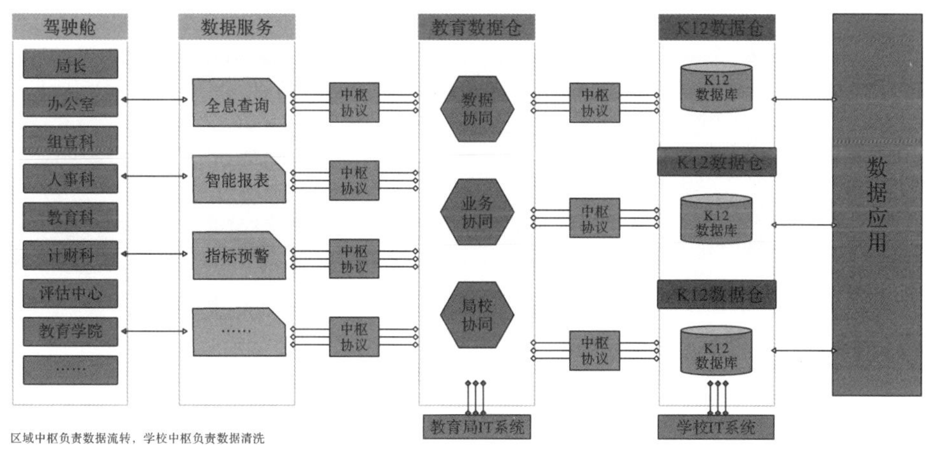

图 8-1-1　数据专题库结构图

2. 教师发展数字赋能项目

教师发展数据管理平台利用全国教师信息系统、实名制库系统、人员工资系统中教师个人信息、编制、岗位等数据，为区域教师资源配置分布情况提供工作看板。同时，平台在新教师招聘、教师交流、岗位设置等业务环节提供决策数据支持，实现人员管理自定义条件筛选、岗位设置模拟、自主交流申报等业务功能；为区域教育管理者提供师资优质均衡相关指标数据，服务于师资优质均衡配置的管理决策；为学校管理者提供师资结构和发展现状数据，服务于教师交流轮岗和队伍建设决策；为每位教师提供个人发展诊断“画像”和诊断报告，服务于教师个性化的提升。平台项目旨在依据“教育大脑”中小学师资配置与培养管理模块建设要求，促进上城区师资优质均衡发展，服务于区内各级各类学校（含幼儿园）的 15000 余名教职员工。教师发展数据管理平台架构如图 8-1-2 所示。

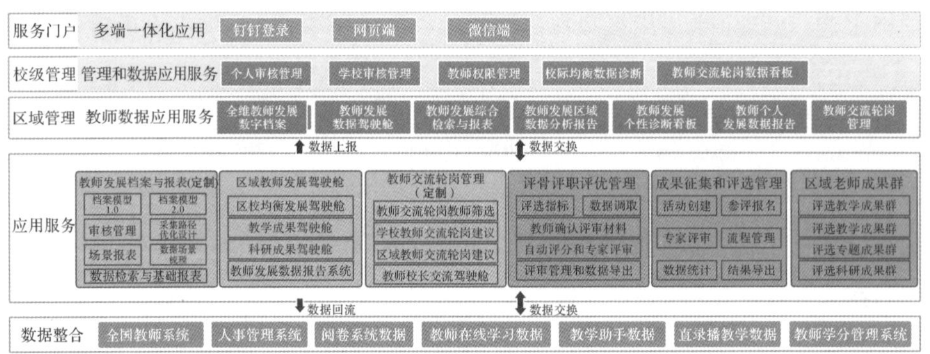

图 8-1-2　教师发展数据管理平台架构图

3. 校安行

校安行依托“教育魔方”，汇聚晨检、访客、入职、接送等信息，设计搭建访客管理、场地开放、入职管理、学生接送等子场景，应用全省数字化改革成果，以数据驱动校园整体安全管理水平提升。校安行一是通过 IRS 系统和前端采集设备的数据，实现师生健康等方面的信息数据的汇聚，有效提高日常人员入校核查的管理水平和核查效率。二是针对校外来访人员，通过多跨协同、部门联动，与公安、司法、人社、卫健等部门搭建入校核查应用场景，实现入职人员在线审、访客预约扫码进、场地开放刷脸进，实现高效管理与快捷服务。三是围绕“双减”工作将场景进一步拓展到课后和课外服务领域，通过家长到校通知、家长人脸识别、家长车牌识别等方式，解决课后服务安心接送的难点，同时有效缓解放学时的交通拥堵状况（见链接 8-1-1）。

链接 8-1-1
校安行

第二节 面向学生的数字化服务

2021 年 7 月，中共中央办公厅、国务院办公厅印发了《关于进一步减轻义务教育阶段学生作业负担和校外培训负担的意见》，部署“双减”工作，要求坚持学生为本、回应关切，遵循教育规律，着眼学生身心健康成长，保障学生休息权利，整体提升学校教育的教学质量，积极回应社会的关切与期盼，减轻家长负担。上城区教育领域数字化改革工作利用大数据、人工智能、物联网等信息技术，围绕学生发展，推进落实“服务 + 减负”的长效机制，切实提升“三减三增”和“五项管理”的效果，加强对学生的品德发展、学业发展、身心发展、审美素养、劳动与社会实践等多维度、全方位的数据归集，达到促进学生德智体美劳全面发展的目的。

一、“学后乐园”课后服务管理系统

中共中央办公厅、国务院办公厅《关于进一步减轻义务教育阶段学生作业

负担和校外培训负担的意见》指出，全面压减作业总量和时长，减轻学生过重的作业负担；提升学校课后服务水平，满足学生多样化需求；坚持从严治理，全面规范校外培训行为。这是党和国家为深化教育领域改革作出的一项重要战略部署，对中小学开展课后服务提出了很高的要求。上城区在 2018 年全市率先开展“1 + X”学后托管服务工作的基础上，组织力量建设了上城区“学后乐园”课后服务管理系统。该系统旨在满足全区十余万学生和家长的课后托管服务需求，实现课后服务管理常态化、规范化，系统解决课后服务开展、校外机构入驻、作业管理、家长服务等业务场景搭建问题，助力学生全面发展。

1. 现实需求

课后服务相较于传统的学校教学管理，有其新的特性和要求。“双减”政策在受到广大家长欢迎的同时，中小学生如何利用好课后时间成为摆在学校面前的新课题。

（1）提升学校课后服务的管理能力。

传统学校管理在排课、教学组织、课堂评价等方面存在既定模式，需要投入大量人力、物力，管理难、慢、烦问题显著。在面对课后服务这样的新问题时，教学组织、资源调配让人无从下手。“学后乐园”课后服务管理系统创新管理模式，利用信息技术高效解决排课、选课、巡课、评价等课后服务组织问题，帮助学校常态化开展课后服务，有效提升了学校的管理能力和服务水平。

（2）满足学生家长的托管需求。

孩子放学家长没有时间及时接送，无法有效辅导和监管孩子完成家庭作业，迫切需要学校提供课后服务。通过构建课后服务平台，解决了家长接送难、作业监管难等问题，也实现了基础托管、拓展性课程、非营利性社会托管（培训）机构引入、家校联动等全过程闭环管理。

（3）X 课程助力学生素养提升。

目前，青少年利用课余时间参加各类培训仍是普遍现象，该现象一方面大量挤占学生的休息时间，也让家长、学生负担沉重。另一方面，各类培训机构、校外组织开设的各类培训项目，“多、杂、贵”现象普遍，缺乏严格的市场监督，也很难真正实现对学生兴趣的培养。“X课程”通过社会教育资源优化配置，引入作业中心、活动中心和数据驾驶舱，实现流程再造和制度创新，也能实现课后服务水平和治理能力的全面提升。

2. 实施路径

课后服务整体规划“1+3+4+N”四大板块。

“1”，课后服务基础设施平台，包括构成信息化基础设施支撑的云主机、云空间、云安全等云资源，以及为课后服务提供保障的数据仓、组件库、驾驶舱等。

“3”，主要是三个端口，通过浙里办家长端、浙政钉治理端、钉钉业务端三个入口，实现统一系统服务，统一用户入口，统一事项通办。

“4”，解决“双减”背景下课后服务的四大核心场景需求。

①课后服务：通过信息化手段，解决了校内基本的场地、师资、课程、评价等方面的问题。

②作业管理：解决绝大部分义务教育阶段课后服务场景下作业管理的问题。

③校外资源引入：打破学校的场地壁垒，引入更广泛意义上的社会托管服务机构，提供更丰富的课程、活动资源。

④家长服务：基于家校共育的理念，服务家长的现实需求，建立沟通渠道，同时提供家长在线学习和亲子活动实践。

“N”，包含若干个子场景，围绕核心业务场景，创新数字融合，加强部门协同，打造教育领域标志性改革应用。“双减”政策背景下的课后服务，本身是一个复杂的、多主体参与的应用场景，如学校管理者、家长、社会机构等主体的参与，由此衍生出很多与教育业务相关的其他问题，如交通问题、公共安全问题、机构教师入校安全审核问题等，需要通过多跨场景融合才能妥善解决。例如优化在线答疑融合之江汇、“教育魔方资源”系统互联互通，未来教育融合民政社区供给服务，周边交通安全治理融合公安、交通系统等。

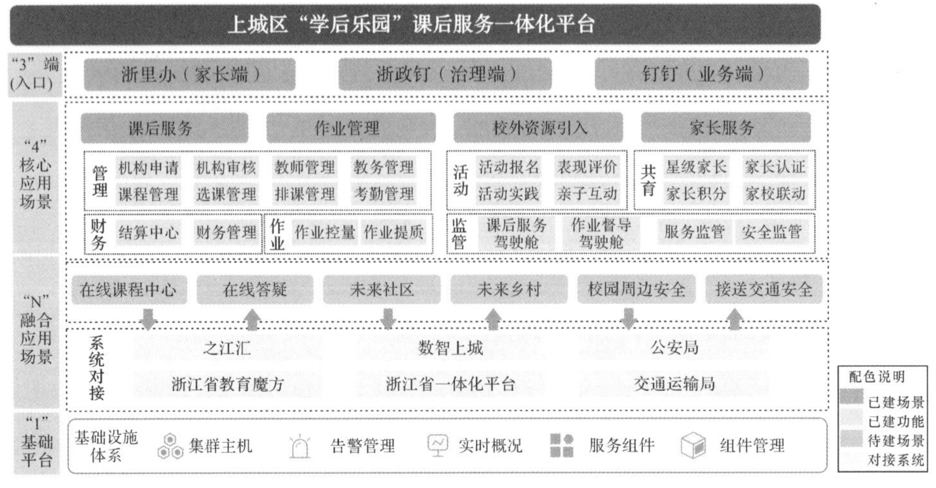

图 8-2-1 “学后乐园”课后服务综合解决方案

“学后乐园”课后服务综合解决方案如图 8-2-1 所示，目前已建成的功能模块如下：

（1）课后服务模块。

“学后乐园”课后服务管理系统采用“互联网 + 教育”思维，服务学校、家长、教师、第三方机构等，为课程设置、选排课、课程实施、课程评价和付费等流程提供一站式解决方案，解决课后服务管理中“安全托管”“个性化课程”“综合评价”等痛点、难点问题。学校只需根据教育行政部门的政策文件，编制学校课后服务方案，通过简单配置，即可开展灵活多样的课后托管服务，实现闭环管理。该模块支持“省、市、县（区）、校”多级治理架构，满足教育行政部门、各级政府教育督导和数据分析需求。

（2）作业管理模块。

作业管理是“双减”政策落实的重要抓手，为有效实现课后作业的控量和提质，上城区设计了作业试做、时长公示、反馈跟踪和督改结合的工作机制，并在多个环节进行作业管理监督。

作业发布环节：由任课教师发布作业信息并预估完成时间，系统汇总后如超出阈值则进行作业总量预警，由班主任统筹当日作业量后予以公示。

校内反馈环节：对学生参加基础托管后的作业完成情况进行统计，汇总获得实际时长。如有超过 50% 的学生未完成预设作业量，触发校外跟踪。

校外跟踪环节：学生在上交作业时填写作业用时反馈表。利用 OCR 识别和人工智能算法，实现作业数据累积跟踪。对多次跟踪学科可通过推送调查问卷进一步反馈作业量情况。

分析整改环节：由学段长、教研组长组织备课组分析原因，并指导任课教师改进。

治理端功能：各级管理者依据权限，快速了解班级、年段、全校、区域内同类学校作业管理情况，平均作业时间、完成率、达标率实现一屏掌控。

分析报告功能：为各级政府教育督导、评价提供数据支撑，提供问卷调查、基层调研等所需的信息技术工具和数据分析报告。

（3）校外资源引入模块。

将校外非营利性托管机构、非学科类培训机构等教育资源引入校内，补齐学校拓展课程师资不足、课程资源不够丰富的现实短板。通过数据核查，实现机构资质审查、师资管理，确保入校安全；通过评价反馈，实现课堂教学跟踪和课程内容的筛选优化；通过数据分析，为学生、家长提供个性化支持，进而满足学生多样化的托管服务需求。同时，通过引入社会托管服务机构，有效延伸课后服务的空间和时间，为节假日社区托管、青少年校外教育创造条件。

（4）家长服务模块。

除了为家长提供课后服务选课、缴费、接送提醒等服务功能外，浙里办（家长端）统一入口，还将成为家校沟通的桥梁，让更多家长参与托管服务。同时，通过提供在线家庭教育课程，有效实现家庭教育指导、亲子活动实践以及家长积分认证，让家长真正参与陪伴孩子健康成长的过程，形成帮助孩子健康成长的合力。

系统同步开发了课后服务驾驶舱功能，将区域各学校的课后服务开展情况，如学校工作开展情况、学校覆盖率、学生参与度、服务时长、五育课程开展情况、安全监测等进行可视化呈现，为政府教育督导、业务条线总结等提供数据支持。

3. 主要成效

截至 2022 年 11 月，在上城区的实践探索中，课后服务系统已在 61 所试点学校实现常态化应用并获得了显著成效。

一是体制机制创新。上城区积极投身教育领域数字化改革，以数据驱动为课后服务提质增效，推动体制机制创新，先后创建了区校家庭常态化课后服务协同机制、作业动态预警监管机制、校外优质资源引入监管机制、课后服务运维服务机制等，有效保障了课后服务数字化改革场景的深入推进。

二是实践成果丰富。上城区被列为 2022 年全省教育领域数字化改革创新试点项目暨“浙里课后服务”重大应用建设试点单位，参与编写了《“浙里课后服务”主题数据汇聚规范》。上城区开展的课后服务被中国教育电视台等媒体采访和报道，杭州师范大学第一附属小学、杭州市采荷第二小学等 11 家单位的实践研究案例在浙江省“双减”优秀实践案例评比中获奖。

三是服务效能提升。上城区“学后乐园”课后服务管理系统自从上架浙里办以后，日平均访问量超过 400 人，家长满意度达到 87%，学生满意度达到 93%，并获得了学校管理者、教师群体的一致好评。

二、“淘活动”青少年校外教育平台

早在 2017 年 9 月，上城区便研发了全市第一个公益性活动资源平台——“淘活动”，保障了区域内中小学生校外教育实践活动的智能、高效开展。作为推进“双减”政策落地的重要一环，教育部对课后服务提出“全面覆盖、保证时间、提高质量、强化保障”的工作部署。上城区适时推进“淘活动”青少年校外教育平台迭代升级，通过数字化改革“V”字模型解析，运用“互联网 +”思维，革新校外教育生态，优化课程供给结构，构建校外成长圈学习体系，通过可视化立体式综合评价，实现区域内校外教育资源有机串联，解锁“双减”背景下区域青少年校外教育实践活动的新样式。

1. 现实需求

随着“双减”政策的推行，广大中小学生从繁重的课业中解脱出来，有时间放松心情、培养兴趣、发展特长，然而现有的各类青少年校外教育实践活动组织机构无法完全满足这些需求，信息渠道不通畅、内容资源不匹配、综合评价不精准的问题依然存在。“淘活动”从以下几个方面弥补了青少年校外实践的需求短板。

（1）打通信息孤岛，解决青少年校外实践活动供需矛盾。

学生和家长获取信息的渠道单一，获得的校外教育实践活动信息也比较零散。一方面部分公益场馆举办的各类活动报名者寥寥；另一方面家长为找不到合适的托管、兴趣班机构发愁，供需匹配度不高。“淘活动”平台让这些信息得以流动，打通了信息孤岛。

（2）升级平台课程，打造适合青少年发展的精品资源。

部分公益场馆（机构）未设置符合青少年身心发展特点的活动项目，降低了校外教育活动阵地的吸引力和参与的趣味性。此外，目前的校外教育实践活动良莠不齐，缺乏整体思考和规划设计，存在资质不符、专业性不强等问题，远不能满足“双减”背景下青少年对高质量校外教育的新需求。“淘活动”平台基于这一问题，为青少年提供了各种精品资源，使校外教育活动专业化、可持续。

（3）提升数据价值，实现可视化校外实践活动数据驱动。

“淘活动”平台的价值不仅仅在于资源整合，还在于通过采集学生的校外活动数据，联通区域、各学校的“大脑”，为实现学生综合素质评价一体化提供可能。

2. 实施路径

以“淘活动”青少年校外教育实践活动数字化平台为依托，触发学习者的感官认知和场景化学习体验，构建成长场景下校外成长圈学习体系，最大限度地满足家长和学生对校外教育实践活动的需求；创新教育场景应用全覆盖，加强场景式、体验式、互动式、探究式科普教育实践活动；充分运用大数据进行分析，提升数据服务价值，采集分析数据，精准反映“双减”落实情况，从而实现数据驱动教育决策的目的。

按照“淘活动”业务开展的顺序，把平台总体业务分为机构入驻、活动上架、在线报名、活动实施、评价反馈和财务结算等六大部分（见图 8-2-2），根据实际业务需要，支持以周、月、学期或假期等为周期循环开展，同时借助大数据进行全场景监管。

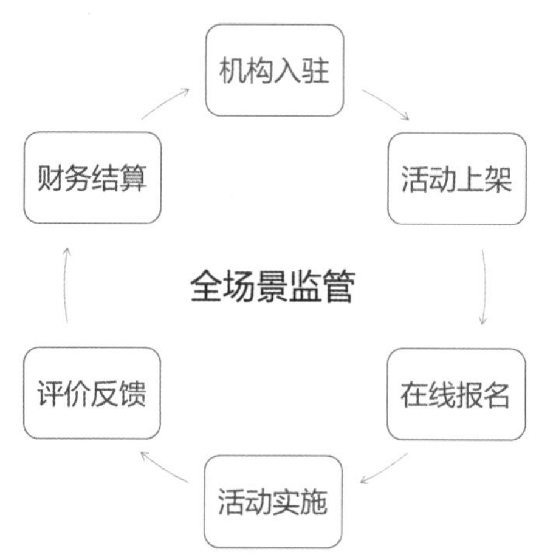

图 8-2-2 “淘活动”平台总体业务框架

“淘活动”平台总体业务流程包括。

（1）机构入驻。分为机构申报、区域审核和机构信息管理三部分，先由机构在线提交资料，区域主管部门查看后给出审核意见，审批通过后，机构得到管理账号，再开展本机构教师账号生成和相关场地信息管理等工作。机构提交信息后，由对应区域的主管领导查阅并审核，同时提供机构的黑白名单管理等内容。

（2）活动上架。“淘活动”平台中的“活动”课程由入驻平台的公益机构提供。由机构的管理负责人组织录入相关课程介绍，参加报名的要求，费用，开展活动的时间、次数、场地，其他活动要求等信息，可选择是否由区域主管部门进行审核，审核通过并选择上架发布后，符合条件的家长即可看到相关信息。

（3）在线报名。活动上架发布后，家长即可在线报名。报名过程中，家长可以在指定时间内进行报名或退选，同时进行费用支付、退款操作。完成后，平台自动生成活动订单。

（4）活动实施。主要包括教师的活动验证，机构对教师进行管理；家长动态打卡，发布反馈总结等。

（5）评价反馈。“淘活动”平台支持家长实时对教学活动的开展情况进行分次评价及总体评价；同时支持相关数据同步到数据监管平台和学生综合评价系统中。

（6）财务结算。公益机构需在平台录入自己的合法银行收款账户。活动开展的费用由公益机构决定、发布，并通过平台打入教育主管单位指定的托管账户。在家长完成活动后，平台按主管单位要求定期进行账目核算统计，经机构确认无误后，从平台发起结算申请。平台复核后，通过托管银行进行资金拨付到账。

（7）全场景数据监管。“淘活动”平台记录各种活动数据，针对不同对象（如教育主管部门、机构）进行多维度数据分析，针对不同活动类型（如活动分类、活动时间、活动地区）进行用户“画像”分析，供区域教育主管部门、学校管理人员等全面了解青少年校外教育“淘活动”开展情况，辅助科学管理决策。

平台依据不同层次学生的不同需求提供玩转假期系列、社团拓展系列、研学活动系列、幸福家庭日系列四个活动菜单。家长可以通过各类移动设备，输入孩子身份证号（学籍号）登录平台，一键“淘”到自己喜爱的研学活动（见图 8-2-3），实现“线上报名 + 线下实践”的完美结合。报名成功后，平台自动生成课表，并根据学生预留手机号码定时推送活动相关信息，切实满足学生、家长实际需求，做到“一次都不用跑”。

图 8-2-3　一键“淘”说明

“淘活动”平台会及时记录学生参加活动的过程信息，并以“淘足迹”的形式留存。平台使用者可在移动端进行在线考勤、授课动态上传，以及学生自评、同伴互评、教师评价等。活动结束，系统自动生成学生成长记录表，家长可实时在线关注孩子参加活动情况，并对该活动项目和指导教师提出意见和建议，完成后系统自动对评论文本进行分析，并自动对接星级家长积分。

3. 主要成效

迭代后的“淘活动”平台是一个通过数字化技术合理统筹校内外公益性资源、组织开展普惠性活动、创新提供区域青少年校外教育实践活动与服务模式的移动端数字服务系统，充分满足学生和家长对于“双减”新背景下校外教育服务可持续性开展的迫切需要。截至 2022 年 4 月，“淘活动”平台入驻场馆 115 家，覆盖上城区 14 个街道；上架“每校一特色”资源 90 余个、“家庭日”活动资源 200 余个、暑期托管活动资源 80 余个；开展“淘活动”1000 余场，服务学生 78000 多人次。

（1）“一键淘”校内外资源自选供给模式。

“淘活动”校外平台是一个专门为上城区青少年参与周末、假日活动提供

菜单选择的平台，“淘活动”的新颖方式吸引了浙江电视台、杭州电视台、浙江日报、杭州日报等各界媒体的关注，并先后进行了相关的宣传报道。

（2）“场境化”内生多维互动机制。

在“场境化”的视域下，“淘活动”平台关注学生交融复杂的成长生态，建立家校社政多方协作运营机制，定期召开协商会议，整合多部门力量为平台活动课程的丰富性提供支持。

（3）“实时点”全程全员互动式评价模式。

平台及时记录学生参加活动的过程信息，通过区域教育专题数据库实现信息互通，与少先队红领巾奖章评价机制整合，为学生综合素质评价提供生动丰富的过程数据。同时通过数据分析，客观地反映教育领域在落实重大政策，如“双减”的具体情况，基于评价反馈改进社会公共服务，为政府科学决策提供数据支撑。

“淘活动”平台作为2022年上城区民生福祉项目，受到了来自各级领导的关注。《淘活动：“双减”背景下区域青少年校外活动新样式实践研究》已成功申报浙江省校外教育科研立项课题；《淘活动：“双减”背景下的学生校外成长圈》获评浙江省第八批“双减”优秀实践案例；杭州市教育局授予“淘活动”德育金名片一等奖。“淘活动”为区域内各个年龄段的孩子提供成长需求的活动，推出至今，深受上城学生、家长的认可，满足了上城学生、家长“人人淘得安心、时时淘得放心、处处淘得开心”的现实需求。

三、“智护未来”未成年人心理关怀应用

早在2019年，国家卫生健康委等12部委联合印发《健康中国行动——儿童青少年心理健康行动方案（2019—2022年）》，提出定期开展学生心理监控状况调查。2021年6月1日，新修订的《中华人民共和国未成年人保护法》正式实施，要求从家庭、学校、社会、网络、政府、司法六个方面完善对未成年人的保护。如今，未成年人心理健康问题高发，已成为全社会关注的焦点。

“智护未来”未成年人心理关怀应用聚焦当前未成年人心理健康问题高发的现实情况，针对区域未成年人心理健康的痛点问题，围绕未成年人家庭保护、学校保护（业务流程见图 8-2-4）、社会保护、网络保护、政府保护和司法保护等六大保护体系，融合公检法、卫生、教育、团委等多部门问题信息，实现未成年人信息全面归集和部门协同关怀的数字化应用场景。

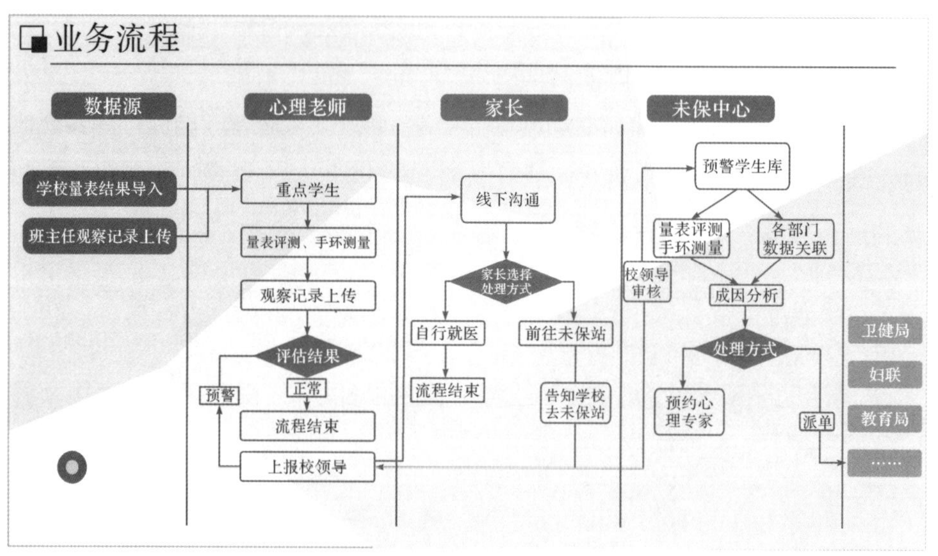

图 8-2-4　业务流程图（学校保护）

1. 现实需求

对未成年人保护工作进行调研发现，未成年人的心理健康问题已是当前未成年人保护工作中的热点问题，未成年人对心理关爱的需求越来越大。未成年人保护工作呈现出以下特点。

一是援助需求呈现上升趋势。从上城区在校中小学生统计数据来看，有不同心理关爱需求的学生占比 25% 左右，其中需要持续专业的心理诊疗干预，或者借助校外社会力量协同介入的未成年人每年有近 300 人次，且有明显逐年上升趋势。

二是现实中存在的援助力量分散、效果分散的问题。现实工作中存在“五

难”：心理问题发现被动滞后的感知难、家长急需心理问题诉求通道的诉求难、未成年人心理问题主观因素评估难、区域内医生咨询师等专业人员不足的资源难和部门缺少协同机制的协同难。

三是现未成年人心理健康数据分散，系统数据共享存在壁垒，以及涉及未成年人人群隐私保护和数据安全等问题。

2. 实施路径

“智护未来”未成年人心理关怀应用将建设“两端一舱”。“两端”即服务端和处置端，其中服务端将接入浙里办，主要面向未成年人及家长。家长可通过应用查询未成年人身心健康数据，了解和咨询心理疏导、困难帮扶救助和儿童服务类社会组织信息；处置端主要建设“智护未来”杭州市上城区未成年人心理关怀数智系统，通过基层儿童关爱队伍的主动发现上报、未成年人保护站点未成年人心理测评、智能穿戴设备、在校学生心理测评、公检法司等职能部门数据接入等方式，归集未成年人心理数据，经过评估确定预警，并通过社会治理“四平台”进行派单流转，依托《中华人民共和国未成年人保护法》六大保护体系和街道未成年人保护工作站等载体，整合职能部门和社会力量为预警未成年人提供协同关怀。“一舱”即区级数字驾驶舱，实现未成年人心理数据信息整合和可视化数据展示两大功能，为相关职能部门在进行相关决策方面提供数据支撑。

（1）数据碰撞比对发现隐藏风险。将教育、民政、街道社区以及相关职能部门的涉未成年人数据接入，进行统一的数据归集整理。通过模型、算法进行数据比对，智能识别发现存在风险的未成年人群。通过系统自带的预警提示模块，提醒学校心理教师提高相关学生的关注等级，有效避免因信息不同步造成的筛查疏漏。

（2）测评观察访谈全过程记录。系统集成了常用的量表测评功能，通过“智护未来”工作台对未成年人进行多维度心理评估；通过浙里办服务端，面向家长群体进行心理健康问卷调查，寻求家校合力，畅通诉求渠道；通过关注列表，充分调动班主任、德育导师群体的作用，利用观察、个别访谈等手段开展心理教育教育，供后期研判和决策。

（3）多方联动实现闭环管理。基于社会治理“四平台”功能，实现派单流转，心理专家对预警未成年人进行定时回访；通过与民政、教育、政法委等多部门协同处置，形成部门联动统筹协调的工作机制。同时，家长可以通过“浙里办”App实时掌握办件进度，在线预约各类诊疗室。

（4）数据反哺提升心理健康教育成效。驾驶舱对全区未成年人的心理问题成因、累计治疗情况、量表测评等维度数据进行分析和可视化呈现，实现数据反哺，为区域未成年人心理健康教育和应急突发处置提供决策辅助。

3. 主要成效

“智护未来”项目尚在立项建设过程中，预计取得以下突破。

一是在业务多跨协同方面，项目系统拟打破部门和区域壁垒，依托新修订的《中华人民共和国未成年人保护法》，通过流程再造增强部门协同和资源集聚，实现未成年人心理关怀从“单兵作战”向“多跨协同”转换，为疏导未成年人及其家长的心理问题提供渠道，为业务部门开展未成年人日常心理管理提供平台。

二是在预警多维分析方面，平台通过智能手环设备完成对未成年人生理数据的采集，结合算力和常模比对，能在短时间内获得未成年人心理健康各项指标数据。结合量表筛查、访谈等传统手段，对未成年人情绪状态、压力情况和抑郁焦虑指数等做出科学评估，给出智能建议，提高对未成年人突发事件的风险预警能力，避免未成年人心理健康教育工作中产生疏漏和误判。

三是在系统多元集成方面，在数据源上拟汇集各未成年人保护职能部门的数据，通过省、区级一体化智能化公共数据平台实现数据全面归集；在处置端，业务协同、数据流转基于基层社会治理“四平台”，实现以最小代价、最快时间、最优效率推动制度重塑。

第三节
面向家长的数字化服务

随着“全域教育”时代的到来，学校教育不再“单轨运行”，家校社的边界正逐渐被解构，这也为通过数字化赋能增强家校社的联通和交叠影响提供了可能。上城区在做好教育内部治理的同时，努力把“立德树人”作为家庭教育的根本任务，努力提升涉及公共利益的政务服务事项的服务水平，努力扩展社区教育工作的外延和内涵，满足群众对美好教育的不断追求。

一、“星级家长执照”家长成长数字学习空间系统

家庭是孩子的第一所学校，父母是孩子的第一任教师。家庭教育开启人生第一课，是所有教育的起点与基础，关乎人民幸福、社会进步。党的二十大报告指出，深化教育领域综合改革，健全学校家庭社会育人机制，加强家庭家教家风建设。家庭教育从传统“家事”上升为重要“国事”，是党和国家对新时代家庭教育工作的重要部署。“星级家长执照”家长成长数字学习空间系统从家

庭教育的现实需求出发，紧跟数字化改革步伐，结合“双减”“教育共富”大背景，面向0—15岁孩子的家长，打造全天候、全领域、全流程的移动学习空间，实现家庭教育学习全覆盖。

1. 现实需求

调查显示，七成家长对育儿充满困惑，“三多三少”的问题普遍存在，特别是“双减”政策落地实施，青少年在接受学校教育之外，社会、家庭因素对青少年健康成长的影响也在加剧。

（1）说得多，做得少。家长在教育孩子过程中重知识轻素养、重智育轻德育、重结果轻过程。家庭教育说教为主，缺少方法和能力，导致教育孩子力不从心。

（2）散的多，整的少。传统家庭教育以学校家长会为主要形式，途径单一、成效有限。新时代的家长面临社会多重压力，用于家庭的学习时间和精力有限。形式多样、满足个别化学习的难点亟须突破。

（3）分的多，合的少。目前，家庭教育主要是“妇联领导，教育、卫生等部门分工协作”的模式，部门间各施其政，资源分散，重复投入，无法形成有效合力，亟须构建校家政社协同育人机制。

2. 实施路径

“星级家长执照”家长成长数字学习空间系统是顺应“民呼我为”要求的，由杭州市上城区委、区政府领衔，上城区教育局打造的提升区域家庭教育指导服务水平的综合性项目，全国首创、上城先行先试。由上城区教育局、上城区妇联、上城区民政局、上城区卫健局联合实施，以倡导“明责任、乐学习、会倾听、常陪伴”的合格家长为初心，以区域内0—15岁孩子的家长为主要人群，根据不同年龄阶段孩子的身心发展特点，遵循实用性、参与性、发展性原则，创新建设了PC端、移动端打通的“星级家长执照”学习平台。平台设立在线学习、活动交互、家长进阶、亲子陪伴四大模块，实现学习培训、检验测试、陪伴展示、积分累计、证书领取、互动交流等一站式学习与服务功能，搭建了家长教育泛在学习空间。

（1）在线学习场景。

按照“五阶段十问题”顶层框架设计，开设“早教、幼教、小学低中、小学中高段、中学”五阶段课程，涵盖家庭教育指导、家校沟通、亲子活动、传统文化体验等方面。借助著名医疗健康专家、名师名校长、行业领军人才、志愿者等资源，设计专业课程，打造全方位的师资库、课程库。

（2）活动交互场景。

通过与妇联、卫健、民政等多部门协同，共建平台、共享资源，建立校社联盟 14 个，打造各类校内外家庭教育活动阵地 700 余个，提供多样化、个性化线下家庭教育指导服务。孩子及家长可以通过该平台在线了解家庭教育活动，并开展预约。比如，在采荷街道青荷苑社区开展“家校政社融通”联合国教科文组织项目，探索共富背景下的未来学校与社区融合育人新路径。

（3）家长进阶场景。

在完成线上、线下的学习后，家长可参加在线测试完成相应星级认定，对学习成果进行检验。基于学习积分和学习成果，评选“百名星级好家长”、优秀“双减”主题微课，实现成果转化。同时，系统具备根据学生、家长的信息特征，精准推送相应学习服务信息的能力。如面向低学历家长推送学历提升服务课程，根据孩子日常体检结果，推送家庭指导小妙招等。

（4）亲子陪伴场景。

拓宽家庭教育内涵外延，倡导“每周一天家庭日”，为家庭提供“益家有方”“人文行走”“淘活动”“星级家长俱乐部”等各种形式的亲子陪伴服务，目前已开展相关活动近两千场，受益人次超 17 万。以“人文行走”地图为例，基于上城特色提供宋韵、红色等主题的行走路线 7 条，行走点 104 个，鼓励家长带着孩子先在平台上通过视频、音频等了解行走点，再通过实地行走深入了解学习线路和学习点，参与走读家庭已达 1.6 万个。

3. 主要成效

在实践中，“星级家长执照”家长数字学习成长平台进行了以下创新。

（1）建立区域联动运作机制，实现资源最优化。

平台汇集全区力量，以跨部门联动为载体，横向上整合了宣传、教育、民政、卫健、街道、社区、民非组织等学习资源，纵向上从父母结婚登记、孕检延伸到孩子初中毕业，持续引导准家长与家长参与学习，形成了家庭教育中家庭、学校、社会“三力合一”模式。

（2）构建星级家长成长模型，实现学习自主化。

将家长“学习—成长”分为三个层级：一、二星级的“准学习型”家长，注重基础目标，如育儿的基本观念、知识和技能，儿童成长发展基本规律、各阶段关键问题、阶段衔接点等，使家长“愿意学”“有兴趣学”；三、四星级的“学习型”家长，聚焦改造不良结构的知识学习，提倡家长间的交互学习，注重问题解决这一目标，包含育儿现场重难点问题的解决与突破，育儿冲突解决、心理疏导、情感沟通等问题，使家长“学得好”“能迁移”；五星级的“榜样型”家长，重视家长的发展目标，激励家长确立长远发展目标，关注孩子的个性关照、人格发展、三观塑造等拓展性问题，使家长“学而专”“可拓展”。

（3）搭建运维数字学习平台，提升教育信息化。

遵循实用性、参与性、发展性原则，创新建设了电脑端、移动端打通的“星级家长执照”学习平台，从根本上延伸了家长学习时间与空间，保障了家长学习权利，实现优质家庭教育资源的开放与共享，家长可以随时、随地学习。

（4）精准支持星级家长学习，确保效用最大化。

实现流程再造：实现学习培训—检验测试—陪伴展示—积分累计—证书领取—互动交流等一站式、闭环式学习与服务功能重塑，搭建了线上线下一体化的家长教育泛在学习空间。

探索制度创新：形成“政府主导、教育部门推进、部委办局配合、专业机构引领、社会力量支持”的家庭教育公共服务供给形式与联动制度，实现教育资源最优化、教育效益最大化。

制定标准规范：建设星级家长标准体系。基于儿童成长的阶段理论以及专业化课程的开发，围绕好家长核心素养，强调便捷化、共享化、个性化、特色化，强调在实操训练、互动交流中增进亲子感情。提升家长家庭教育素养，增进区域学习氛围，确保学习效用最大化。

二、入学“零跑”系统

上城区从深化教育领域“最多跑一次”改革、切实提升教育服务水平出发，面向小学一年级新生家长，全省首推入学“零跑”系统。该系统通过信息技术手段，实现全区小学一年级新生报名、审核、录取等主要环节在线办理，实现适龄儿童家长扫描所在教育服务区的学校二维码，即可享受在线咨询服务、提交报名信息、授权申请核验、录取结果查询、通知书下载等多项服务。通过优化招生录取工作流程，在公共数据平台的有力支撑下，切实压减基层学校工作量和办件时长，缓解家长因信息获取难、审核环节多、等待时间长等原因而产生的心理焦虑。

1. 现实需求

市教育局推出的“杭州市一年级入学管理系统”虽已实现新生信息采集、信息核对等功能，但家长仍需到学校完成现场确认、提交补充材料、领取录取通知书等，有时需要跑两到三次学校才能完成入学报名，“杭州市一年级入学管理系统”仍有进一步优化提升空间。上城区教育局在调研中发现，家长们在报名过程中普遍存在获取招生政策、教育服务区学校预警、招生流程步骤等信息的需求，面对招生公告文本仍有疑问，需要得到权威解答。此外，在信息提交完成后希望实时掌握录取进程，并能尽早获得“录取通知书”或者录取名单等确认信息。

2. 实施路径

为了打通入学的“最后一公里”，上城区教育局充分利用公共数据平台的功能，将入学咨询、信息核验、录取告知、颁布录取通知书等流程全面数字化，实现户籍新生入学“零跑”、随迁子女新生入学“最多跑一次”的目标。

（1）全程网办，线上操作让家长省心。

小学一年级新生报名、审核、录取等主要环节均能在线办理，实现适龄户籍儿童家庭只需扫描一个二维码，即可享受全程网办，轻松实现入学“零跑”。随迁子女新生除了到指定学校招生现场进行资料审核外，其余环节同样实现线上办理。入学“零跑”系统为学校提供了自定义录取通知书功能，家长可以直接在网上下载电子版通知书，确认录取结果。

（2）主动推送，信息直达让家长安心。

符合条件的户籍适龄儿童家庭可于招生期间登录“入学‘零跑’”系统按照指引填写信息。后续学校在相关信息核验通过后，以短信形式通知核验结果。如审核通过，则无需前往学校进行现场信息核验；反之，家长也将收到相关短信，依照招生通告要求到学校进行现场信息核验。

（3）一查就知，政策服务让家长放心。

家长在孩子报名入学过程中，系统为家长提供实时查询服务，准确告知处理环节、意见与结果，极大地缓解了家长的焦虑，提高了新生录取工作的满意度。家长通过扫码，可以便捷获取招生公告、入学预警、教育服务区范围等便民信息，也可通过“招生直通车”获得政策咨询服务，满足了家长的咨询需求。

3. 主要成效

（1）实现招生预警家长“零跑”。提前公开招生信息，发布户籍生“红黄”双色预警信息；通过微信、社区公告、招生指南等加大宣传力度，便于家长及时掌握热点区块入园入学态势，引导家长提前做好各项准备工作。

（2）实现政策咨询群众“零跑”。一是启用“入学早知道”，提高招生信息知晓度。实现公办学校教育服务区、咨询电话、预警情况、对口初中等信息一键查询，精准了解招生信息。二是开通“招生直通车”，提升政策咨询服务效能，针对大型企业、驻地部队、有需求社区等服务群体，主动开展“送策入企入户”专场活动，惠及 10000 余户家庭，最大力度提供招生咨询服务。

（3）实现入学服务家长“零跑”。2022 年报名登记期间，超过 70% 的户籍生家长采用该平台报名，覆盖全区 45 所小学，为 9472 位新生家长提供报名服务，共发放电子录取通知书 9227 份。

三、上城社区教育：口袋里的全民数智“学习圈”

上城区在做好家长服务的同时，敏锐地发现社区教育工作也应有所作为，并成功将服务对象从家长拓展到全年龄层。《浙江省未来社区建设试点工作方案》把未来社区界定为“聚焦人本化、生态化、数字化三维价值坐标，以和睦共治、绿色集约、智慧共享为内涵特征，突出高品质生活主轴，构建以未来邻里、教育、健康、创业、建筑、交通、低碳、服务和治理等九大场景创新为重点的集成系统”。上城区全民终身学习平台“微学通 3.0”基于开放平台理念，以“后端统一数据仓库 + 前端个性应用场景”为总体建设思路，利用云计算和智能终端设备，以人本化、生态化、数字化三维价值坐标为指引，服务于未来社区教育场景，是公众参与的未来社区教育云服务新生态。

1. 现实需求

近年来，立足微信公众号、抖音、哔哩哔哩（B 站）等互联网公共平台的各类社区教育服务内容发展迅速。在上城区，各部委办局协、学校、学习型社团，甚至社区好老师、民间技能达人等个体都有建设个性化线上空间、组织云上学习圈的强烈意愿，自建或者利用公共平台开设的“站、号、圈、群”可谓百花齐放、欣欣向荣。

与此同时，一些短板缺陷也逐步显现：一是内容资源分散，虽然数量、种类很多，但在“单打独斗”的情况下，引流、聚集效应不明显，难以打造有影响力的品牌项目；二是分流了学习者，区域多部门联合打造、重金投入的社区教育云服务平台“微学通”流量提升减缓，成员单位参与积极性不高，在开展主题线上学习活动时，需要通过行政干预、“拉人头”的情况依然存在。

2. 实施路径

升级打造终身教育线上学习平台“微学通 3.0”，破解平台协作单位不愿意“被整合”丢失自主性和个性的症结，支持利用“微学通 3.0”打造协作单位自有品牌。创新“多场景”“多入口”引流学习者，扩大社区教育云服务公共平台功能及影响力。探索时尚、实用、开放、便捷的数字化学习模式。以人为本重构信息索引，实现多维分类；跨平台聚合服务，完善按需升级迭代；丰富“视频 + 音频”“点播 + 直播”视听课程矩阵，满足个性学习需求。与“杭学通”平台、浙江省全民学习平台、省终身教育学分银行无缝对接，实现学习成果归集，赋能市民素养提升。

（1）基于开放理念的“母机”架构。

“微学通 3.0”，采用了 SaaS 云服务架构，贯彻了以微信、钉钉等为代表的开放平台理念，从学习平台蜕变升级为学习平台“母机”，成为开放给所有社区教育活动组织者使用的创作、工作平台。在“微学通 3.0”开放平台的架构下，应用创建者拥有独立的入口，通过积木式、模块化的后台搭建，可以简易、快速、零成本地进行个性化的资源分类、定制个性化的平面风格，无缝调用平台共享资源，再加上自建资源和链接第三方特色服务补充，最终打造具私有品牌的社教云应用场景。

（2）统一数据仓库的共建共享。

学习平台母机“微学通 3.0”将所有子应用场景创建的资源和吸引的学习者统一纳入数据仓库，实现资源的高度共建共享和学习成果统一管理。“微学通 3.0”不再直接面对学习者，它将通过各种应用场景创建，为未来社区教育提供数字化支持。

（3）社区教育云服务协同模式。

针对不同的技术平台、服务体量、主体类型，探索共建共享方式，并规划建成一批示范性未来社区教育云应用场景。有计划、有目的地尝试各种类型的社区教育应用场景，覆盖公办民营、团体个人、项目专题等，做尽量全面的实验探索。未来，上城区将基于“微学通 3.0”吸纳一批优秀的“站、号、圈、群”，建成一批示范性的民营社区教育云服务应用场景，最终形成以“微学通 3.0”为纽带的公众参与的未来社区教育云服务生态。

3. 主要成效

2021 年 11 月 11 日，“微学通 3.0”正式上线运营，截至 2023 年 3 月底，已完成战“疫”时“课”、助企惠民教育在线、上城云播、乐龄学堂、成人“双证制”、家教指导培训、儿童创意馆、东方色韵、能者为师、检爱护航等近二十个线上教育场景建设。

（1）战“疫”时“课”。2021 年 12 月 12 日，基于课题研究成果创新的线上教育场景“战‘疫’时‘课’”正式上线。首发上线课程 200 个，并根据情势发展和居民的学习需求持续更新，在战“疫”的关键时期随时启动，精选最新最好的课程，在上午 10 时准点推送给“微学通”平台注册用户。“战‘疫’时‘课’”基于“微学通 3.0”平台搭建，课程分为防疫知识、身心保健、品质居家、休闲文化、技能提升五大板块，旨在通过线上课程的推送学习，帮助居民在特殊时期获得健康、安心、成长。截至 2022 年 6 月底，已上线课程 318 个，新增学习量超 5.8 万人次。

（2）助企惠民教育在线。为了让春节留杭的人们过得充实，更有收获，区教育局、区文广旅体局、区人力社保局、团区委、区妇联联合精心准备了学习大礼包。2022 年 1 月 10 日，服务留杭过节务工人员的教育场景“助企惠民教育在线”正式上线。内容包括：亲子成长、强身健体、技能提升、宋韵上城、闲暇生活、自我防护六大板块，几百节微课。

（3）上城云播。为进一步深化市民的终身学习，上城区推出了系列直播活动，包括“宋韵上城”系列直播、“益家有方”系列直播、“老年大学”直播、“幸福家”直播、“中华韵”直播等。其中“益家有方”系列直播依托“上城云播”平台，为上城区家长学校、上城区社区家庭教育指导服务，是上城区2022年着重打造的家庭教育指导创新品牌，在每月15日晚7时准点开播，播出1年时间就实现了累计“20万+”的播放量，仅首场直播就有8万余人次观看，为激励家长学习、提升家庭教育能力奠定了良好基础。

在“微学通”不断迭代过程中，社区教育“九养上城”课程体系进一步完善，社区教育线上学习“每日一课”经验被大力推广，以本地特色“九养”课程架构的社区教育常态化的线上课程矩阵基本形成。

参考文献

[1] 周树明.教育治理现代化视野下的普通高中教学管理研究[D].长沙：湖南大学，2018.

[2] 中华人民共和国教育部.教育部关于加强新时代教育管理信息化工作的通知[EB/OL].(2021-03-22)[2022-11-29].http://www.moe.gov.cn/srcsite/A16/s3342/202103/t20210322_521669.html.

第九章
收获：信息化支持下的区域教育新面貌

在上城教育人的不懈努力下，依托“数智魔方”的整体推进框架，区域教育信息化水平大幅提升，上城区进一步推进信息时代的教育理论创新和实践创新，构建适应信息时代人才培养要求的教育新生态。人工智能、大数据以及元宇宙等前沿技术的迅猛发展，为教育信息化注入新的活力，必将催生出新的教育样态。上城区牢牢把握教育教学的基本规律，恰如其分地使用新技术，推动技术赋能育人，提高师生的数字素养，建设新时期教育信息化工作实践共同体。

第一节
教育信息化带来区域教育新变化

⊙

教育信息化已成为上城教育现代化的基本内涵和显著特征，成为教育深层次系统性变革的内生变量。上城教育不断更新教育观念，顺应信息社会人才培养需求，立足区域教育特色生态，聚焦教育改革重点工作，实现教育信息化应用从量变到质变的飞跃，在技术支持的学教方式变革、数字校园建设以及信息化教研等方面取得了显著成就，形成了区域教育信息化的发展经验。

一、实现基于技术的学教方式多样化变革

技术赋能课堂变革成为印刻在每个教师心中的理念，并转化为实际行动。教师实施互动课堂、体验课堂、留白课堂、翻转课堂等课堂形式，孕育多样化的课堂组织方式，有力地推动学生步入高阶学习，培养了学生的综合素养。上城区以课堂教学改革为抓手，形成技术支持课堂教学的范式，同时在“五育融合”的理念下，实现了基于技术支持的育人方式的创新。

1. 建构基于技术支持的课堂教学范式

上城区的课堂教学改革强调学生主动学习、深度对话、应用迁移和个性学习的课堂特质，积极采用新技术、新方式，探索技术变革学教方式的新路径（见图 9-1-1）。

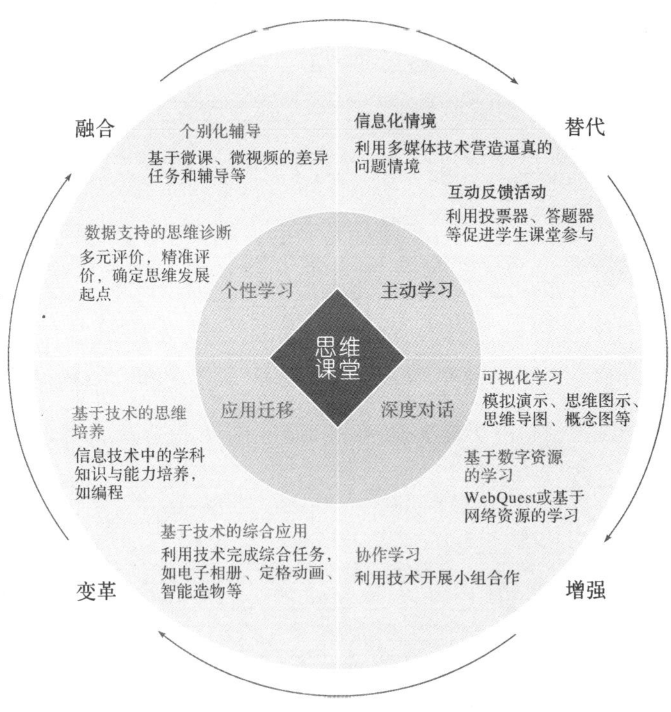

图 9-1-1　技术支持的课堂教学改革

（1）技术支持的主动学习。

学生是学习的主体，课堂是学生积极参与和高度投入的学习场所。在教师引导下，学生围绕着具有挑战性的学习任务，全身心地经历积极参与、体验成功、获得发展的有意义的学习过程。教师在教学中重视学生的主观能动性，激发学生的学习动机、学习的主动性和积极性等学习相关的情感因素，这对促进学生深度理解课堂内容和产生知识迁移等方面也起着积极的作用。在课堂实践中，教师利用多媒体技术创设生动直观的情境，激发学生的学习兴趣，唤醒学习者与情境相关的原有知识和经验，创造良好的思维环境；教师通过互动反馈系统，开展一对一的互动问答，让师生聚焦问题化的学习内容，增强学生主动参与课堂的动机；基于游戏化学习的理念，把课堂教学转化成师生互动问答的游戏场，利用积分、闯关、音乐、画面等游戏元素，提升学生的行为参与和情感参与程度。

（2）技术支持的深度对话。

高效的课堂是深度对话的课堂，通过多场景的师生互动、生生互动，使学生最终达到对学习内容的深度理解。在学习的互动维度上，标志性的内容要素是活动、对话和合作。在课堂实践中，教师利用模拟演示工具开展虚拟实验，或利用思维图示、思维导图、概念图等知识可视化手段，对学习材料和内容进行图形化整理，降低学生的认知负荷，让学生将注意力专注于学习内容之间的关联等；把微课、微视频等资源作为学生的思维材料，支持学生自主学习，引导学生利用互联网中丰富的信息资源开展学习；利用在线协作工具，如石墨文档、在线思维导图等，促进学生开展合作学习，由个人知识汇聚为小组知识，最终在协商中成为班级的集体知识。

（3）技术支持的应用迁移。

高效的课堂注重学生知识能力的迁移。学生以理解为导向，在不同的情境下建构对学习内容的认知，最终获得对核心知识的有效理解为并在新环境下能成功迁移、创新应用知识。在课堂教学实践中，教师以信息技术为载体设置综合任务，比如在制作毕业电子相册时应用语文课中“毕业赠言”的语言知识，在制作定格动画时运用美术课中的色彩、构图等知识；深度挖掘信息技术自身的学科教学价值，比如在少儿编程、3D 打印、智能控制等技术的支持下，引导学生开展智能造物项目，培养学生的创新思维和设计能力等。

（4）技术支持的个性学习。

高效的课堂教学重视学生的个体差异，通过多元评价方式对学生进行思维诊断，确定学生思维发展的生长点，开展针对每个学生的个性化学习。在课堂实践中，教师利用信息化平台开展学生的多元评价，通过自评、师评和同伴评价等方式，促进学生产生自我认知和学习反思；通过信息化的手段采集学生的课堂练习和学业考试等场景的信息，利用大数据技术自动诊断学生的思维薄弱点，这为差异教学提供数据支持；充分发挥微课、微视频等数字化资源易于传播、分享的特性，开展基于资源的分层个性化辅导。

2. 实现基于技术支持的育人方式创新

围绕“五育融合”的全面培养要求，上城区在教育信息化的教育教学模式创新、学习环境与空间建设等方面进行探索，得出了一些典型案例和做法。在“德育”方面，上城区把虚拟现实、人工智能等引入思政课堂，用多媒体的方式讲述红色历史，丰富学生对基本知识、典型事迹的认识，通过网络教学平台整合优质学习资源，为学生提供更多的素材；以网络同步课程的形式，邀请资深的思政教师讲授公开课程等。在“智育”方面，上城区在“高阶思维提升”和“以学为中心的课堂”两个方面下功夫，提升学生的课堂参与度，提升教学的精准度和灵活性。上城 · 之江汇教育广场云平台将优质的教学资源在区域层面进行整合，通过云平台构建教研、学习平台，建立线上、线下互动机制。在“体育”方面，上城区借助人工智能技术进行心率监测、动作捕捉等，分析和挖掘学生的体育数据，以数智技术赋能学生体育发展。在“美育”方面，上城区围绕“坚持以美育人、以文化人，提高学生审美和人文素养”的要求，在信息技术的融合上，注重丰富学生的审美体验以及促进优质资源的共享。在“劳育”方面，上城区将劳动从“途径”的工具性定位提升到育人的目标性定位，在劳动实践类的学习场馆中广泛引入信息技术，建设智能学习场馆，基于上城区创客教育联盟，开展以信息作品创作为主要内容的劳动教育实践活动。

3. 积累内容丰富的数字教育资源

上城区依托之江汇教育广场云平台搭建区域数字教育资源平台，汇聚优质数字资源，包括课堂实录、微课、课件、学习资料等；建立优质资源认证机制，通过各类评比活动推动优质资源的建设与共享；根据国家《关于引导规范教育移动互联网应用有序健康发展的意见》的文件精神，进一步探索“政府统筹引导、企业参与建设、学校购买服务”的教育资源应用供给机制，提供优质的教育资源和应用服务；通过采购创客和人工智能课程资源的形式，提升学生的信息素养；把信息社会的新技术与学生的兴趣相结合，让学生在项目学习中使用数字化工具，倡导学生智能造物，鼓励学生知识分享，培养学生跨学科解决问题的能力、团队协作能力和创新能力，提高全区学生的信息素养；充分发挥教育市场机制的力量，提升教育信息化服务的整体品质，满足不同层次教育群体的差异化需求，提升教育信息化服务的供需精准性，提升教育经费的使用效率。

案例 9-1-1 推进美育劳动教育数字资源建设与应用共同体资源共建共享

2021 年 8 月，上城区组建的美育劳动教育数字资源建设与应用共同体入选中央电化教育馆“新时代学校美育劳动教育数字资源建设与应用众筹众创”共同体名单。该共同体由上城区教育学院发起，杭州市建兰中学、杭州天地实验小学等 6 所学校为首批成员单位。上城区教育学院在区域层面统筹规划数字资源建设。各中小学校作为共同体的种子学校，发挥本校在美育劳动教育方面的课程优势，开发微课、微课程、数字案例等资源，提供内容开发、技术应用和成果推广等方面的指导，促进信息技术与美育劳动教育的深度融合。在学科教研员的引领下，各种子学校结合自身特点和办学需求，开发美育劳动教育相关课程。上城区通过各级各类比赛，遴选优质数字资源，形成数字资源库。上城区利用“互联网＋义务教育”结对帮扶行动、教育扶贫行动、对口支教等活动，共享共同体的优质资源。

（杭州市上城区教育学院）

美育劳动教育数字资源建设与应用共同体充分发挥了信息技术在学校教育的重要作用，促进了优质资源的建设与共享，形成了区域美育劳动教育数字资源建设与应用的范式。像这样借助数字资源、数据平台实现课程育人的案例在上城区屡见不鲜，引入信息技术推动融合育人已经成为上城教育人的共识。

二、建设一批基于数据的数字校园

数字校园是学校信息化建设的集中体现，涉及信息技术在课堂、教学和管理等多方面的应用，体现着学校的办学理念，也塑造着学校的育人文化。上城区的中小学、幼儿园在数字校园建设中围绕学校建设中的关键问题，以数据应用为驱动，为提高学校的教学与管理绩效，形成了一批智慧教育示范学校、数字教育标杆学校和信息化教学示范学校。

1. 建成智慧教育示范学校群落

上城区立足深化信息化全面应用，以具体问题为切入点，统筹推进，引导中小学、幼儿园开展智慧教育示范学校建设。在2015—2020年，上城区有78所学校在基础建设、队伍建设、经费投入等方面具备体制机制健全的，具有较强优势，在教育教学、管理和家校联系等方面取得良好成效，有较强实用价值和示范推广价值，被杭州市教育局评定为“杭州市智慧教育示范学校”。部分智慧教育示范学校建设成果如表9-1-1所示。

表9-1-1　智慧教育示范学校建设成果（部分）

学校	建设主题	智慧校园建设成果
杭州市开元中学	基于STEM教育理念的开元“创客天地”	开展3D打印设计、校园环境监测的创新活动和人工智能机器人等项目和活动引领创客教育，培养创客人才，引领区域发展
杭州师范大学东城中学	探思维课堂，创智慧教育	基于信息技术践行“四为”课堂理念，优化信息技术在课前、课中及课后三大学习场景中的应用途径，减少师生无效重复劳动，促进学生自主学习和个性化学习，创建智能化、全媒体的互动教学模式

续表

学校	建设主题	智慧校园建设成果
杭州市澎致小学	立足“一平台三维度”打造立体式智慧校园	通过自主开发、校企合作和校际联盟等模式，实现智慧课程校本化，优化校本课程资源库。 立足智慧课堂实践研究，推进现代教育技术与教学的融合，提升教师的信息化水平，提高教学管理效益。打造智慧学习空间，形成区域特色，助力师生成长
杭州市天长小学	“互联网＋”为“差异教育”插上翅膀	借助信息技术解决学生个人数据收集与分析方面的问题，克服大班环境下分层、个别化教学的困难，弥补实体环境中个性化展示平台的不足
杭州市陶子幼儿园	教育云空间，多彩促发展	借助浙江教育云空间和颜瑶卿“多彩和音名师工作室”的网络空间，充分利用教研师训的合力，构建“双导师、多平台”的教研成长模式，发挥名师的示范、引领、辐射作用，促进年轻教师经验和成果的总结和分享
杭州市丁蕙第一幼儿园	“智”趣游戏，“玩”出品质	选择适宜幼儿的智慧化游戏材料，丰富幼儿游戏的形式，为幼儿打造快乐游戏的氛围，提升教育质量。通过信息化手段，丰富幼儿一日活动的形式，激发幼儿主动探索的欲望，让幼儿“玩”得更有深度，收获愉悦的游戏体验

2. 培育数字教育标杆学校

上城区以立德树人为根本任务，以数字驱动、因材施教为立足点，培育和建立数字教育标杆学校，探索形成一批具有普适性、可复制推广的新型学校创建发展策略和路径，引领同类学校探索与实践，为学校数字化改革提供新思路与新模式。2021 年 9 月，上城区的杭州市濮家小学和杭州市建兰中学入围首批“杭州市数字教育标杆学校”。

案例 9-1-2 网络学习空间支持下的“留白课堂”实践共同体建设

杭州市濮家小学教育集团以泛在网络、智慧教室和数字资源为基础，以持续推进基于教学行为数据的研修、基于资源同享的共同体建设为保障，建设数字标杆学校。“留白课堂”立足学生在学习过程中的需求，创设

“留白”空间。技术的运用融入课前、课中、课后的全过程，学校开展技术支持的“预学—导向”“研学—启发”“拓学—分层”三阶式教学，提升课堂学习效率。教师在深入备课的基础上，运用移动终端分享功能，发布课前学习任务，帮助学生通过预学进行自主学习；通过自动批阅与人工批阅相结合的方式，分析处理学生学习结果数据，精准把控学情。在课中，教师运用学习平台快速收集学生的学习成果，有针对性地选择学生的作品进行展示交流，呈现学生思考与探究的过程，促进思维可视化。通过数据分析，教师全面了解不同层次学生情况与需求，为课后“留白”创造条件。教师在课末针对学生课堂学习情况，推送适应性学习资源，有针对性地开展基础环节再分析、课程拓展、知识分享等分层教学，提升教学实效，使不同程度层次的学生均能获得相应的发展。此外，学校以线上线下混合式的研修方式，带动周边学校合作共修，以校本教研的方式推广“留白课堂”教学实践经验（见链接 9-1-1），促进区域整体教学模式的变革。

链接 9-1-1
杭州市濮家小学教育集团“留白课堂”

（杭州市濮家小学教育集团）

杭州市濮家小学教育集团的数字校园建设立足学校现实需要，充分发挥学校的办学优势，围绕办学理念建设以数字资源为驱动的现代化校园。该校通过强化数字采集、资源整合、数据应用等，支持学生的个性化学习，支持教师的专业化成长，为学校的教学改革、评价改革提供了有力的支撑。

3. 打造区域信息化教学示范学校

上城区在积极实施课程改革、教学改革的前提下，以学生发展为中心，围绕课堂教学、精准学习、数字评价、智能场馆、学习中心、项目学习、基础环境、资源供给和师生信息素养等应用场景，创新教学模式、学习方式、资源应用、环境建设和管理形态，培育了 25 所信息化教学示范学校，有力地推动了上城区国家级信息化教学实验区的建设。信息化教学示范学校的创建充分激发了学校开展信息化建设的热情，使学校获得了不同维度的实践成果，锻造了上城区教育信息化的师资队伍。上城区通过教师参与活动不断提升其归属感，唤醒教师学习和成长的内生动力。

三、形成区域教育信息化发展的成功范式

立足区域教育信息化的现实问题，上城区对技术、教育与人之间的发展作用机理作出了科学的理论解释，为信息技术与教育教学在深度融合中遇到的一系列现实问题提供经验参考。

1. 学生学习的个性化

关注学生的个性特点和认知差异，发展学生的潜能，实现学生学习的个性化，一直是教育的理想。受制于传统的班级授课制，因材施教在常态课堂中难以施行。大数据技术为实现个性化学习提供了技术基础，语音识别、人脸识别、文字识别等人工智能技术的普及降低了使用者的操作难度，提高了技术使用的成效。上城区以信息化推动学生学习个性化有三条主要路径：一是在课堂教学中通过移动学习终端，开展高度互动反馈的学习活动，实现对学生的差异诊断，在此基础上设计差异化的课堂活动，并提供个性化的数字学习资源。二是以区域学习中心为代表的网络学习空间，调动区域内的优质学校，建设丰富多彩的数字化拓展性课程，培养学生的兴趣爱好。三是以"建兰大脑"为代表的"学校大脑"，基于对学生学业数据的分析与挖掘，规划学生的学习路径，自动推送学习资料，并依托有针对性的微课资源库，帮助学生解决学习的重点难点内容，避免重复刷题的低水平努力。

2. 教师教学的精准化

多媒体教室、智慧教室等智能化教学环境以及中小学网络学习空间的普及应用，为采集教师教学方式和学生学习行为数据提供了切实可行的环境和手

段。上城区在推进教师教学的精准化上做了两方面的举措：一是利用教育大数据，既分析全班学生的学习情况和教学中的共性问题，反馈总体教学效果，又分析每个学生的学习状况，查找学生的个性化问题。针对共性问题，教师及时安排教学活动，调整教学方向，关注学生群体，提高教学效果；针对个性化问题，教师为不同的学生提供不同的学习内容和学习资源，引导学生开展有针对性的学习，促进创新型人才的培养。二是利用人工智能课堂观察分析实验室，通过安装在教室里的高清摄像头，对师生的课堂行为进行智能跟踪和无感拍摄，从而发挥人工智能在图像识别和语音识别方面的独特优势；通过语义分析和模式分析，识别教师的教学行为和学生的学习行为，并进行数据统计和可视化呈现，生成课堂教学观察分析报告。教师能够在报告中清晰地看到自己在教学语言、课堂内容、教学组织、课堂提问、巡课轨迹、师生互动等维度的分析数据，进而分析诊断课堂教学，及时调整课堂组织方式，提高教学策略与学情的匹配度。

3. 教育评价的多元化

传统的教育评价主要通过量表、问卷、考试、督导检查等方式进行，难以实现客观、及时、全面的评价。上城区开展数字化评价改革，通过区域幼儿成长云、教育发展综合分析平台以及“学校大脑”等，广泛收集存储教育教学过程中产生的海量数据，实现动态更新，完整、全面地反映教育教学活动的全过程。上城区利用数据分析技术和智能学习系统，对这些数据进行及时更新、动态分析，从而对教育过程、教学活动、教师教学、学生学习进行客观、全面、及时的评价，实现动态评价和静态评价相结合、过程性评价和终结性评价相结合。基于大数据的学生综合素质评价，能够深刻揭示学生自身综合素质的优势、特点、潜能与不足，提高评价结果的可信度。基于大数据的学生综合素质评价，可以实现学生自评、同伴互评、教师助评、家长参评等多元评价，实现定性评价与定量评价相结合，提高评价的信度和效度，使教育评价更加科学、客观、全面，成为推动学生全面发展的重要手段。

4. 教育治理的科学化

在教育管理中，上城区应用各种信息技术手段和信息化平台，实现教育管理的信息化。在学校教育管理中，上城区应用学生学籍管理系统、财务管理系统、资产管理系统、校园安全管理系统等，实现学校教育管理的信息化，提高管理效率和管理水平。上城区不断收集和存储学生数据、教师数据、学校数据、区域教育数据，形成教育大数据。在区域层面，学生数据、教师数据和学校数据全面反映了区域内教育资源的配置和教育发展情况。基于区域教育大数据所作的分析，有助于合理配置教育资源、监控和改进政策实施，实现区域教育均衡发展。在国家层面，教育大数据可以翔实反映全国教育发展情况、地区发展差异、教育政策实施情况，有助于教育政策的顶层设计、科学研判教育发展、优化经费投入、均衡配置教育资源。在信息化的基础上，基于大数据的教育管理能够实现对教育管理过程中关键业务、教育资源的实时监控、动态监测和分析，实现教育管理工作的精细化，使教育管理不断走向科学化。

第二节
区域教育信息化发展的未来构想

⊙

未来是过去和现在的延长线。在教育信息化的发展行列中，上城教育信息化的相对位置，历经“跟跑”“跟跑＋并跑”“并跑”“并跑＋领跑”。当今世界正处于“百年未有之大变局”，上城教育信息化工作将牢牢把握这一历史性的战略机遇，以信息化手段主动顺应时代需求并引领教育发展的时代潮流。

一、新技术催生的教育新样态

随着元宇宙、人工智能及教育大数据等技术的成熟和深入应用，教育的样态必将发生转变。信息技术在促进师生互动、深度学习以及教育治理等领域的作用将进一步凸显。

1. 虚实联动的教育元宇宙

2021 年可以说是“元宇宙元年”。从元宇宙概念股罗布乐思（Roblox）

上市及脸书（Facebook）更名为Meta［取自“元宇宙”（metaverse）一词］开始，“元宇宙”这一概念迅速引发世界众多国家、公司、团体以及个人的高度关注和急速行动。分析元宇宙相关特征可发现，其突出特征是深度沉浸式体验、具身社交网络、群体自由创造、社会文明生态以及虚实融生共在。教育新基建具有新网络、新平台、新资源、新校园、新应用和新安全六个关键特征，需要从数字底座、应用场景、体系规范和目标引领四个层面构建教育信息化新基建标准的需求框架。教育元宇宙将从根本上解决教育新基建分散建设、数据孤岛、质量参差不齐等问题。教师、学生、教育机构或者公司等可以在共享的、开放的、标准化的、可创造的以及可扩展的教育元宇宙中学习。教育元宇宙具有的沉浸体验、群体自由创造、虚实融生共在等特征将为高质量教学提供有力支持。元宇宙时代的教与学将弥合课堂内外的界限，实现课前自主学习和课内深度讨论有机融合，学生在课前、课中和课后均可以利用教育元宇宙实现跨时空的教与学沉浸体验，利用教育元宇宙中已有的、自创的或者分享的创作工具进行协同探究学习。

学习过程对实现学习目标十分重要，能否为其提供富有成效的支持将影响学习的发生、发展和效果。教育元宇宙为学习过程提供了全景式新场域。教学事件、学习材料、学习活动以及学习资源等是支持学生学习的重要条件，教师利用翻转课堂、线上线下混合学习和小组协作学习等方式提升学生的学习绩效。然而，学习过程中时空局限、学习资源失真、学习空间分散等问题导致课堂教学与课前学习出现割裂，课堂中学生的深度讨论主要以抽象的形式存在，难以将深度讨论的成果抑或创新灵感进行及时验证与持续改进，最终导致富有成效的教学理论或教学模式因难以获得有力支持而失败。教育元宇宙有望解决时空局限、资源失衡以及社交受阻等问题，实现高质量的教育教学。

2. 强人工智能支持的深度学习

当前人工智能技术的应用仅限于执行一项或一组任务，如图像识别、语音合成等。未来将出现强人工智能技术，很有可能在各方面都能和人类比肩，能够进行思考、计划、解决问题、拥有抽象思维、理解复杂理念、快速学习和从经验中学习等操作。可以预见的是，在人工智能的协助下，人们在处理现有教育问题时，必将尝试与之前完全不同的方式——不局限于更快、更好，而是前所未有的。未来教师会有更多看不见的“超级同事”，学生也会有更多摸不着的“智能伙伴”。

人工智能智化教育的第一条路径是由人工智能替代人类去做“人类能从事但人工智能表现更好的工作”，如承担教师工作中极为费时的作业批改、学生评价、班级管理等工作，人工智能不但耗时少且准确度更高。同时，人工智能已经开始从事人类无法承担的教育工作。比如，完成涵盖世界上所有学生的评价工作，搜索或监测某个教育议题的全球观点。耐人寻味的是，一方面考虑到人类没有完美的记忆和计算能力，人们倾向于将这样的“人类不可能完成”的任务交给人工智能；另一方面，人们也会在情感上认为这样的工作不是什么“好工作”，甚至可能是“笨工作”，所以人类才将它们交给人工智能来完成。然而事实是，如果没有人工智能，这样的工作将永远无法完成。可以说，正是由于人工智能为现有教育补充了新的认知能力，教育才得以有机会拓展自己的“才智”。

当人工智能在教育领域承担了大多数基础性工作之后，人类的教育将变得相对容易和不同，于是人们反躬自问“教育的目的与意义”，进而发挥人类在教育领域的专属智慧。著名人工智能专家特伦斯·谢诺夫斯基在《深度学习：智能时代的核心驱动力量》一书中生动地描述了这样的场景，“数字导师的普及将使教学从教学活动中的重复劳动（如评分）中解脱出来，专注于人类最擅长的事情——对学习困难的学生提供精神支持，并给予有天赋的学生灵感启发”。

3. 教育大数据赋能教育治理

教育信息化发展过程中存在阶段性差异，同时技术本身也在不断迭代，致使信息化建设各项标准未能完全统一，各业务模块之间存在壁垒，教育大数据难以支持精准决策，应用功能也无法实现个性化和特色化的教育治理。近年来兴起的中台技术通过建设数据和业务中台，能够在不改变原有信息系统架构的情况下，灵活抽调后台数据，建设以共享功能模块和前台微应用为中心的发展模式。

教育顶层设计和决策需要信息技术支撑。新的教育体系将围绕人的要素展开，这与原先教育领域对人、财、物中“物”的管理有一定的“矛盾”，机构要转型，资源要进一步优化配置，这就需要通过信息技术来分析和处理海量的数据。同时，大数据也会给教育决策带来更科学的支持。教育治理是现代治理思想在教育管理中的体现，相较于教育管理，其重要变化在于从关注公共项目和政府机构转向关注所有利益相关者；从政府主导转向多元协调包容互补；从采取行政手段为主转向采取各个主体之间自愿平等合作的多样化手段。教育治理中多元主体利益诉求的及时表达、办学理念与思想的碰撞、教育治理成效的反馈均呼唤教育协作信息化。信息化如何推动教育自身治理体系和治理能力现代化的实现，成为了时代的命题。

教育大数据既可以全面透视教育信息化的宏观领域，又可以深刻剖析其微观层面，还可以深入检视其政策实效。大数据的全样本特征解决了局部数据或抽样数据的片面性问题，有助于提升教育治理认识的全面性与精准度；大数据与教育决策服务的深度融合，有助于教育治理服务实现定制化、个性化与科学化。大数据不仅可以为教育治理的现代化提供涉及信息共享、信息互通、决策支持、监督评价、资源共享等功能的公共服务平台，也可以在技术层面上为教育模式创新以及学习方式变革提供支撑，还可以为教育治理主体提供解决教育问题的最佳方案，使个性化教学、精细化管理、科学化决策成为可能。

二、技术与教育的深度融合

教育信息化的目标在于变革教学，因此更加需要坚持应用驱动。引入新技术是为了更好地解决问题，这应当是教育信息化发展所应遵循的基本原则。上城区不断聚焦技术与教育的整合方式，以技术赋能融合育人，全面提升师生的数字素养，加速建设实践共同体。

1. 技术赋能融合育人

教育信息化进程中的技术异化需要预防，从而让技术理性服务价值理性，回归教育本质。教育领域的技术异化表现为计算机、互联网、多媒体等为代表的现代信息技术对教育中“人”的替代、否定、控制、强迫和漠视。例如，MOOC（慕课）、微课、网络精品课程等优质学习资源，以及基于人工智能技术的自适应学习系统、基于直播互动系统的双师教学模式等都在不同程度上表现出对教师的替代倾向，虽然这能让每一个学生都能获得优质教育资源，但是往往导致教师主导地位的折损；互联网通信技术使得师生的交互随时随地都能发生，教育时空得到扩展，但教师的私人生活受到干扰；当搭载了人脸识别与情感判断等技术的智能摄像头遍布教室，在有效监控课堂行为的同时，也漠视了学生的隐私和自由……为防微杜渐，在教育信息化的进程中要高度重视技术应用的合理边界，技术理性应始终让位于价值理性，技术应始终为解放人、发展人服务，回归教育的本质。

信息化建设要拓宽狭义“智育”范畴的视野。当前信息技术与教育融合发展，集中在探索运用信息技术提升课程质量、教学水平，促进学业发展，以提升学生“智育”为主要任务。信息化手段一度被看成是课堂教学的“附件”，这显然是因为信息技术的推动者还未说服教育部门和学校让信息技术进入主流课堂，学校在提升学生成绩、应对升学率压力的难题上还未拿出具有吸引力的解决方案。因此，率先进入学校的信息技术手段，如多媒体应用、作业批改和成绩分析等，大多是围绕着狭义的“智育”范畴开展的。信息技术进入学校的难题解决后，人们很快发现了“副作用”：部分辅助提升分数的工具特别是管理信息化的内容为学校所追捧，得到了大力发展，而部分强调“探究式、启发式”的课堂设计等触及课程教学、推动根本性变革的做法，因无法直接促进成绩的提升而被束之高阁，信息化带来的变革力量被自身的服务能力所遏制。因此，在教育信息化 2.0 时代，教育信息化的发展要密切围绕“五育融合”、全面培养的要求，需要在德智体美劳五个方面共同探索有效的育人途径。

2. 全面提升数字素养

教师是教育改革的实践者，学生是教育教学的对象，教育信息化改革离不开教师和学生数字素养的提升。从教育技术的视角看，教育改革与师生数字素养提升是一体两面，教师采用合适的信息化手段开展教学，意味着更加主动的学生参与、更有深度的课堂对话、更加灵活的应用迁移以及更加广泛的差异化教学，以此推动学生思维品质的发展。而在信息社会的背景下，成功的思维课堂教学改革离不开教师对各种信息化教学手段的应用。2021 年 11 月 5 日，中央网络安全和信息化委员会印发《提升全民数字素养与技能行动纲要》，从指导思想到发展目标，反复强调要“提升全民数字化适应力、胜任力、创造力”。这三种能力是对全民数字化能力最新的全面概括，适应力是生活能力，胜任力是工作能力，创造力是竞争能力，层层递进，不可或缺，共同构成了有机的全民数字化能力整体。

当前，新一轮中小学教师信息技术应用能力提升工程正在如火如荼地开展，强调基于课堂、应用导向、任务驱动的教师信息技术应用能力研修新模式，对教师信息化教学能力进行梳理和细化。比如，在中小学信息技术应用能力提升工程 2.0 中，上城区从计划与准备、组织与管理、评估与诊断、学习与发展、学生与成长五个维度，构建教师信息技术应用能力的模型。

3. 加速建设实践共同体

区域教育信息化工作依赖一支业务精湛、作风优良的信息化人才队伍。建立专业化的教育信息化实践共同体，融合区域、学校和教师的力量，组建覆盖技术、教研、科研、师训、装备的教育信息化团队至关重要。成功的实践共同体经过长期积淀会逐步形成独特的历史文化传统，并通过共享的目标、意义和实践等完成自身的再生产循环和文化再造。与使用行政方式推动教师信息化教学应用这一外在强制性行为相比，实践共同体的独特优势在于能够通过活动不断赋予成员归属感，通过共同的事业和愿景、共同的文化和信念唤醒教师学习和成长的内生动力，进而实现实践共同体的信息化教学变革这一最终目标。

教育信息化建设中的未解难题应被正视并解决，避免教育信息化的虚假繁荣。从全局的视角来看，上城教育信息化取得了长足发展和显著成绩，但是从具体实施的情况来看，在人工智能技术应用、教育数据深度挖掘等领域，仍有很大的进步空间。上城区将理性、积极地面对教育信息化过程中的现实问题，联合政府、学校、企业攻坚克难，最大限度地避免教育信息化虚假繁荣现象的出现或蔓延。

三、教育共富理念下的教育共同体

教育共富是共同富裕的重要组成部分，当前，浙江省正在高质量发展建设共同富裕示范区。《浙江高质量发展建设共同富裕示范区实施方案（2021—2025 年）》提出，要实现“高质量教育体系基本建成，教育主要发展指标达到国际国内先进水平，县域义务教育校际差异系数持续缩小”。上城区有着优质的教育资源，在教育共富事业上有着特殊的使命担当。自 2019 年以来，上城区积极与杭州市临安区、衢州市常山县等地开展结对帮扶活动，同时与湖北省鹤峰县、贵州省雷山县等地区签订教育扶贫协议，建构“互联网＋义务教育”共同体。利用云技术，上城区名优学校与受援学校开展网络同步课堂、远程“专递课堂”、教师网络研修、名师网络空间这四种形式的帮扶行动，将上城区的优质教育资源辐射出去。

未来，上城区将搭建城乡学校结对帮扶教育共同体云平台，纳入多元主体，包括支援地区和受援地区的教育行政、教研、科研、技术、师训、学校和师生等。建立教育共同体的数据驾驶舱，动态呈现结对帮扶活动的实时数据，及时预警；建设精品数字资源，深化教育帮扶行动，为受援地区提供同步课堂、精品课程、课题指导和教师研训支持。通过建设教育共同体网络社区，把上城区和受援地区的相关机构和人员纳入其中；依托之江汇教育广场，向受援地区开放上城区的精品数字资源，包括历年来积累的微课程、课堂实录、教学案例、师训活动、研究报告、学生活动等；根据受援地区的实际需求，联合开发精品微课程，支持受援地区的教学研究、教师培训、信息化建设与科研工作；通过建立跨区域在线研训平台，向受援地区开放上城区的学科教研、教师培训、教育科研以及信息化建设的区域活动；与受援地区密切联系，把上城区的“思维课堂论坛”“名师名校长论坛”“教育智库汇智会”“上城区教育学术周”等品牌活动辐射到受援地区；通过建立教育共同体线上问学答疑平台，针对学生学习过程中遇到的共性问题及学科重难点知识，遴选上城区的名优教师开展线上答疑活动。线上答疑侧重学习方法指导，为受援地区有需求的小学、初中学生免费提供在线辅导。

参考文献

［1］嘉文，周华丽．教育区块链：分布式学习时代的教育模式创新［M］．北京：机械工业出版社，2021.

［2］吕啸，余胜泉，谭霓．基于发展性评价理念的网络教学平台学习评价系统设计［J］．电化教育研究，2011（2）:73-78.

［3］陈琳，陈耀华，郑旭东，等．智慧教育 中国引领［J］．电化教育研究，2015，36（4）:23-27.

［4］王雪娇．基于教育云平台构建智慧校园的实践研究［J］．才智，2018（1）：41.

［5］李易俞．智慧学习环境下体验式学习活动设计与实践研究［D］．成都：四川师范大学，2020.

［6］王心语．混合式学习环境下个性化的体验式学习活动设计研究［D］．无锡：江南大学，2018.

［7］王小根，王心语，任春兰．混合式学习环境下个性化的体验式活动设计模式研究［J］．现代远距离教育，2017（5）:22-29.

［8］浙江省自然资源厅．浙江高质量发展建设共同富裕示范区实施方案（2021—2025年）［EB/OL］．（2021-07-19）［2022-11-29］.https://www.zj.gov.cn/art/2021/7/19/art_1552628_59122844.html.

后　记

⊙

教育信息化是国家信息化的重要组成部分和战略重点，也是教育改革发展不可或缺的支撑和推动力，这已成为21世纪世界教育发展的重要趋势。教育信息化的实施，不仅为教育教学带来新的机遇和挑战，也为学生提供了更加全面、丰富、个性化的学习体验，为教师提供了更加智能化、高效化的教学工具，能够更好地满足不同学生的学习需求，提高教学质量和效率。因此，教育信息化是促进教育公平、提高教育质量、推动教育现代化的重要手段和途径。

区域教育信息化是通过现代信息技术手段，对区域教育资源进行整合、共享和优化，从而提高教育教学质量和效率的过程。它不仅包括数字化教育资源的建设、教育网络的构建和教育信息化平台的搭建，还包括教育信息化的管理、服务和安全保障等方面。区域教育信息化的实施可以促进教育资源的共享和优化，提高教学效率和质量，促进教育公平，推动教育现代化。同时，它也是推进信息化建设和促进区域经济发展的重要抓手。

为进一步促进信息技术与教育教学深度融合，全面提高区域教育信息化水平，助推区域教育转型发展，杭州市上城区响应国家《教育信息化2.0行动计划》任务要求，以“创建美好教育，促进教育公平”为重点，以优质资源应用为本，推进区域资源共享，助推区域教育可持续发展。

入选国家级“基于教学改革、融合信息技术的新型教与学模式”实验区更是成为上城区教育信息化发展的锚点，上城区因地制宜，结合区域特质与教育生态，深入落实立德树人的根本任务，积极实施信息技术支持下的课程和教学改革，开展信息化教学创新实践，并总结了技术支持下的课堂教学、精准教学、数字评价、混合学习、资源建设和教师培养等方面的典型案例，规划了创新区域教育信息化的发展路径。

本书回顾上城区教育信息化工作的发展历史，梳理区域教育信息化实践的典型场景案例，总结反思发展过程中的经验和不足，谋划未来数字教育的发展方向和路径。整本书由上城区教育学院副院长兼教育信息资源中心主任沈永翔主编，各章的作者分别为：第一章，苗森；第二章，方顾、谢年春；第三章，李庆力；第四章，赵骎、戚伟国；第五章，楼佳群；第六章，周诣文、郭荣强；第七章，金敏、饶美红；第八章，胡煜、张宏；第九章，苗森、唐幸忠。

本书的调研和编写得到了众多领导、专家和老师的大力支持和帮助。区域内的中小学校、幼儿园等为我们提供了大量的案例和研究素材；上城区教育智库专家、杭州市教育科学研究所原所长施光明先生为本书修订框架、审阅并修改稿件、作序；华东师范大学终身教授祝智庭先生为本书作序；上城区教育学院原党总支书记李敏女士为本书的编写提供了大量的帮助；还有许许多多参与本书编写的老师们，在此，谨一并表示感谢。限于我们水平有限，本书还有许多不足之处，敬请大家批评指正。

教育数字化改革的路还很漫长。未来，教育将会发生什么样的变化呢？教育教学的时空观将被打破，教育资源的界限将被消除。数字化教育的“魔方”正以更智慧的样态影响着我们的教育，让我们紧跟时代的步伐，大胆地探索实践，更加积极地迎接智慧教育的未来。

编者

2023 年 1 月于杭州